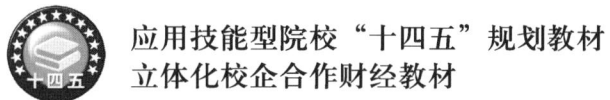应用技能型院校"十四五"规划教材

立体化校企合作财经教材

财务管理基础

姚　瑶　赖泳杏◎主　编

农凤篇　班妙璇　罗　颖◎副主编

立信会计 出版社

LIXIN ACCOUNTING PUBLISHING HOUSE

图书在版编目(CIP)数据

　　财务管理基础/姚瑶，赖泳杏主编. --上海：立
信会计出版社，2025.6. -- ISBN 978-7-5429-7918-6

　　Ⅰ. F275

　　中国国家版本馆 CIP 数据核字第 20256RN091 号

策划编辑	王斯龙　郑文婧
责任编辑	郭　光
助理编辑	周　诠
美术编辑	吴博闻

财务管理基础

CAIWU GUANLI JICHU

出版发行	立信会计出版社		
地　　址	上海市中山西路 2230 号	邮政编码	200235
电　　话	(021)64411389	传　　真	(021)64411325
网　　址	www.lixinaph.com	电子邮箱	lixinaph2019@126.com
网上书店	http://lixin.jd.com		http://lxkjcbs.tmall.com
经　　销	各地新华书店		

印　　刷	常熟市人民印刷有限公司	
开　　本	787 毫米×1092 毫米	1/16
印　　张	14.25	
字　　数	338 千字	
版　　次	2025 年 6 月第 1 版	
印　　次	2025 年 6 月第 1 次	
书　　号	ISBN 978-7-5429-7918-6/F	
定　　价	49.00 元	

如有印订差错，请与本社联系调换

PREFACE 前言

本书立足于成果导向教育(OBE)理念,以培养"新商科"综合实用型人才为目标,充分体现专业课程与思政的结合。本书在大数据背景下利用线上平台建设教学资源,打造基于大数据的"在线课程+课程思政"的立体化新形态教学体系。

本书根据职业岗位工作逻辑,考虑学生的认知特点,将内容分为筹资管理、投资管理、利润分配管理、营运资金管理四大典型工作任务;与典型工作任务相对应,按照"财务管理总论—财务管理的价值观念—筹资管理理论—筹资决策实务—投资管理理论—投资决策实务—企业分配管理—营运资金管理—财务分析"的逻辑线条,分为九个模块。每一个模块提供了"模块导言""学习目标""思维导图",在每一个任务环节,通过"案例导入"引入内容,通过"知识拓展"帮助学生了解不同学科知识之间的关联,构建学生的知识框架;在"思政小课堂"中将传统文化、社会主义核心价值观、爱国情怀、职业道德融入教材,培养学生精益求精的专业精神、职业精神、工匠精神和劳模精神;在"小贴士"中提示学生需要关注的知识点;在"模块小结""模块习题"中让学生得到巩固和练习。

本书有以下4个特色:

1. 强化课程思政,践行立德树人

本书各任务立足相关专业知识点,将思政元素有机地嵌入其中,力求培育学生经世济民、诚信服务、德法兼修的职业素养,实现专业知识传授与高素质技能人才培养、大国工匠培养目标有机统一。

2. "岗课赛证"融通,培养职业能力

通过企业调研,本书及时反映科技进步和产业升级对职业本科教育教学的新要求,及时吸收新技术、新工艺、新规范,增强本书的新颖性和实践性。同时,本书探索将职业技能等级证书或职业资格证书考试以及技能大赛的要求融入本书。例如,每个模块后的习题与会计职称考试紧密贴近,融入了会计技能竞赛的部分习题,真正实现"岗课赛证"融通。

3. 立体化数字教材,可读性和实用性强

本书条理清晰、循序渐进,通过案例导入、例题解析等形式,将抽象的财务理论和相关数学模型、公式深入浅出地呈现出来,语言表达上通俗易懂。各模块设置了"延伸阅读"栏目,读者可扫描相应二维码进行阅读,拓宽视野,培养创新思维。

4. 校企双元合作,理论与实践有机结合

本书由校企"双元"开发,进行项目化内容设计,融合行业新业态、新技术、新流程,有利

于培养学生财务管理的综合职业能力。

　　本书由广西农业职业技术大学经济管理学院姚瑶副教授、赖泳杏副教授担任主编,制定提纲并组织编写。具体编写分工如下:模块一,模块二,模块四的任务一、任务二和模块九由副教授姚瑶执笔;模块四的任务三、模块五、模块六由副教授赖泳杏执笔;模块七由高级经济师农凤篇执笔;模块八由高级经济师班妙璇执笔;模块三由教师罗颖执笔。广西大学副教授闭乐华、广西农业职业技术大学教师梁小草负责教材部分表格的绘制工作。同时,本书邀请了具有丰富财务管理实战经验的企业管理者参与编写。中国建设银行广西区分行办公室研究分析师曲立中、广西唐聚投资有限公司资金总监石泽华、广西扶南东亚糖业有限公司财务运行部经理陈碧云对教材的结构、内容等方面提出了宝贵意见,并参与了教材的整体设计工作。

　　本书适合职业本科院校及高职学校经管类学生使用。受编者水平与时间的限制,书中可能存在不妥之处,敬请广大读者和同行批评指正。

编　者

2025 年 3 月

目 录 CONTENTS

模块一 财务管理总论 ………………………………………… 1
　　任务一 企业与企业财务管理 ……………………………… 2
　　任务二 企业财务管理目标 ………………………………… 7
　　任务三 财务管理环境 …………………………………… 13

模块二 财务管理的价值观念 ………………………………… 21
　　任务一 时间价值 ………………………………………… 22
　　任务二 风险报酬 ………………………………………… 34

模块三 筹资管理理论 ………………………………………… 44
　　任务一 筹资管理概述 …………………………………… 45
　　任务二 股权性资金的筹集 ……………………………… 51
　　任务三 债务性资金的筹资 ……………………………… 56
　　任务四 混合型资金的筹集 ……………………………… 66
　　任务五 资金需要量预测 ………………………………… 69

模块四 筹资决策实务 ………………………………………… 77
　　任务一 资本成本 ………………………………………… 78
　　任务二 杠杆效应 ………………………………………… 86
　　任务三 资本结构决策 …………………………………… 91

模块五 投资管理理论 ………………………………………… 102
　　任务一 投资管理概述 …………………………………… 103
　　任务二 投资项目的现金流量 …………………………… 105
　　任务三 投资项目评价指标 ……………………………… 109

模块六 投资决策实务 ………………………………………… 118
　　任务一 现金流量计算需注意的问题 …………………… 119
　　任务二 典型投资项目的评价分析 ……………………… 120
　　任务三 风险投资决策 …………………………………… 128

模块七　企业分配管理 ························· 137
　　任务一　企业收益分配概述 ····················· 138
　　任务二　股利政策 ·························· 140
　　任务三　股票股利、股票分割与股票回购 ············· 145

模块八　营运资金管理 ························· 155
　　任务一　营运资金管理概述 ····················· 156
　　任务二　流动资产管理 ······················· 161
　　任务三　流动负债管理 ······················· 175

模块九　财务分析 ·························· 185
　　任务一　财务分析概述 ······················· 186
　　任务二　基本财务指标 ······················· 191
　　任务三　财务综合分析 ······················· 207

附录 1　复利终值系数表 ························ 212

附录 2　复利现值系数表 ························ 214

附录 3　年金终值系数表 ························ 216

附录 4　年金现值系数表 ························ 218

模块一
财务管理总论

模块导言

　　本模块主要介绍了企业及其组织形式、财务管理的含义与内容、财务管理的目标、财务管理的环境。

学习目标

1. 知识目标

（1）熟悉企业财务活动，了解企业财务关系。

（2）理解财务管理的目标。

（3）熟悉企业财务管理的环境。

2. 技能目标

（1）能组织财务活动，处理财务关系。

（2）能确立财务管理目标。

（3）能分析财务管理环境。

3. 素养目标

（1）树立职业理想信念。

（2）提高学生爱岗敬业、遵纪守法的职业素养。

（3）提高学生的社会责任感。

思维导图

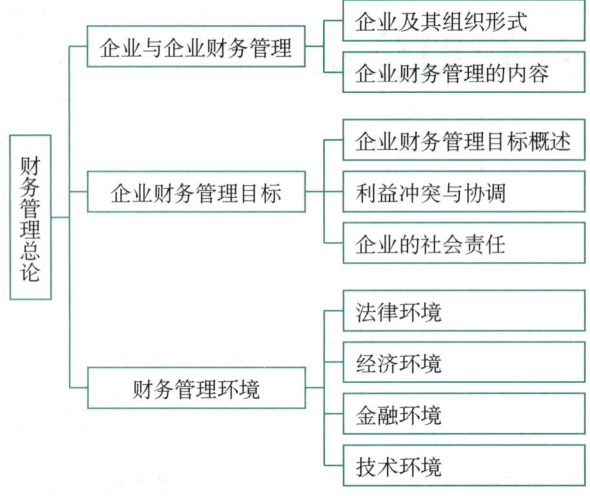

财务管理总论
- 企业与企业财务管理
  - 企业及其组织形式
  - 企业财务管理的内容
- 企业财务管理目标
  - 企业财务管理目标概述
  - 利益冲突与协调
  - 企业的社会责任
- 财务管理环境
  - 法律环境
  - 经济环境
  - 金融环境
  - 技术环境

任务一　企业与企业财务管理

【2025年中央一号文件发布】时隔五年人工智能再次被强调

 案例导入

财务管理学的初心和使命是什么

改革开放以来,我国企业的数量、规模、效率和质量,总体而言都得到了长足的进步。但是,不尽如人意的事情仍时有发生。例如,自2001年起,我国许多企业逐步进入高负债状态。就非金融类上市公司而言,其平均的资产负债率从2001年的48%左右,逐步上升到2013年的62%左右,即便2015年起实施了"去杠杆"政策,上市公司的资产负债率依然保持在60%以上。2021—2023年非金融企业杠杆率呈现先降后升的趋势,平均每年上升2.4%。持续多年的高负债使不少企业先后发生了"债务爆雷"。其中,既有中钢、华晨、方正和紫光等大型国有企业,也有万达、海航、苏宁和泛海等颇具影响力的非国有企业。这些企业在发生"债务爆雷"之后,或者以较低价格大量出售资产,实施"英雄断腕"式的财务自救;或者引入新的股东进行企业重组,使企业生命得以延续。但是,在企业"债务爆雷"后,包括股东、债权人、员工、消费者、政府和社会公众等在内的各利益相关方,都或多或少、直接间接地遭受了损失。那么,企业为什么会发生"债务爆雷"? 企业应该如何避免遭遇债务危机?

有人可能认为,债务危机发生与否具有偶然性。从实践的情况来看,债务危机发生的直接原因是债务集中到期时,企业没有足够的资金用于偿还到期债务。至于为什么没有足够的资金用于偿债,无非是投资失败、经营亏损、不能获得新的外部融资等原因。诚然,企业的成功或失败有一定的偶然性。但是,我们虽不否认企业成败的偶然性,但更需要认识其中的必然性。例如,财务目标扭曲的企业是否更可能出现高负债和过度投资?高负债且过度投资的企业是否更可能出现投资失败和经营亏损?投资失败和经营亏损的企业是否更难以获得后续的外部融资?违背基本理财原则,如投资决策和经营运作过程中不重视环境分析的企业,是否更可能发生投资失败和经营亏损?

　　思考:你认为财务管理学的初心和使命是什么?

一、企业及其组织形式

(一) 企业的定义

　　企业是依法设立的,以营利为目的,运用各种生产要素,向市场提供商品或服务,实行自主经营、自负盈亏、独立核算的法人或其他社会经济组织。企业的目标是创造财富(或价值)。企业在创造财富(或价值)过程中也必须承担相应的社会责任。

(二) 企业的组织形式

　　企业最基本的组织形式有个人独资企业、合伙企业和公司制企业三种。

1. 个人独资企业

　　个人独资企业是由一个自然人投资,全部资产为投资人个人所有,投资人以其个人财产对企业债务承担无限责任的经营实体。个人独资企业是非法人企业,不具有法人资格。

2. 合伙企业

　　合伙企业是由两个或两个以上的合伙人订立合伙协议,共同出资,合伙经营,共享收益,共担风险的营利性组织。

　　合伙企业分为普通合伙企业和有限合伙企业。普通合作企业由普通合伙人组成,合伙人对合伙企业债务承担无限连带责任。有限合伙企业由普通合伙人和有限合伙人组成,普通合伙人对合伙企业债务承担无限连带责任,有限合伙人以认缴的出资额为限,承担合伙企业债务责任。

3. 公司制企业

　　公司制企业(或称公司)是依照国家相关法律集资创建的,实行自主经营、自负盈亏,由法定出资人组成,具有法人资格的独立经济组织。公司股东仅就其在公司中的投资额对公司债务负责,公司的债权人对股东个人资产没有求索权。在公司组织中,所有权与经营权分离。公司股东选举产生董事会,董事会负责选聘经理人。

　　公司制企业的组织形式有无限责任公司、有限责任公司、两合公司、股份有限公司等,国家授权的国有独资公司也属于公司制企业的范畴。其中,股份有限公司和有限责任公司是现代企业制度中最常见的形式。股份有限公司是指其全部资本分为等额股份,股东以其所持股份为限对公司承担责任,公司以其全部财产对公司的债务承担责任的企业法人。有限责任公司是指股东以其认缴的出资额对公司承担有限责任,公司以其全部财产为限对公司的债务承担责任的企业法人。

 **知识拓展**

企业组织形式间的差异

企业组织形式间的差异如表1-1所示。

表1-1 企业组织形式间的差异

项目	个人独资企业	合伙企业	公司制企业
投资者	一个自然人	两个或两个以上的自然人，有时也包括法人或其他组织	数量无限制
责任承担	无限债务责任	普通合伙承担无限连带责任，有限合伙人承担有限责任	有限债务责任
企业寿命	受制于业主寿命	合伙人卖出所持股份或死亡	无限存续
权益转让	较难	较难	容易
筹资难度	难以从外部获取大量资金	较难从外部获取大量资金	容易在资本市场上筹集资金
代理问题	不明显	不明显	明显
纳税情况	个人所得税	个人所得税	个人所得税、企业所得税
组建成本	较低	中等	较高

二、企业财务管理的内容

企业财务管理是研究企业经营活动所需的财务资源的取得与使用的一门管理学科。在市场经济环境下，企业进行生产经营活动所需资金的支持，在这一过程中资金表现为收入与支出两种运动方向。由于企业从事与经营相关的财务活动会引发资金运动，财务管理的本质即对资金及其运动进行管理。财务管理研究的核心问题就是如何提高资本的配置效率以及进行企业资产定价。企业财务管理活动的主要内容如图1-1所示。

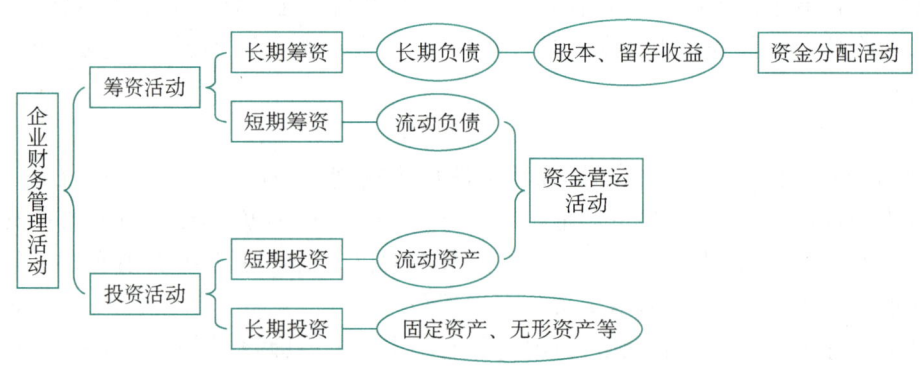

图1-1 企业财务管理活动的主要内容

（一）企业财务管理活动

1. 筹资活动

筹资活动是企业为满足经营活动需要，从一定渠道，采用一定方法筹集所需资金的行为。筹集资金是企业进行生产经营活动的前提，也是资金运动的起点。实务中，筹资活动贯穿于企业发展的始终。无论是企业创立初期,还是在企业扩张规模之际,乃至在日常经营之中,都需要筹集资金。

任何企业都可以从两方面筹资并形成两种性质的资金来源。

（1）企业权益资金。权益资金（equity capital）是企业通过向投资者吸收直接投资、发行股票、企业内部留存收益等方式取得的,其投资者可以包括国家、企业和个人等。

（2）企业债务资金。债务资金（debt capital）是企业通过向银行借款、发行债券、应付款项等方式取得的。企业筹集资金表现为企业资金的流入。企业偿还借款、支付利息、支付股利以及付出各种筹资费用等,则表现为企业资金的流出。

2. 投资活动

投资活动是企业根据项目资金需要,将所筹集资金投放到所需要的项目中的行为。投资是投资者实现财产价值增值的手段。

企业投资可分为广义的投资和狭义的投资两种。广义的投资包括对外投资和企业内部投资。对外投资是指将资金投放于本企业以外的其他企业或有价证券等金融资产方面,以获取投资收益的活动,如购买其他公司的股票、债券,或与其他企业联营等。对内投资是指将资金投放到企业自己的厂房、设备、应收账款和存货等资产方面,通过正常的生产经营活动赚取收益,如购置固定资产、无形资产、流动资产等。狭义的投资是指企业以现金、实物或无形资产,采用一定的方式对外进行投资。

3. 资金营运活动

资金营运活动是指企业正常的生产经营过程中所发生的一系列资金收付的活动。企业为满足日常营运活动需要而垫支的资金,称为营运资金。

企业要采购材料或商品,以便从事生产和销售活动,支付工资和其他营业费用。企业售出商品,便可取得收入,收回资金。如果现有资金不能满足企业经营需要,还要采取短期融资方式来筹集资金。因此,营运资金管理主要涉及流动资产和流动负债的管理。如何合理安排流动资产与流动负债的比例关系,优化流动资产和流动负债的内部结构,提高流动资产周转率,确保企业具有较强的短期偿债能力,是财务管理实务中需要解决的问题。

4. 资金分配活动

资金分配是企业资金运动的终点,也代表着新一轮资金运动的起点。企业通过生产经营活动和投资活动创造了利润,继而会按照法定程序和办法进行分配。首先,对于在一定时期内所实现的经营利润、投资收益以及其他收益,要按照现行财务制度规定依法纳税;其次,将税后利润用于弥补亏损,并按规定的标准提取法定盈余公积金,形成企业的资本积累;最后,按照企业未来投资对资金的需求,采取特定的股利分配政策进行股利分配,回报投资者。

财务管理的四项活动是相互联系、相互依存的,它们随着企业生产过程的不断进行,共同构成企业财务活动,形成周而复始的资金循环和周转。

（二）企业财务关系

企业财务关系是指企业在处理各项财务管理活动的过程中会与有关各方发生的利益关系,具体表现以下几个方面。

1. 企业与政府管理部门之间的财务关系

政府是维护社会正常秩序、保卫国家安全、行使政府宏观管理职能的社会管理者。企业与政府管理部门之间的财务关系是强制性的经济利益关系,主要体现为依法纳税和依法征税的关系。

2. 企业与投资者(所有者)之间的财务关系

企业的投资者(所有者)是企业联系最密切的利益相关者。企业投资者(所有者)主要包括国家、法人单位、个人和外商。企业投资者(所有者)要按照投资合同、协议或章程的约定履行出资义务,以便及时形成资本金。企业利用资本金进行经营,实现利润后,应按出资比例或合同、章程的规定向企业投资者(所有者)分配收益。企业与投资者(所有者)之间的财务关系体现了所有权性质的受资与投资关系。

3. 企业与被投资者之间的财务关系

被投资者是接受企业投资的经济实体。当企业以直接投资或购买股票等间接投资方式成为被投资单位股东时,企业就随之享有相应的权利并承担相应的风险。企业应按照约定履行出资义务,并依据其出资份额参与被投资企业的经营管理和利润分配。企业与被投资者之间的财务关系体现了所有权性质的投资与受资关系。

4. 企业与债权人、债务人之间的财务关系

企业的债权人是借入资金的提供者,企业的债务人是企业资金的占有者。企业之所以形成与债权人、债务人之间的关系,一方面是企业与其他单位在购销商品、提供劳务中结成资金结算关系,另一方面是企业在金融市场筹资或投资结成资金借贷关系。企业的债权人作为资金的提供者(如贷款银行、赊销的供货商等),有权要求企业到期还本付息或偿还货款;企业的债务人作为资金的占有者(临时借款人、赊账的客户等),也必须承担同样的义务。企业与债权人、债务人之间的资金结算和资金借贷关系,是资金运动中在所难免的,也是可以利用的,企业应当依法主张自己的权利并认真履行职责。企业与债权人、债务人之间的财务关系在性质上属于债务与债权关系。

5. 企业与供应商、客户之间的财务关系

企业与供应商、客户之间的财务关系是指企业购买供应商的商品或接受其服务,以及企业向客户销售商品或提供服务过程中形成的经济关系。这种关系体现的是供应链上、下游企业之间的供需关系。

6. 企业内部各部门之间的财务关系

在一个独立的企业组织中,内部各部门表现为不同层次的生产经营活动,各部门之间既有分工,又有合作。企业内部各部门之间的财务关系体现为企业内部各部门之间利益关系。企业只有正确处理和协调好这些财务关系,才能有效协调各利益主体之间的利益冲突,促进企业可持续发展。

7. 企业与职工之间的财务关系

职工是企业的劳动者,企业与职工之间的财务关系表现为劳动报酬的资金结算关系。企业要根据不同职工的业绩,按期足额支付其工资、奖金、津贴,依法为其缴纳"五险一金"。此外,企业还可以根据自身发展的需要,为职工提供学习、培训的机会,为企业创造更多的收益。这种关系体现了职工和企业在劳动成果上的分配关系。

思政小课堂

华为的成功与财务管理

华为创立于 1987 年,是全球领先的信息与通信基础设施和智能终端提供商。华为厉行绿色节能,PowerStar 解决方案已在中国商用超过 40 万个站点,每一年带来约 2 亿度电的节省。截至 2024 年年底,华为数字能源助力客户累计实现绿色发电 14 113 亿度,节约用电约 818 亿度。

华为创始人任正非认为华为成功的真正核心点是财务体系和人力资源体系。华为的财务体系已形成全球统一的会计核算与审计监控体系,具有绝对的全球财务系统的优势。华为财务可分为四大职能:会计核算、资金管理、财经管理、审计监控。全球统一的会计核算与审计监控如同长江的堤坝,保证了财务管理的有效开展。

一个优秀的企业离不开好的财务管理制度。华为的财务管理是业界标杆。华为实行财务集中管理,打破了法人实体概念,重新建构了公司的运行逻辑。这是华为财务管理最大的特色。任正非对财务人员期待很高,明确提出不懂业务的财务人员只能提供低价值的服务,CFO 应该能随时接替 CEO。

作为一个世界级企业,华为一直积极履行自己的社会责任。华为明确并持续聚焦可持续发展战略:消除数字鸿沟、保障网络稳定安全运行、推进绿色环保、实现共同发展。以"构建优秀的可持续管理发展体系,坚持道德和合规经营,持续加强利益相关方的沟通,促进和谐商业生态环境,确保公司可持续发展,关爱员工,回报客户和社会"。

思政小贴士

一个优秀的企业离不开好的财务管理制度,越是发展好的公司越是有自己的规章制度。优秀的公司财务部门规章制度更为严格,不仅员工要遵循,高层领导也要严格遵循。求实创新、奋发进取,这是一个优秀企业的态度,是企业成功必不可少的理念。

任务二　企业财务管理目标

案例导入

互联网行业的管理财务目标

在竞争异常激烈的互联网行业,无论是互联网商业企业,还是互联网服务企业,如阿里、京东、滴滴等头部企业,都在成长过程中经历了漫长的亏损期,俗称"烧钱"。"烧钱"是为了赢得客户和市场;赢得客户和市场,最终是为了获得盈利。以滴滴为例,

绿色中国_李策对话华宝证券董事长刘加海:创新碳普惠平台 累积交易碳资产超 500 万吨

据媒体报道,滴滴自 2012 年成立至 2019 年从未实现盈利,2019 年年底累计亏损超过 500 亿元。2020 年第一季度,滴滴总裁接受媒体采访时曾表示:"滴滴的核心业务(网约车)已经盈利,或者说有些薄利了。"

这意味着,财务管理目标有时需要让位于一些非财务管理目标。然而,企业追求市场目标等非财务管理目标的最终目的还是实现利润。企业之所以追求非财务管理目标,无非是希望企业能在长期实现更多利润。因此,从动态角度看,财务管理目标在企业多元目标体系中居于主导地位。

思考:企业应如何设定自身财务管理目标?

一、企业财务管理目标概述

企业财务管理目标是企业全部财务活动需要实现的最终目标,它是企业开展一切业务活动的基础和归宿。企业财务管理的目标既要与企业生存发展的目标保持一致,又要直接、集中反映企业财务管理的基本特征,体现企业财务活动的基本规律。根据现代企业财务管理理论和实践,具有代表性的财务管理目标有以下几种。

(一)利润最大化

利润最大化(profit maximization)的观点认为,企业作为营利性经济组织,经济利润代表了企业新创造的财富,反映了企业经营活动投入与产出的关系,能够有效衡量企业的盈利能力和经营绩效,利润代表着企业的竞争优势,是企业履行社会责任的物质基础。

1. 利润最大化的优点

企业追求利润最大化,就需要讲求经济核算,加强管理,改善技术,降低产品成本,提高劳动生产率。这些措施都有利于企业资源的合理配置,有助于企业经济效益的提高。

2. 利润最大化的缺点

(1)会计利润不等同于现金流量。现实中常用来源于利润表的会计利润来衡量利润。财务管理是对资金的筹集与使用的管理,强调的是现金流量,但会计利润与现金流量存在一定差异。会计利润是基于权责发生制计算得出的。例如,企业赊销一批货物,虽然没有收到现金,但是增加了利润;对机器设备等计提折旧,折旧费用会使会计利润减少,但是没有发生实际的现金流出。

(2)对同一经济问题会计处理方法的灵活性和多样性可能使利润无法反映企业的真实情况。利润存在可操作的空间、使用不同的会计处理方法反映出的利润存在差别。例如,企业采取不同的固定资产折旧方法,会影响当期计提的折旧费用;存货采用先进先出法和移动加权平均法计算出的成本是不同的,进而利润也是不相同的。

(3)没有考虑货币的时间价值。例如,一个项目当期能够获利 100 万元和 10 年后获利 200 万元,怎样选择才是最优决策呢? 只考虑利润最大化会导致忽略货币的时间价值,即这笔资金在相对较长的时间内会面临一定的不确定性,企业越早取得资金就越保险,对企业的价值也就越大。

(4)没有有效考虑利润取得与风险承担的问题。如果企业同样投资两个项目,第一个项目当年即可取得现金收入,而第二个项目全部为应收账款,那么第二个项目的收入存在变为坏账损失的可能,具有潜在的无法收回的风险。

（5）没有考虑利润与投入资本的关系。例如,A 公司投入 100 万元产生了 10 万元利润,B 公司投入 50 万元产生了 8 万元利润,虽然从绝对数额上看 A 公司获利更多,但是 B 公司的投入回报比显然更高。因此,若不将利润与投入的资本数额联系起来,很难作出正确判断。

（6）会使企业财务决策具有短期行为的倾向。短期化行为是指只注重实现近期利润目标,而忽视企业长期战略发展的企业行为。例如,为了实现预期的利润目标,企业将资金盲目投入扩大生产忽视了研发新产品和新技术,这不利于企业长期核心竞争力的巩固,在技术发展日新月异的当下很可能会被逐出赛道。研发投入可以帮助企业形成核心竞争力,但会计准则要求研发活动的支出大多进行费用化处理,计为利润表中的一项费用,这会导致企业利润降低,以利润最大化为目标会使得企业不愿意进行研发投资,不利于企业的长远发展。

（二）股东财富最大化

股东财富最大化(maximization of shareholder wealth)观点认为,股东是权益资金的提供者,是企业资产的最终所有者,股东创办企业的目的是增加财富。企业要为股东创造价值。对上市公司而言,股东财富等于股票数量与股票市场价格的乘积,当股票数量一定时,股票的市场价格越高,股东财富也就越大。所以,股东财富最大化又称为股票价格最大化。股东财富的增加可以用股东权益的市场价值与股东投资成本的差额来衡量,它被称为"股东权益的市场增加值",即企业为股东创造的价值。

股东财富的衡量如图 1-2 所示。

股东财富 ⟷ 股东权益的市场增加 ⟷ 股东权益市场价值－股东投资资本

图 1-2　股东财富的衡量

1. 股东财富最大化的优点

（1）考虑了风险因素,因为股价通常会对风险因素作出较敏感的反应。

（2）在一定程度上能避免企业的短期行为,因为不仅目前的利润会影响股价,预期未来的利润同样会对股价产生重要影响。

（3）对于上市公司而言,股东财富最大化目标比较容易量化,便于投资者对经营管理者的考核和奖励。

2. 股东财富最大化的缺点

（1）目标适应范围小,通常只适应上市公司,非上市公司难以应用,因为非上市公司无法随时准确获得公司股价。

（2）股价作为衡量指标不尽合理。因为股价受众多因素的影响,特别是企业外部因素,有些可能是非正常因素,这些都是企业在财务管理中无法控制的,所以股价不能完全准确地反映企业财务管理状况。

（3）股东财富最大化过分强调股东利益的最大化,而对其他相关者利益重视不够。

以股东财富最大化作为公司财务管理目标的观点,具有十分广泛的影响,是目前国内外财务管理学中提及最多的观点。虽然在理论上还存在争议,但股东财富最大化还是被越来越多的人所接受,有很多管理规范的企业常以股东财富最大化作为其财务管理目标。

(三) 企业价值最大化

企业价值最大化(maximization of firm value)观点认为,企业财务管理以实现企业价值最大化为目标,就是股东价值和债权人价值最大化。企业通过财务上的合理经营,同时综合考虑了利润、货币时间价值、风险、债务比例、利率、税率等多种因素来衡量企业价值,反映了企业整体和长期发展。

1. 企业价值最大化的优点

(1) 考虑了取得报酬的时间,并用资金时间价值的原理进行了计量。

(2) 考虑了风险与报酬的关系。

(3) 将企业长期、稳定地发展和持续的获利能力放在首位,能克服企业在追求利润上的短期行为。因为企业目前的利润不仅会影响企业的价值,预期未来的利润对企业价值增加也会产生重大影响。

(4) 用价值代替价格,避免过多受外界市场因素的干扰,有效地规避了企业的短期行为。

2. 企业价值最大化的缺点

(1) 企业的价值过于理论化,不易操作。对于上市公司来说,股票价格的变动在一定程度上揭示了企业价值的变化,但是股价是多种因素共同作用的结果,特别是在资本市场效率低下的情况下,股票价格很难反映企业的价值。

(2) 对于非上市公司,只有对企业进行专门的评估才能确定其价值,而在评估企业资产时,由于受评估标准和评估方式的影响,很难做到客观和准确。

(3) 为了控股或稳定购销关系,现代企业不少采用环形持股方式,相互持股。法人股东对股票市价的敏感程度远不及个人股东,对股票价值的增加没有足够的兴趣。

近年来,随着上市公司数量的增加,以及上市公司在国民经济中地位、作用的增强,企业价值最大化目标逐渐得到了认可。

(四) 相关者利益最大化

相关者利益最大化(maximization of stakeholder value)观点认为,企业是所有相关利益者之间的一系列多边契约,这些相关利益者主要包括股东、债权人、员工、客户、供应商、政府及社区等。在确定财务目标时应追求各方利益最大化。利益相关者结构如图 1-3 所示。

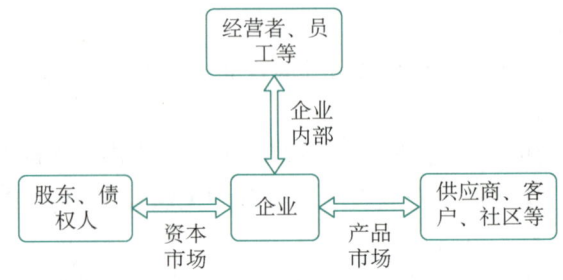

图 1-3　利益相关者结构图

 **思政小课堂**

新时代企业财务管理目标

"十四五"规划纲要中关于我国2035年的远景目标提出,广泛形成绿色生产生活方式,碳排放达峰后稳中有降,生态环境根本好转,美丽中国建设目标基本实现。进入21世纪后,我国经济发展更加迅速,部分企业一味追求利润最大化而忽视了环境保护,进而导致环境污染严重、资源枯竭等一系列问题。

党的十八大以来,党中央提出了创新、协调、绿色、开放、共享的新发展理念。按照新发展理念,投资项目可行性分析与决策,必须优先支持新科学技术项目的投资、企业经济发展薄弱环节的投资、企业环境保护设施的投资,保证企业创新、协调、绿色发展的需要。随着对外开放的深入,企业财务投资还需综合考虑国内外环境的区别。

在贯彻共享理念过程中,企业财务分配应全面兼顾企业利益相关者的利益,使企业出资者、债权人、客户、经营者、员工、国家和企业所处社区等各方面的利益都能得到维护,实现共赢。在贯彻新发展理念中,财务投资决策应当综合考虑经济效益与社会效益相统一,财务分配也由过去主要考虑股东和经营者利益,朝全面考虑企业利益相关者利益的方向发展。

思政小贴士

"天下兴亡,匹夫有责。"社会问题的有效解决离不开道德建设、法治建设。在中国特色社会主义新时代,企业应当制定合理的财务管理目标,以更好地服务于企业自身价值的实现和满足社会发展的需要。

二、利益冲突与协调

(一) 所有者与经营者的利益冲突与协调

1. 利益冲突

现代企业中,经营者一般不拥有占支配地位的股权,他们只是所有者的代理人。所有者委托经营者代表他们管理企业,实现所有者财富最大化,而经营者则有其自身的利益考虑。经营者希望在提高企业价值和增加股东财富的同时,能更多地增加享受成本;而所有者或股东则希望经营者以较小的享受成本带来更高的企业价值或更多的股东财富。经营者目标和所有者目标的不完全一致,导致经营者可能为了自身的利益而违背所有者的利益。经营者可能借工作之名,损害企业利益,如将企业的资产和利益占为己有、将劣质产品高价卖给其他企业等。

2. 利益协调

为了协调所有者与经营者之间的利益冲突,可以采用以下三种方式解决:

（1）解聘。这是一种通过所有者来约束经营者的方法。企业所有者对经营者进行监督，如果经营性绩效不佳，未能使企业价值达到最大，就解聘经营者。

（2）接收。这是一种通过市场来约束经营者的方法。如果经营者决策失误、经营不力，未能采取有效措施提高企业价值，该企业就可能被其他企业强行接收或吞并，相应的经营者就会被解聘。经营者为了避免这种接收，必须采取一些措施来提高股票市价。

（3）激励。这是一种将经营者的报酬与其绩效挂钩，以使经营者自觉采取能满足企业价值最大化的方法，如股票期权、绩效股等。

知识拓展

股票期权与绩效股的区别

股票期权只是购买股票的权利，不是真正的股票。行使期权时，享有期权的员工只需支付期权价格，而不管当日股票的交易价是多少，就可得到期权项下的股票。期权价格和当日交易价之间的差额就是该员工的获利。如果该员工行使期权时，想立即兑现获利，则可直接卖出其期权项下的股票，得到现金差额，而不必非有一个持有股票的过程。

绩效股本身是普通股的一种。它是企业的一种比较有效的激励措施。该措施按一定指标评价职工的绩效，并以股票的方式对职工进行奖励。这种方式使经营者不仅为了获得绩效股而不断采取措施提高经营绩效，还会为了使每股市价最大化，采取各种措施使股票市价稳定上升，从而增加所有者财富。即使由于客观原因股价并未提高，经营者也会因为获得绩效股而获利。

（二）所有者与债权人的利益冲突与协调

1. 利益冲突

当企业向债权人借入资金后，两者之间也形成了一种债务债权关系。所有者的财务目标可能与债权人期望实现的目标会发生矛盾。企业借款的目的是解决经营中资金不足的问题，或是扩大经营规模，或是各种资金周转；债权人的目的是利用闲置资金获取利息收入，到期收回本息。所有者（股东）可能会为了自身的利益，通过经营者损害债权人的利益。

（1）所有者（股东）可能要求经营者改变举债资金的原定用途，将其用于风险更高的项目。这会增大偿债的风险，债权人的债权价值也必然会实际降低。若高风险的项目成功，额外的利润就会被所有者独享；一旦失败，债权人却要与所有者共同负担由此而造成的损失，这对债权人来说风险与收益是不对称的。

（2）所有者（股东）可能未征得现有债权人同意，而要求经营者发行新债券或举借新债，这使企业的负债比率增大，增加企业破产的可能性，致使旧债券或老债券的偿还保障程度降低。如果企业破产，新债权人将会和旧债权人一起分配破产后的财产。因此，这将降低旧债的相对价值。

2. 利益协调

为了协调所有者与债权人之间的利益冲突，可以采用以下两种方式解决：

（1）限制性借款条件。债权人在借款合同中加入某些限制性条款，如规定借款的用途、借款的担保条款和借款的信用条件等。

（2）收回借款或停止借款。当债权人发现企业有侵蚀其债权价值的意图时，可以采取收回债权或不再给予新的借款的措施，从而维护自身权益。

 **思政小贴士**

习近平总书记提出的"一带一路"倡议、构建人类命运共同体理念就包括协调好相关利益者的内涵，只有"你好、我好、大家好"，我们才能早日实现伟大的中国梦。

三、企业的社会责任

企业的社会责任是指企业在谋求所有者和股东权益最大化之外所承担的维护和增进社会利益的义务。具体包括以下五个方面的内容：

（1）企业对员工的责任。企业除了具有向员工支付报酬的法律责任外，还具有为员工提供安全工作环境、职业培训等保障员工利益的责任。

（2）企业对债权人的责任。企业应按照法律、法规和公司章程的规定，真实、准确、完整、及时地披露公司信息，主动偿债，切实履行合法订立的合同，保障债权人合法权益。

（3）企业对消费者的责任。企业应确保产品质量，保障消费安全；诚实守信，确保消费者的知情权；提供完善的售后服务，及时为消费者排忧解难。

（4）企业对社会公益的责任。企业应承担扶贫济困、发展慈善事业的责任，如对社会福利机构、弱势群体等进行捐赠；雇佣残疾人、生活困难的人到企业工作；定期承办各种公益性的社会教育宣传工作等。

（5）企业对环境和资源的责任。企业应承担可持续发展与节约资源的责任，承担保护环境和维护自然和谐的责任。

 **思政小贴士**

近年来，公司应主动承担社会责任越来越成为共识。党的二十大报告明确提出中国式现代化是"人与自然和谐共生的现代化"，体现了党对推进我国高质量、可持续发展的决心。环境、社会责任和公司治理（environmental, social and governance, ESG）理念在我国获得了快速发展。

任务三　财务管理环境

 **案例导入**

央视报道：关税子弹伤及美国农产品

北交所和港交所签订框架合作协议

2023 年 6 月 29 日，北京证券交易所（以下简称北交所）与香港交易及结算所有限公司（以下简称港交所）在北京签署合作谅解备忘录（以下简称合作备忘录）。根据合作备忘录，北交所和港交所将支持双方市场符合条件的已上市公司，在对方市场申请上市。

　　根据框架合作协议,北交所和港交所的已上市公司可以在对方市场申请上市"北＋H"模式的落地使南北两个重要的区域发展极之间架起连心桥、创新桥,不断促进两地市场要素的互换与聚合。

　　签约仪式上,北交所和港交所表示将进一步扩展服务范围、优化投资者结构和完善市场功能,助力北京国际科创中心的建设,巩固香港国际金融中心的地位。

　　对于北交所而言,此次与港交所的合作将进一步拓宽内地和香港"北＋H"模式的惠及面,使更多企业可以借助京港市场的互融互通来实现加速发展。推出京港两地上市安排,代表了北交所的开放化,同时也是中国证券监督管理委员会统筹下推进资本市场开放、持续深化北交所改革、回应市场需求的重要举措。

　　对北交所上市公司而言,合作备忘录的签署为其境外融资打开了便利之门。北交所上市公司的融资可能、估值功能和交易机会均将有所提升,合作备忘录的签署也有助于进一步促进北交所上市公司的高质量发展和提升市场的流动性。

　　因此,不妨带着以下几个问题去阅读本任务:财务管理人员应该关注哪些环境因素? 财务管理的环境如何影响企业的财务决策? 如果你是一家北交所上市公司的财务经理,"北＋H"模式的落地将会对你所在的企业产生什么样的影响?

　　财务管理环境是指对企业财务活动和财务管理产生影响的企业外部条件或因素的统称。它们是企业财务决策和管理难以改变的外部约束条件,企业财务管理必须适应它们的要求而主动变化。财务管理环境主要包括以下四个方面。

一、法律环境

　　财务管理的法律环境是指企业发生经济关系时所应遵守的各种法律、法规和规章。市场经济是法治经济,国家及地方的法律、法规是规范和维护市场秩序的保证。因此,企业总是在一定的法律前提下从事其各项业务活动和财务活动。

(一) 企业组织法规

　　企业组织必须依法成立,不同类型的企业在组建过程中适用不同的法律。在我国,这些法律包括《中华人民共和国公司法》(以下简称《公司法》)、《中华人民共和国个人独资企业法》《中华人民共和国合伙企业法》《中华人民共和国外商投资法》等。这些法规详细规定了不同类型的企业组织设立的条件、程序、组织机构、组织变更及终止的条件和程序等。例如,公司的组建要遵循《公司法》中规定的条件和程序;公司成立后,其经营活动包括财务活动,都要按照《公司法》的规定来进行。

(二) 财务会计法规

　　财务会计法规主要包括《中华人民共和国会计法》(以下简称《会计法》)、《企业财务通则》《企业会计准则》等。除此之外,企业财务管理有关的经济法规还包括证券法规、结算法规等。财务人员要在守法的前提下行使财务管理的职能,实现企业的财务管理目标。

(三) 税法

　　税法是国家制定的用以调整国家与纳税人之间在纳税方面权利与义务的法律规范的总

称。税法按征收对象的不同分为：①流转税法律法规。②所得税法律法规。③自然资源税法律法规。④财产税法律法规。⑤行为税法律法规。

二、经济环境

财务管理的经济环境是指影响企业财务管理的各种经济因素，如经济周期、经济发展水平、通货膨胀、经济政策等。

(一)经济周期

市场经济条件下，经济发展和运行会有一定的波动，出现复苏、繁荣、衰退和萧条几个阶段的循环。经济处在不同的阶段，企业财务管理的策略选择也有所不同，经济周期中的理财策略如图 1-4 所示。

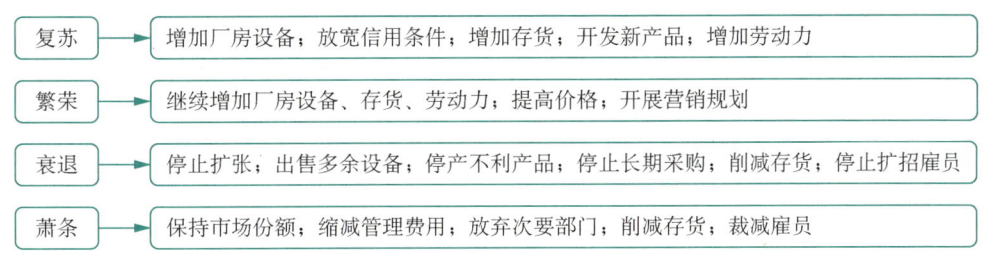

复苏	增加厂房设备；放宽信用条件；增加存货；开发新产品；增加劳动力
繁荣	继续增加厂房设备、存货、劳动力；提高价格；开展营销规划
衰退	停止扩张；出售多余设备；停产不利产品；停止长期采购；削减存货；停止扩招雇员
萧条	保持市场份额；缩减管理费用；放弃次要部门；削减存货；裁减雇员

图 1-4 经济周期中的理财策略

(二)经济发展水平

党的二十大报告指出，我们要坚持以推动高质量发展为主题，推动经济实现质的有效提升和量的合理增长。财务管理水平是和经济发展水平密切相关的，经济发展水平越高，财务管理水平也越高。财务管理水平的提高，将推动企业降低成本，改进效率，提高效益，从而促进经济发展水平的提高；而经济发展水平的提高，将改变企业的财务战略、财务理念、财务管理模式和财务管理的方法手段，从而促进企业财务管理水平的提高。财务管理应当以经济发展水平为基础，以宏观经济发展目标为导向，从业务工作角度保证企业经营目标和经营战略的实现。

(三)通货膨胀

通货膨胀对企业财务管理的影响主要表现在：第一，引起资金占用的大量增加，从而增加企业的资金需求；第二，引起企业利润虚增，造成企业资金由于利润分配而流失；第三，引起利润上升，增加企业的权益资金成本；第四，引起有价证券价格下降，增加企业的筹资难度；第五，引起资金供应紧张，导致企业筹资困难。

企业在财务管理上应采取措施减轻通货膨胀对企业造成的不利影响。在通货膨胀初期，货币面临着贬值的风险，此时企业应适当投资以避免风险，实现资本保值；与客户应签订长期购货合同，以减少物价上涨造成的损失；增加长期负债，保持资本成本的稳定。在通货膨胀持续期，企业可以采取比较严格的信用条件，减少企业债权；调整财务政策，防止和减少企业资本流失。

(四)经济政策

国家的宏观经济调控可以通过相应的经济政策得以贯彻落实。这些经济政策包括财税政策、金融政策、货币政策、土地政策、信贷政策、价格政策等,对企业的理财活动有重大影响。顺应经济政策导向,会给企业带来一些经济利益。因此,财务人员应认真研究政府的经济政策,按照政策导向行事。

 思政小课堂

"四万亿"经济刺激

2008年,全球金融危机爆发,导致世界经济进入快速衰退阶段。但是,我国政府及时实施了"四万亿"经济刺激计划,不仅使中国经济避免了快速衰退,还在很大程度上缓解了东南亚国家等与我国经济交往密切的经济体的经济衰退。在"四万亿"经济刺激计划的作用下,基础设施建设投资大幅增加,工程机械、建筑等相关产业领域的企业获得意料之外的市场机会。这些行业的许多企业都抓住机会,扩大生产经营规模,实现利润增长。当然,有些企业过分乐观估计了"四万亿"经济刺激计划作用的持续性,投资过大,从而导致其后一段时间产能过剩。

思政小贴士

在2008年全球金融危机中,我国政府通过宏观经济政策,一方面解决自身的经济增长问题,另一方面也体现我国的国际担当。

三、金融环境

财务管理的金融环境是指影响企业财务管理的各种金融因素,如金融市场、金融机构、金融工具和利息率等。

(一)金融市场

金融市场的基本构成要素有交易对象、交易主体、交易工具、交易价格四个方面。

(1)金融市场的交易对象是货币资金。金融交易与商品市场不同,它在大多数情况下只发生货币资金使用权的转移。

(2)金融市场的交易主体也就是金融市场参与者,是指参与金融市场交易活动的资金供应者或需求者。金融市场上的资金供应者主要有居民、企业、金融机构和政府四类。金融市场上的资金需求者是指通过发行金融工具融通资金的单位和个人。

(3)金融市场的交易工具也就是金融工具,主要有商业票据、政府债券、公司债券、股票、可转让大额定期存单等。金融工具的信用质量主要取决于金融工具发行者的信誉、金融工具的流动性和收益性特征等。

(4)金融市场的交易价格一般表现为利率,主要有中央银行再贴现率、商业银行存贷款利率、同业拆借利率、国家公债利率等。其中,中央银行再贴现率是基准利率。

(二)金融机构

金融机构是指发行间接金融工具以及在金融体系中推进资金融通的机构。金融机构主要有银行类金融机构和非银行类金融机构。银行类金融机构包括中央银行、政策性银行和

商业银行等。其中,商业银行在银行类金融机构中居于主体地位,它是唯一能吸收活期存款的银行,业务内容十分广泛。

知识拓展

我国金融机构的分类如表1-2所示。

表1-2　我国金融机构分类

金融机构		分类
银行	中央银行	中国人民银行
	国有商业银行	中国工商银行、中国农业银行、中国建设银行、中国银行、交通银行、中国邮政储蓄银行等
	国家政策性银行	中国进出口银行、中国农业发展银行、国家开发银行
	股份制商业银行	浦发银行、招商银行、广发银行、兴业银行、中国民生银行、平安银行、华夏银行等
	其他商业银行	农村商业银行、农村合作银行、村镇银行等
非银行金融机构		信托、证券、保险、融资租赁等机构以及财务公司

(三) 金融工具

金融工具作为金融市场交易的重要载体,在资金融通过程中发挥着重要作用。一是将资金从供给方转移到需求方;二是使收益和风险在供给方和需求方之间重新分配。金融工具具有期限性、流动性、安全性和收益性四大特征。常见的金融工具有货币、票据、债券、股票,衍生金融工具有远期合同、期货合同、期权合同、互换合同等。

(四) 利息率

利息率简称利率,是衡量资金增值量的基本单位,即资金的增值同投入资金的价值之比。从资金流通的借贷关系来看,利率是特定时期运用资金这一资源的交易价格。也就是说,资金作为一种特殊商品,其在资金市场上的买卖是以利率作为价格标准的,资金的融通实质上是资金资源通过利率这个价格体系在市场机制作用下进行再分配。因此,利率在资金的分配及个人和企业作出财务决策的过程中起着重要作用。例如,一个企业拥有投资利润率很高的投资机会,就可以发行较高利率的证券以吸引资金,投资者把过去投资的利率较低的证券卖掉,来购买这种利率较高的证券。这样,资金将从低利率的投资项目不断向高利率的投资项目转移。因此,在发达的市场经济条件下,资金从高报酬项目到低报酬项目依次分配,是由市场机制通过资金的价格——利率的差异来决定的。

因此,利率在企业财务决策和资金分配方面非常重要。一般而言,资金的利率由三部分构成:纯利率、通货膨胀补偿(或称通货膨胀贴水)、风险报酬。其中,风险报酬又分为违约风险报酬、流动性风险报酬和期限风险报酬三种。

四、技术环境

财务管理的技术环境是指财务管理得以实现的技术手段和技术条件,它决定着财务管理的效率和效果。目前,我国进行财务管理所依据的会计信息是通过会计系统提供的。我国正在全面推进会计信息化工作,建立会计信息化法规体系和标准体系,包括可扩展商业报告语言(XBRL)分类标准。会计信息化的全面推进,必将促进我国企业财务管理的技术环境进一步完善和优化。

大数据时代如约而至,不仅丰富了人类探索未知世界的方式,也逐步改变着人类的思维方法。随着大数据技术的不断发展和广泛应用,包括财务管理在内的各行各业迎来了前所未有的机遇和挑战。大数据时代智能财务的推行让业财融合成为大势所趋。为充分发挥大数据的效益,深入挖掘大数据技术潜能,同时解决财务管理面临的一系列新难题,财务相关部门和从业人员必须大力提高大数据意识,不断深化大数据在财务管理中的应用,全面加强财务大数据安全管理。

思政小贴士

党的二十大报告明确提出加快建设数字中国,加快发展数字经济,促进数字经济和实体经济深度融合。数字技术的发展将推动企业财务管理技术环境的快速变革和全面优化。

模 块 小 结

企业是依法设立的,以营利为目的,运用各种生产要素,向市场提供商品或服务,实行自主经营、自负盈亏、独立核算的法人或其他社会经济组织。企业的目标是创造财富(或价值),在创造财富(或价值)过程中也必须承担相应的社会责任。企业最基本的组织形式有个人独资企业、合伙企业和公司制企业三种。

财务管理的本质即对资金及其运动进行管理。企业财务活动包括筹资活动、投资活动、资金分配活动和资金营运活动。企业财务关系是指企业在处理各项财务活动的过程中会与有关各方发生的利益关系。

财务管理的目标是企业全部财务活动需要实现的最终目标,它是企业开展一切业务活动的基础和归宿。具有代表性的财务管理目标包括利润最大化目标、股东财富最大化目标、企业价值最大化目标和相关者利益最大化目标。

财务管理环境是指对企业财务活动和财务管理产生影响的企业外部条件或因素的统称。财务管理环境包括法律环境、经济环境、金融环境和技术环境。

<<< 模 块 习 题 >>>

一、单项选择题

1. 下列各种企业组织形式中,面临双重课税问题的是(　　)。
   A. 个人独资企业　　　　　　　　　B. 普通合伙企业
   C. 有限合伙企业　　　　　　　　　D. 有限责任公司

2. 企业与所有者之间的财务关系反映的是(　　)。
   A. 受资与投资关系　　　　　　　　B. 债权债务关系
   C. 投资与受资关系　　　　　　　　D. 债务债权关系

3. 下列各项中,不属于股东财富最大化目标优点的是(　　)。
   A. 考虑了风险因素
   B. 在一定程度上能避免企业追求短期行为
   C. 有利于量化非上市公司的股东财富
   D. 对上市公司而言,股东财富最大化目标比较容易量化,便于考核和奖惩

4. 下列各项中,属于协调所有者和经营者矛盾方法的是(　　)。
   A. 限制性借款　　　　　　　　　　B. 停止借款
   C. 解聘　　　　　　　　　　　　　D. 收回借款

5. 下列各项中,不属于协调所有者和债权人矛盾方法的是(　　)。
   A. 市场对公司强行接收或吞并
   B. 债权人通过合同实施限制性条款
   C. 债权人停止借款
   D. 债权人收回借款

二、多项选择题

1. 企业财务管理环境包括(　　)。
   A. 经济环境　　　　　　　　　　　B. 法律环境
   C. 金融环境　　　　　　　　　　　D. 技术环境

2. 以利润最大化作为财务管理目标的缺陷有(　　)。
   A. 没有考虑利润的时间价值
   B. 没有考虑利润和所承担风险的关系
   C. 会使企业财务决策带有短期行为倾向
   D. 没有考虑资本投入多少与获利之间的关系

3. 下列各项中,属于金融工具特点的有(　　)。
   A. 流动性　　　　B. 风险性　　　　C. 收益性　　　　D. 权益性

4. 下列各项中,能够用来协调所有者与经营者之间矛盾的措施有(　　)。
   A. 激励　　　　　B. 批评　　　　　C. 接收　　　　　D. 解聘

三、判断题

1. 公司以股东财富最大化作为财务管理目标,意味着公司创造的财富应首先满足股东期望的回报要求,然后再考虑其他利益相关者。 （ ）
2. 给予经营者股票期权或绩效股,是通过所有者约束经营者的方法。 （ ）
3. 在市场经济条件下,风险与报酬是成反比的。风险越大,获取的报酬就越小。 （ ）
4. 相关者利益最大化的财务管理目标体现了合作共赢的价值理念。 （ ）
5. 激烈的市场竞争条件下,一个利润水平较低的企业是不需要承担社会责任。 （ ）

模块二
财务管理的价值观念

模块导言

　　本模块主要介绍货币时间价值的含义,复利终值和现值的计算,年金终值和现值的计算,风险的含义、类别和风险衡量的方法。

学习目标

1. 知识目标

(1) 理解资金时间价值。

(2) 掌握复利、年金的终值和现值的计算。

(3) 了解风险报酬及其衡量办法。

2. 技能目标

(1) 能熟练运用资金时间价值公式解决实际问题。

(2) 能准确利用方差、标准差和标准离差率衡量投资风险。

3. 素养目标

(1) 树立正确的理财意识。

(2) 树立法律意识,增强法治观念。

(3) 有识别风险、管理风险的意识和能力。

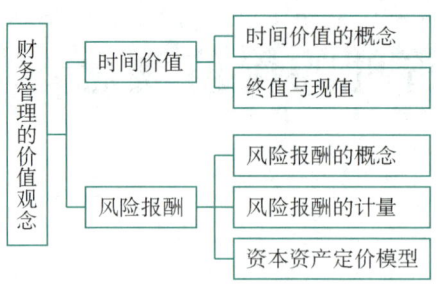

```
                    ┌─ 时间价值的概念
        ┌─ 时间价值 ─┤
财务      │          └─ 终值与现值
管理      │
的价值 ──┤          ┌─ 风险报酬的概念
观念      │          │
        └─ 风险报酬 ─┼─ 风险报酬的计量
                    │
                    └─ 资本资产定价模型
```

任务一　时间价值

拿破仑的玫瑰花诺言

1797 年 3 月,拿破仑在卢森堡第一小学演讲时,将一束价值 3 路易的玫瑰花送给了该校校长。拿破仑对校长说:"为了答谢贵校对我,还有我的夫人约瑟芬的盛情款待,我今天不仅呈献上一束玫瑰花,而且在未来的日子里,只要我们法兰西存在一天,每年我都将会派人送给贵校一束价值相等的玫瑰花,作为法兰西与卢森堡友谊的象征。"

1984 年年底,卢森堡人再次提起此事,并且要求法国政府:要么从 1798 年开始算起,用 3 个路易作为一束玫瑰花的本金,以 5 厘复利计息全部偿清。要么就向全世界宣布,拿破仑是言而无信的小人,法国人无法兑现历史诺言。法国思量之下,决定不能做有损拿破仑信誉的事情,打算偿还欠款。

但从计算得出的数据让他们吓了一跳,原本 3 路易的承诺,在 1984 年连本带息已经高达了 137.559 6 万法郎,代价实在是太大。法国多方面找卢森堡协商,终于找到了一个妥善的协商办法。法国从此以后加大对卢森堡大、中、小学的教育事业的支持,从物质上、技术上、精神上进行无偿援助。

本案例中原本每年 3 路易的玫瑰花,在 187 年后却价值 137.559 6 万法郎,是由于资金具有时间价值,每年的 3 路易在 187 年中产生了大量的资金增值。

人无信不立,我国自古有"一诺千金"之言,法国政府智慧的答复践行了拿破仑当年的诺言。

一、时间价值的概念

资金时间价值(time value of money)是指资金经历一定时间的投资和再投资所增加的价值,也称货币的时间价值。假如现在将 100 元存入银行,按 10% 的存款利率,明年这个时间可以得到 110 元,多余的 10 元就是货币的时间价值。企业将一定量的货币投入生产经营过程中,生产出的产品出售后会得到比原投入更多的货币,这个增值也是货币时间价值。

资金时间价值可以有两种表现形式:一种是绝对数形式,即增加的价值额,如上例中的 10 元;另一种是相对数形式,即用增加的价值额占投入资金的百分数表示,如上例中的 10%。在财务管理实务中,人们习惯使用相对数形式表示资金时间价值,常见的表现形式有存款利率、贷款利率、债券利息率、股票投资收益率、项目投资收益率、资金成本率等。

二、终值与现值

(一) 单利的终值和现值

单利是最简单的计算利息的方法。只要本金在贷款期限中获得利息,不管时间多长,所产生利息均不加入本金重复计算利息。这里的本金是指初始投资投入的货币额。利息是指投资者收取的超过本金部分的货币金额。

在单利计算中,P 为现值,又称本金;i 为每一利息期的利率;I 为利息;F 为终值,又称本利和;n 为计算利息的期数,单利终值计算公式如下:

$$F = P + P \times i \times n$$

例 2-1 某企业有一张面额 1 000 元的带息票据,票面利率为 3%,出票日期为 2024 年 5 月 22 日,同年 7 月 21 日到期(共 60 天),到期时企业可得到的本利和为多少元?

解析 $F = P + P \times i \times n = 1\,000 + 1\,000 \times 3\% \times \dfrac{60}{360} = 1\,005(元)$

单利现值计算同单利终值计算是互逆的,由终值计算现值的过程称为折现或贴现,单利现值计算公式如下:

$$P = F \div (1 + i \times n)$$

例 2-2 某人希望 3 年后取得的本利和为 3 450 元,用以支付一笔款项。在利率为 5%,采用单利计息方式的前提下,此人现在须存入银行的资金为多少元?

解析 $P = F \div (1 + i \times n) = 3\,450 \div (1 + 5\% \times 3) = 3\,000(元)$

(二) 复利的终值和现值

复利不同于单利,它是指每经过一个计息期,要将该期所派生的利息加入本金再计算利息,逐期滚动计算,俗称"利滚利"。这里所说的计息期,是指相邻两次计息间隔,如年、月、日等。除非特别说明,计息期一般为 1 年。

1. 复利终值的计算

复利终值是指一定数量的本金在一定的利率下按照复利计算出的若干时期以后的本利和。复利终值的计算公式如下:

$$FV_n = PV \times (1 + i)^n$$

式中的 FV_n 称为复利终值,PV 称为复利现值,$(1 + i)^n$ 称为复利终值系数(future value interest factor),也可以写成 $FVIF_{i,n}$ 或 $(F/P, i, n)$,因此,复利终值的计算公式也可以写成:

$$FV_n = PV \times (1+i)^n = PV \times FVIF_{i,n}$$

例 2-3 企业将 1 000 万元存入银行,以便 5 年以后用于一项投资。假设存款利率为 8%,以复利计息,则 5 年后该企业从银行可以取出多少钱用于投资?

解析 $FV_n = PV \times (1+i)^n = PV \times FVIF_{i,n} = 1\,000 \times (1+8\%)^5 = 1\,000 \times FVIF_{8\%,5}$
$= 1\,000 \times 1.469\,3 = 1\,469.3$(万元)

为了简化和加速计算,可查阅复利终值系数表(详见书后附录 1),直接获得复利终值系数,1 元的复利终值系数简表如表 2-1 所示。

表 2-1 1 元的复利终值系数表(简表)

期数	5%	6%	7%	8%	9%	10%
1	1.050 0	1.060 0	1.070 0	1.080 0	1.090 0	1.100 0
2	1.102 5	1.123 6	1.144 9	1.166 4	1.188 1	1.210 0
3	1.157 6	1.191 0	1.225 0	1.259 7	1.295 0	1.331 0
4	1.215 5	1.262 5	1.310 8	1.360 5	1.411 6	1.464 1
5	1.276 3	1.338 2	1.402 6	1.469 3	1.538 6	1.610 5
6	1.340 1	1.418 5	1.500 7	1.586 9	1.677 1	1.771 6

2. 复利现值的计算

复利现值是指未来某一特定时间的资金按复利计算的现在价值,求复利现值实际上是求复利终值的逆运算,复利现值的计算公式如下:

$$PV = \frac{FV_n}{(1+i)^n} = FV_n \times \frac{1}{(1+i)^n}$$

式中,$\frac{1}{(1+i)^n}$ 称为复利现值系数或折现系数(present value interest),可以写成 $PVIF_{i,n}$ 或 $(P/F,i,n)$,则复利现值系数的公式可写为如下:

$$PV = FV_n \times PVIF_{i,n}$$

为了简化计算,也可编制复利现值系数表(详见书后附录 2),1 元的复利现值系数表(简表)如表 2-2 所示。

表 2-2 1 元的复利现值系数表(简表)

期数	5%	6%	7%	8%	9%	10%
1	0.952 4	0.943 4	0.934 6	0.925 9	0.917 4	0.909 1
2	0.907 0	0.890 0	0.873 4	0.857 3	0.841 7	0.826 4
3	0.863 8	0.839 6	0.816 3	0.793 8	0.772 2	0.751 3
4	0.822 7	0.792 1	0.762 9	0.735 0	0.708 4	0.683 0
5	0.783 5	0.747 3	0.713 0	0.680 6	0.649 9	0.620 9
6	0.746 2	0.705 0	0.666 3	0.630 2	0.596 3	0.564 5

例 2-4　某公司计划 6 年后以 1 000 万元进行投资。若银行存款利率为 8%，每年复利一次，则公司现在应存入多少钱才能保证 6 年后取得项目投资所需 1 000 万元？

解析　$PV = \dfrac{1\,000}{(1+8\%)^6} = 1\,000 \times PVIF_{8\%,6} = 1\,000 \times 0.630\,2 = 630.2$（万元）

3. 复利终值和复利现值的关系

（1）复利终值和复利现值互为逆运算。

（2）复利终值系数和复利现值系数互为倒数。

思政小课堂

远离校园贷

2016 年 3 月发生了一场由校园贷款引发的悲剧：河南牧业经济学院郑旭（化名），利用 28 名同学的身份证，向 14 个平台借款赌球，最终欠款高达 60 万元，因无力偿还巨款，于 3 月 9 日在青岛跳楼自杀。看似能够江湖救急的校园贷款，运行于网贷平台却陷入了资本怪圈。

一张身份证，一本学生证，甚至不用签字就可以借数万元！只需在百度上搜索"大学生分期贷"，众多网贷平台就一涌而出，各种诱人词条纷纷霸屏："最快 3 分钟审核，隔天放款""只需提供学生证即可办理""学生借款找××，额度高，到账快"。除了网络，校园中随处可见的小广告和传单都充斥着校园贷款的信息，甚至你的身边就有那么一个校园贷款平台——校园代理人在守株待兔。

全是套路，"零首付""零利息"等皆是骗局。别看大学生都在接受高等教育，但可能大部分连利息都算不清楚。以为自己省点生活费，做点兼职就可以还上贷款，但是校园贷不是那么简单！举个例子，假设借款 1.2 万元，以 1 年为期，按某校贷官网的还款方式，每个月要还 1 118.8 元，1 年要还 13 425.6 元，利息是 1 425.6 元。其年利息率为 11.88%，而中国银行同期年息仅为 4.35%。

思政小贴士

讲解资金时间价值内容时，通过单利计息和复利计息知识点，引出校园贷的本质和危害，教育学生要有理性的消费观念，不要因为盲目攀比的消费而给自身和家庭造成经济及精神压力。通过贷款买车、贷款买房案例，吸引学生注意力，教育学生要有理性的消费观、投资观。不良校园贷往往存在费率不明、贷款门槛低、审核不严、催收手段不文明、风险难控、易将风险转嫁给家庭、校园代理人无资质等风险问题，应加以识别。在校学生要坚决抵制使用"不良校园贷"，不轻易使用校园贷，对于一些临时性资金需求应向家人或学校进行求助，必要时拿起法律武器维护自身的合法权益。

（三）年金终值与年金现值

年金是指一定时期内，每隔相同的时间，收入或支出相同金额的系列款项。例如，折旧、利息、租金、保险费、零存整取等都属于年金问题，具有连续性和等额性特点。

年金根据每次收付发生的时点不同,可分为普通年金(后付年金)、先付年金(即付年金)、递延年金和永续年金四种。需要注意的是,在财务管理中讲到年金一般是指普通年金。

1. 普通年金

普通年金是指从第一期起,在一定时期内,间隔相等时间,在每期期末收入或支出相等金额的系列款项。每一间隔期,有期初和期末两个时点,由于普通年金在期末这个时点上发生收付,普通年金又称后付年金。在现实生活中普通年金最为常见。

1) 普通年金的终值

普通年金终值是指各期等额收付金额在第 n 期期末的复利终值之和。普通年金终值计算如图 2-1 所示。

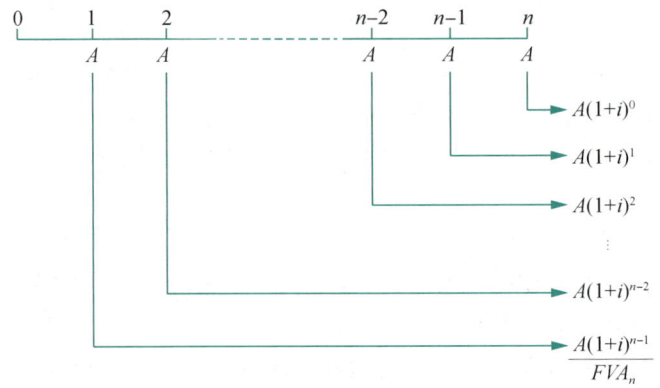

图 2-1 普通年金终值计算

由图 2-1 可知,设每年的收支额为 A,利率为 i,期数为 n,则按复利计算的年金终值 FVA_n 为:

$$FVA_n = A \times (1+i)^0 + A \times (1+i)^1 + A \times (1+i)^2 + \cdots + A \times (1+i)^{n-2} + A \times (1+i)^{n-1}$$

等式两边同乘以 $(1+i)$:

$$(1+i)FVA_n = A \times (1+i)^1 + A \times (1+i)^2 + \cdots + A \times (1+i)^{n-1} + A \times (1+i)^n$$

上述两式相减得,

$$(1+i)FVA_n - FVA_n = A \times (1+i)^n - A$$

$$FVA_n = A \times \frac{(1+i)^n - 1}{i}$$

式中,$\frac{(1+i)^n-1}{i}$ 称为普通年金终值系数(future value interest factor of an annuity),通常写作 $FVIFA_{i,n}$,或者 $(F/A, i, n)$,年金终值的计算公式可以写成如下:

$$FVA_n = A \times FVIFA_{i,n}$$

为了简化计算,可以编制年金终值系数表(具体见书后附录 3),1 元年金终值系数表(简表)如表 2-3 所示。

表 2-3　1 元年金终值系数表(简表)

期数	5%	6%	7%	8%	9%	10%
1	1.000 0	1.000 0	1.000 0	1.000 0	1.000 0	1.000 0
2	2.050 0	2.060 0	2.070 0	2.080 0	2.090 0	2.100 0
3	3.152 5	3.183 6	3.214 9	3.246 4	3.278 1	3.310 0
4	4.310 1	4.374 6	4.439 9	4.506 1	4.573 1	4.641 0
5	5.525 6	5.637 1	5.750 7	5.866 6	5.984 7	6.105 1
6	6.801 9	6.975 3	7.153 3	7.335 9	7.523 3	7.715 6

例 2-5　在银行存款利率 8% 的情况下,某人连续 6 年每年年末存入银行 1 000 元,请问他在第 6 年年末,可一次取出的本利和是多少?

解析　$FVA_n = A \times \dfrac{(1+i)^n - 1}{i} = 1\,000 \times \dfrac{(1+8\%)^6 - 1}{8\%} = 7\,335.9\,(元)$

或 $FVA_n = A \times FVIFA_{i,n} = 1\,000 \times 7.335\,9 = 7\,335.9\,(元)$

知识拓展

偿债基金的计算

偿债基金(sinking fund)是为在未来某一时期偿还一定数额的债务或积累一定数额的资金,而必须分次等额形成的存款准备金,也就是为使年金终值达到既定金额的年金数额(即已知终值 FVA_n,计算年金 A)。偿债基金的计算实际上是年金终值的逆运算,其计算公式如下:

$$A = FVA_n \times \dfrac{i}{(1+i)^n - 1}$$

式中,$\dfrac{i}{(1+i)^n - 1}$ 称为偿债基金系数,一般通过年金终值系数的倒数推算出来。

由此可见:

(1) 偿债基金与普通年金终值互为逆运算。

(2) 偿债基金系数与普通年金终值系数互为倒数。

2) 普通年金的现值

普通年金现值是指在一定时期内,为在每期期末取得相等金额的款项,现在需要投入的金额。普通年金现值计算如图 2-2 所示。

由图 2-2 可知,年金现值的计算公式如下:

$$PVA_n = A \times (1+i)^{-1} + A \times (1+i)^{-2} + \cdots + A \times (1+i)^{-n}$$

等式两边同乘以 $(1+i)$:

$$(1+i)PVA_n = A \times (1+i)^0 + A \times (1+i)^{-1} + A \times (1+i)^{-2} + \cdots + A \times (1+i)^{-(n-1)}$$

两式相减得:

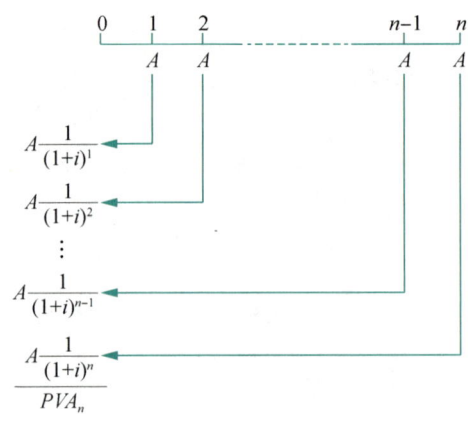

图 2-2　普通年金现值计算

$$(1+i)PVA_n - PVA_n = A - A \times (1+i)^{-n}$$

$$PVA_n = A \times \frac{1-(1+i)^{-n}}{i}$$

式中,$\dfrac{1-(1+i)^{-n}}{i}$ 称为年金现值系数(present value interest factor of an annuity),可简写为 $PVIFA_{i,n}$ 或 $(P/A, i, n)$,因此,年金现值的计算公式可写成如下:

$$PVA_n = A \times PVIFA_{i,n}$$

为了简化计算,也可以编制年金终值系数表(具体见书后附录 4),1 元年金现值系数表(简表)如表 2-4 所示。

表 2-4　1 元年金现值系数表(简表)

期数	5%	6%	7%	8%	9%	10%
1	0.952 4	0.943 0	0.934 6	0.925 9	0.917 4	0.909 1
2	1.859 4	1.833 4	1.808 0	1.783 3	1.759 1	1.735 5
3	2.723 2	2.673 0	2.624 3	2.577 1	2.531 3	2.486 9
4	3.546 0	3.465 1	3.387 2	3.312 1	3.239 7	3.169 9
5	4.329 5	4.212 4	4.100 2	3.992 7	3.889 7	3.790 8
6	5.075 7	4.917 3	4.766 5	4.622 9	4.485 9	4.355 3

例 2-6　某人想在以后的 5 年内每年年末从银行取出 1 000 元用于投资,假设银行存款利率为 10%,如果他现在就将投资款存入银行,需要存入多少?

解析　$PVA_n = A \times \dfrac{1-(1+i)^{-n}}{i} = 1\,000 \times \dfrac{1-(1+10\%)^{-5}}{10\%} = 3\,790.8(元)$

或 $PVA_n = A \times PVIFA_{i,n} = 1\,000 \times 3.790\,8 = 3\,790.8(元)$

知识拓展

资本回收额的计算

普通年金现值的计算是已知年金求现值,而资本回收额是已知现值求年金,即已知现在投入了多少资金,求未来每年至少应该取得多少收益,即回收多少资金才能说明最初的投资额是值得的,它是年金现值的逆运算,其计算公式如下:

$$A = PVA_n \times \frac{i}{1-(1+i)^{-n}}$$

式中,$\dfrac{i}{1-(1+i)^{-n}}$ 称为投资回收系数,通过年金现值系数的倒数求得。

由此可见：

（1）资本回收额与普通年金现值互为逆运算。

（2）投资回收系数与普通年金现值系数互为倒数。

2. 先付年金

先付年金也叫预付年金、即付年金，是指在一定期间内，每期期初收付的年金。

普通年金与先付年金的区别仅在于付款时间的不同，普通年金付款的时间在每期期末，先付年金的付款时间在每期期初。由于先付年金和普通年金时间上只差了一期，实务中，我们只需要编制普通年金终值系数和现值系数表，进而推导先付年金的计算。

1）先付年金的终值

先付年金终值是指在一定时期内每期期初等额收付款项的复利终值之和。先付年金终值与普通年金终值的关系如图 2-3 所示。

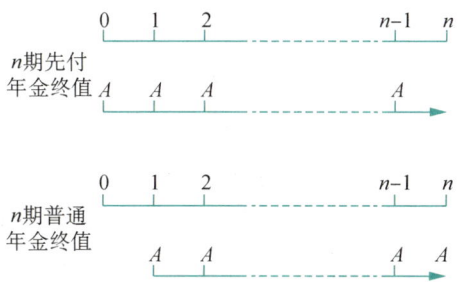

图 2-3　先付年金终值与普通年金终值的关系

方法一：n 期先付年金与 n 期普通年金的付款次数是相同的，但付款时间的不同，n 期先付年金比普通年金多计算一期的利息。因此，设每年的收付款为 A，利率为 i，期数为 n，我们求出 n 期的普通年金终值，再乘以 $(1+i)$，便可求出 n 期先付年金终值（$XFVA_n$）。先付年金终值的计算公式如下：

$$XFVA_n = A \times FVIFA_{i,n} \times (1+i)$$

方法二：n 期先付年金与 $n+1$ 期普通年金的计息期数相同，但比 $n+1$ 期普通年金少付款一次。因此，只要将 $n+1$ 期普通年金的终值减去一期的付款额 A，便可求出 n 期先付年金终值（$XFVA_n$）。其计算公式如下：

$$XFVA_n = A \times FVIFA_{i,n+1} - A = A \times (FVIFA_{i,n+1} - 1)$$

例 2-7　某企业拟建成一个项目，预计 5 年完成。企业每年年初投入 100 万元，若年利率为 8%，则该项目 5 年后的投资总额为多少万元？

解析　$XFVA_n = A \times FVIFA_{i,n} \times (1+i) = 100 \times FVIFA_{8\%,5} \times (1+8\%) = 633.59$（万元）

或 $XFVA_n = A \times (FVIFA_{i,n+1} - 1) = 100 \times (FVIFA_{8\%,6} - 1) = 100 \times (7.3359 - 1) = 633.59$（万元）

2）先付年金的现值

先付年金现值是指在一定时期内每期期初等额收付款项的复利现值之和。先付年金现值与普通年金现值的关系如图2-4所示。

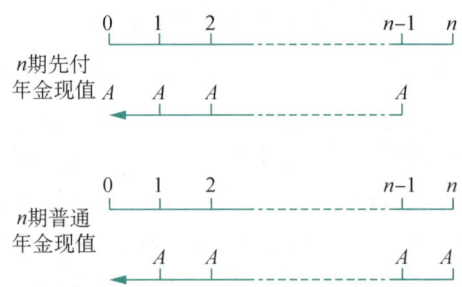

图2-4　先付年金现值与普通年金现值的关系

如图2-4所示，n期先付年金现值与n期后付年金现值的付款期数相同，但付款时间的不同，n期先付年金现值比n期后付年金现值多折现一期。因此，可在n期后付年金现值的基础上乘以$(1+i)$，便可求出n期先付年金的现值，其计算公式如下：

$$XPVA_n = A \times PVIFA_{i,n} \times (1+i)$$

另外一种方法，n期先付年金与$n-1$期普通年金的计息期数相同，但比$n-1$期普通年金多一期不用折现的付款额A。因此，只要将$n-1$期普通年金的现值加上一期不用折现的付款额A，便可求出n期先付年金终值$(XPVA_n)$，其计算公式如下：

$$XPVA_n = A \times PVIFA_{i,n-1} + A = A \times (PVIFA_{i,n-1} + 1)$$

例2-8　某企业租用一台大型设备，预计每年年初需支付租金4万元，5年付清。若银行年利率为6%，该设备的租金相当于现在一次性付款多少万元？

解析　$XPVA_n = A \times PVIFA_{i,n} \times (1+i) = 4 \times PVIFA_{6\%,5} \times (1+6\%) = 17.86$（万元）

或 $XPVA_n = A \times (PVIFA_{i,n-1} + 1) = 4 \times (PVIFA_{6\%,4} + 1) = 17.86$（万元）

3. 递延年金

递延年金是指在最初若干期没有收付款项的情况下，后面若干期等额的系列收付款项。假设最初有m期没有收付款项（m期为递延期），后面n期有等额的收付款项（n期为正常发生期），递延年金收付形式示意图如图2-5所示。

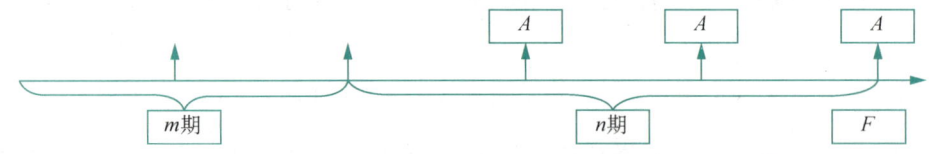

图2-5　递延年金收付形式示意图

1）递延年金终值

从图2-5可知，递延年金终值与递延期数无关，它的计算方法与普通年金的终值计算方法相同。

2）递延年金现值

递延年金现值计算如图 2-6 所示。

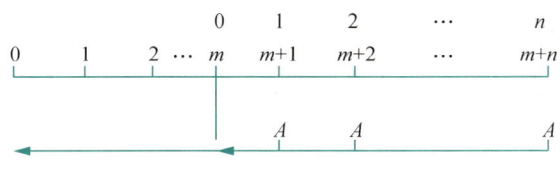

图 2-6　递延年金现值的计算

递延年金现值是至若干期后,每期系列等额收付款项的现值之和,也就是所有等额收付的款项折算到包括递延期在内的期间最初时点的现值和。递延年金现值的计算方法有如下三种:

方法一:先把递延年金看作 n 期普通年金,先计算出递延年金在 n 期期初(m 期期末)的现值,再将其作为终值折现到第一期期初,其计算公式如下:

$$V_0 = A \times PVIFA_{i,n} \times PVIF_{i,m}$$

方法二:假定递延期间也发生现金的收付,先计算出($m+n$)期的普通年金现值,再减去没有发生款项收付的前 m 期的普通年金现值,两者之差就是递延年金的现值,其计算公式如下:

$$V_0 = A \times (PVIFA_{i,m+n} - PVIFA_{i,m})$$

方法三:先计算出递延年金的终值,再将($m+n$)期折现到第一期期初,其计算公式如下:

$$V_0 = A \times FVIFA_{i,n} \times PVIF_{i,m+n}$$

例 2-9　张某打算购买保险产品作为退休后的保障。目前,张某了解的保险产品情况如下:如果投保人现在 50 岁,可以先缴纳一笔保费,购买之后 5 年内投保人不能得到任何现金回报;10 年之后,也就是从投保人 60 岁开始,连续 5 年,每年年末可以得到 1 000 元收入。如果当前利息率 8%,张某获得的保费收入现值是多少?

解析　方法一:

$V_0 = A \times PVIFA_{i,n} \times PVIF_{i,m}$

$\quad = 1\,000 \times PVIFA_{8\%,5} \times PVIF_{8\%,5}$

$\quad = 1\,000 \times 3.992\,7 \times 0.680\,6 = 2\,717.43(万元)$

方法二:

$V_0 = A \times (PVIFA_{i,m+n} - PVIFA_{i,m})$

$\quad = 1\,000 \times (PVIFA_{8\%,10} - PVIFA_{8\%,5})$

$\quad = 1\,000 \times (6.710\,1 - 3.992\,7) = 2\,717.40(万元)$

方法三:

$V_0 = A \times FVIFA_{i,n} \times PVIF_{i,m+n}$

$$= 1\,000 \times FVIFA_{8\%,\,5} \times PVIF_{8\%,\,10}$$

$$= 1\,000 \times 5.866\,6 \times 0.463\,2 = 2\,717.41(万元)$$

4. 永续年金

永续年金是指无期限收付的年金,又称永久年金或终身年金。从数学角度来看,永续年金的终值是发散的,当期数 n 趋向于无穷大时,其终值也趋向于无穷大,因此无法定量。永续年金的现值是收敛的,当期数 n 趋向于无穷大时,其现值趋向于 A/r。永续年金的推导公式如下:

$$PVIFA_{i,\,n} = \dfrac{1 - \dfrac{1}{(1+i)^n}}{i}$$

当 $n \to \infty$ 时,$\dfrac{1}{(1+i)^n} \to 0$,所以永续年金现值的计算公式如下:

$$V_0 = A \times \dfrac{1}{i}$$

例 2-10 某项永久性奖学金,每年计划颁发 100 万元。若年利率为 10%,该奖学金的本金是多少?

解析 $V_0 = A \times \dfrac{1}{i} = 100 \times \dfrac{1}{10\%} = 1\,000(万元)$

思政小贴士

诺贝尔奖是根据诺贝尔 1895 年的遗嘱设立的奖项,主要是为了表彰在物理、化学、和平、生理学或医学以及文学方面对人类贡献大的人士。屠呦呦是 2015 年诺贝尔生理学或医学奖获得者,她在科研道路上埋头苦干、潜心钻研、坚韧不拔、持之以恒等精神值得大家学习。

(四)利率的计算

1. 名义利率与实际利率

以上讨论中始终假定利率(贴现率)是年利率,每年复利一次。但在实际生活中,复利的计息期不一定总是一年,有可能是季度、月份或日。例如,某些债券半年计息一次;有的抵押贷款每月计息一次;银行间的拆借资金均为每天计息一次。当一年内复利次数超过一次时,给出的年利率叫作名义利率;而每年只复利一次的才是实际利率。

在理论上,按实际利率每年复利一次计算得到的年利息应该与按名义利率每年多次复利计算的年利息是等价的。因此,对于一年内复利多次的情况,可按以下两种方法计算资金的时间价值。

方法一:将名义利率调整为实际利率,再按实际利率计算资金时间价值,实际利率 i 的换算公式如下:

$$i = \left(1 + \dfrac{r}{m}\right)^m - 1$$

式中,r 为名义利率,m 为 1 年内复利的次数。

例 2-11 企业按面值 1 元平价发行 5 年期的公司债券 10 000 张,债券票面利率为 10%,每半年付息一次,到期一次还本付息。该债券的实际利率是多少?该债券到期值是多少?

解析 $i = \left(1 + \dfrac{r}{m}\right)^m - 1 = \left(1 + \dfrac{10\%}{2}\right)^2 - 1 = 10.25\%$

则 $FV_{10} = PV \times (1+i)^n = 10\,000 \times (1 + 10.25\%)^{10} = 265\,33(元)$

方法二:不计算实际利率,而是相应调整有关指标。采用这种方法,须将名义利率换算为每期利率,将年数换算为每期期数,即利率变为期利率 r/m,期数变为 mn。

例 2-12 承例 2-11,到期后的本利和是多少?

解析 $FV = PV \times \left(1 + \dfrac{r}{m}\right)^{mn} = 10\,000 \times \left(1 + \dfrac{10\%}{2}\right)^{20} = 10\,000 \times FVIF_{5\%,20}$

$= 26\,533(元)$

 **小贴士**

> 若每年计息一次,实际利率=名义利率。
> 若每年计息多次,实际利率<名义利率。

2. 插值法

在计算现值和终值时,都假定利率是给定的。但在财务管理实务中,经常会遇到已知期数、年金、终值和现值,求折现率的问题。

对于一次性收付款项来说,由复利终值计算公式或复利现值计算公式可推出折现率 i 的计算公式如下:

$$i = \sqrt[n]{\dfrac{F}{P}} - 1$$

对于永续年金来说,由永续年金现值的计算公式,可推出折现率的计算公式如下:

$$i = \dfrac{A}{V_0}$$

但对于年金问题和不等额系列收付款来讲,则无法直接套用公式,必须利用有关的系数表或经过测算,最后用内插法才能求出折现率 i。以普通年金为例,说明折现率的推算步骤和方法。

根据普通年金终值和普通年金现值的计算公式,可推出如下公式:

$$FVIFA_{i,n} = \dfrac{FVA_n}{A}$$

$$PVIFA_{i,n} = \dfrac{PVA_n}{A}$$

然后通过查年金终值系数表和年金现值系数表,只要读出该系数所在的列 i 值,即为所求的折现率。

若无法找到恰好等于系数的值,就需要采用插值法。插值法的原理是假设利率 i 与相关的系数在较小范围内呈线性关系,因此需要在表中找到最为接近系数的两个上下值,根据如下公式来求出 i:

$$i = i_1 + \frac{m_1 - c}{m_1 - m_2}(i_2 - i_1)$$

其中,i_1、i_2 分别表示临近的折现率,m_1、m_2 分别表示该临近折现率通过查表找到的最接近系数值 c 的值。

例 2-13 企业进行一项技术研发,向银行按揭贷款,金额为 1 600 万元,期限 5 年,合同规定到期一次性还本付息 2 500 万元,计算这笔借款的实际利率是多少?

解析 依题意,由普通复利现值的计算公式得:

$$PVIF_{i,n} = \frac{PV_n}{F} = \frac{1\,600}{2\,500} = 0.64$$

查找复利现值系数表,在 $n=5$ 这一行无法找到系数等于 0.64 的值,但可以找到大于 0.64 和小于 0.64 的临界系数值:$m_1 = 0.649\,9$,$m_2 = 0.620\,9$,相对应的 $i_1 = 9\%$,$i_2 = 10\%$。由此,可利用内插法计算该借款的实际利率:

$$
\begin{aligned}
i &= i_1 + \frac{m_1 - c}{m_1 - m_2}(i_2 - i_1) \\
&= 9\% + \frac{0.64 - 0.649\,9}{0.620\,9 - 0.649\,9} \times (10\% - 9\%) \\
&= 9.34\%
\end{aligned}
$$

任务二　风险报酬

案例导入

P2P——十年兴衰,清零落幕

2020 年 11 月 27 日,银保监会(现为国家金融监督管理总局)首席律师刘福寿宣布:"截至今年 11 月中旬,全国实际运营的 P2P 网贷机构,已经完全归零。"至此,P2P 正式在中国市场谢幕。

P2P(peer-to-peer)即个人对个人,又称点对点网络借款,是一种将小额资金聚集起来借贷给有资金需求人群的一种民间小额借贷模式。我国 P2P 行业兴起于 2006 年,到 2020 年 11 月中旬 P2P 完全清零。据统计,在 2006—2020 年先后有一万多家 P2P 平台上线,高峰时同时有五千多家运营,年交易规模约 3 万亿元,坏账损失率很高。

回顾我国 P2P 网贷简史,其兴衰不过十多年的时间。2006—2011 年是 P2P 的萌芽期,2012—2015 年 P2P 进入野蛮扩张期,2016—2020 年则是 P2P 的整顿规范和清退期。

P2P网贷的本质是借贷关系的中间人,是撮合成交的信息中介角色。P2P平台收取的只是交易手续费。但是,当行业野蛮生长时,部分P2P平台却发生了变化,不再只是简单的信息平台。部分P2P平台通过自我担保、份额拆分、期限错配等形式快速扩张,实质上是在玩自融,搭建自己的资金池,本质上变成了非法集资。

因而,在考虑投资回报时,风险是否是重要的因素? 单个投资风险如何避免? 如何权衡风险和收益的关系?

货币时间价值说明了企业在无风险情况下应得到的投资报酬。但企业投资往往是在有风险的情况下进行的。企业冒风险,就会期望得到相应的更高的报酬,冒风险越大,期望得到的报酬就会越多。风险与报酬是相辅相成的。应准确理解风险和报酬的内涵,掌握度量风险的方法,并把握好风险与报酬之间的关系。只有这样,企业才能准确评价投资项目的优劣,尽可能地减少风险或规避风险,最大限度地增加企业财富或增加企业价值。

一、风险报酬的概念

(一)风险的概念

财务管理中,风险是指实际结果偏离预期目标的可能性和程度。实际结果偏离预期目标,可能是负向偏离,也可能是正向偏离。因此,财务管理中的风险是一个中性概念,不仅包括负面效应的不确定性,即危险;还包括正面效应的不稳定性,即机会。

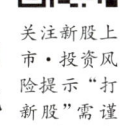

关注新股上市·投资风险提示"打新股"需谨慎 多了解企业基本情况

知识拓展

企业财务决策类型

风险是客观存在的,按风险的程度,可以把企业的财务决策分成三种类型。

1. 确定性决策

确定性决策是指决策者对未来的情况是完全确定的或已知的决策,如国债投资。在许多决策问题中,有必要假设只有一个前景是合适的,并且在研究度决策时就认定这个前景是确定的,这就是确定性决策。在确定性决策模式中,如果确定该方案的依据是利润,那么选择的原则就是利润最大。相反,如果依据是成本,那么应选择成本最小的方案。

2. 风险性决策

风险性决策是指决策者对未来的情况不能完全确定,但它们出现的可能性——概率的分布是已知的或是可以估计的。

3. 不确定性决策

不确定性决策是指决策者对未来的情况不仅不能完全确定,而且对其可能出现的概率也不清楚。

(二)报酬的概念

报酬也称收益,是企业投资或经营所得到的超过投资成本价值的超额收益。报酬可以用利润来表示,也可以用现金净流量来表示。实务中,企业利用更多的是相对数指标,即报酬率或收益率。比如投资前测算的期望报酬率(又称期望收益率)以及应达到的必要报酬率(又称必要收益率),投资后已获得的实际报酬率又称(实际收益率)等。

二、风险报酬的计量

(一)单项资产的风险和报酬

1. 确定概率分布

概率是指某一事件出现的机会大小。概率分布是指某一事件各种结果发生可能性的概率分布。概率分布必须符合以下两个条件:

(1)所有的概率 P_i 都在 0~1 之间,即 $0 \leqslant P_i \leqslant 1$。

(2)所有结果的概率之和应该等于 1,即 $\sum_{i=1}^{n} P_i = 1$,其中 n 为可能出现结果的个数。

2. 计算期望报酬率

期望报酬率是各种可能的报酬率按其概率进行加权平均得到的报酬率,它是反映集中趋势的一种量度。期望报酬率的计算公式如下:

$$\bar{K} = \sum_{i=1}^{n} K_i P_i$$

式中,$\bar{K}$ 为期望报酬率,K_i 为第 i 种可能结果的报酬率;P_i 为第 i 种可能结果的概率;n 为出现可能结果的个数。

例 2-14 某企业拟投资一个新的项目,有甲、乙两种投资项目,报酬率与概率分布如表 2-5 所示。请计算甲、乙两项投资项目的期望报酬率。

表 2-5 甲、乙两项投资报酬率与概率分布

项目实施情况	该种情况出现的概率	投资报酬率	
		甲项目	乙项目
繁荣	0.3	30%	25%
一般	0.6	10%	10%
衰退	0.1	−20%	−5%

解析 根据期望报酬率的公式,可以分别求出甲、乙两个项目的期望报酬率:

$$\overline{K_甲} = 0.3 \times 30\% + 0.6 \times 10\% + 0.1 \times (-20\%) = 13\%$$
$$\overline{K_乙} = 0.3 \times 25\% + 0.6 \times 10\% + 0.1 \times (-5\%) = 13\%$$

由此可知两个项目的期望报酬率都是 13%,但概率分布不同。要判断两个项目风险的大小,还需进一步了解方差、标准差、标准离差率。

3. 计算标准离差

标准离差也称标准差,是各种可能的报酬率偏离期望报酬率的综合差异,是反映离散程度的一种量度,但它是一个绝对量,而不是相对量,只能用来比较期望报酬率相同项目的风

险程度。一般来说,在期望报酬率相同情况下,标准差越大,预计结果的离散程度越高,结果越不确定,风险越大;反之则风险越小。其计算公式如下:

$$\delta = \sqrt{\sum_{i=1}^{n} (K_i - \bar{K})^2 P_i}$$

式中,δ 为期望报酬率的标准离差,$\bar{K}$ 为期望报酬率,K_i 为第 i 种可能结果的报酬率;P_i 为第 i 种可能结果的概率;n 为出现可能结果的个数。

例 2-15 承例 2-14,请计算甲、乙两项目的标准差。

解析 甲、乙两项目的标准离差分别为:

$$\delta_{甲} = \sqrt{0.3 \times (30\% - 13\%)^2 + 0.6 \times (10\% - 13\%)^2 + 0.1 \times (-20\% - 13\%)^2} = 14.18\%$$

$$\delta_{乙} = \sqrt{0.3 \times (25\% - 13\%)^2 + 0.6 \times (10\% - 13\%)^2 + 0.1 \times (-5\% - 13\%)^2} = 9\%$$

通过结果可以看出,甲项目的风险明显大于乙项目。

4. 计算标准离差率

标准离差率是标准差与期望报酬率的比值,也称为变异系数,通常用 V 表示。用于评价和比较期望值不同方案的风险程度。其计算公式如下:

$$V = \frac{\delta}{\bar{K}}$$

式中,V 为标准离差率,δ 为标准离差,$\bar{K}$ 为期望报酬率。

例 2-16 承例 2-14、例 2-15,请计算甲、乙两项目的标准离差率。

解析 甲、乙两项目的标准离差率为:

$$V_{甲} = \frac{14.18\%}{13\%} \times 100\% = 109.08\%$$

$$V_{乙} = \frac{9\%}{13\%} \times 100\% = 69.23\%$$

通过结果也可以看出,甲项目的风险明显大于乙项目。

5. 计算风险报酬率

虽然标准离差率能够正确评价投资项目的风险程度,但它不是风险收益率,无法体现风险价值。要计算风险报酬率,还必须借助一个系数——风险性报酬系数 b。风险报酬率、风险报酬系数和标准离差率之间的关系,可用公式表示为:

$$R_R = bV$$

式中,R_R 为风险报酬率,b 为风险报酬系数,V 为标准离差率。

风险报酬是衡量一个项目投资获利能力大小的指标。在投资过程中,风险与风险报酬的相关关系是风险报酬和风险是相对应的。一般来说,存在较大风险的投资项目和产品就需要有相对应较高的收益率,而收益率较低的投资相对来说存在的风险也较小,即高风险,高回报;低风险,低收益。

在不考虑通货膨胀因素的情况下,期望投资收益率的内涵由两部分组成:其一是资金的时间价值,它不考虑风险,因此又叫无风险报酬或无风险投资收益率;其二是风险报酬,或称风险收益率。期望投资收益率用公式表示如下:

$$期望投资报酬率 = 无风险报酬率 + 风险报酬率$$

$$K = R_F + R_R = R_F + bV$$

式中,K 为投资的总报酬率;R_F 为无风险报酬率。

例 2-17 承例 2-14、例 2-15 和例 2-16,若两项目投资所在的行业风险报酬系数为 8%,无风险报酬率为 6%,则甲、乙两项目的期望投资报酬率为:

解析 甲、乙两项目的期望投资回报率为:

$K_甲 = 6\% + 8\% \times 109.08\% = 14.7264\%$

$K_乙 = 6\% + 8\% \times 69.23\% = 11.5384\%$

通过结果可以看出,甲项目的风险明显大于乙,其期望的投资报酬率也高于乙项目。

思政小贴士

中国人民银行原行长易纲曾表示,投资者要树立收益共享、风险自担的理念,要加强风险意识,在选择金融产品和服务的时候,注意维护好自身的合法权益。作为当代大学生,要时刻保持清醒的大脑,谨防理财骗局。

(二)证券组合的风险和报酬

现实中,投资者可能不会把所有资本都集中投放在某一种实物资产或金融资产上,而是分散投资于不同的资产,从而形成投资组合。在财务上,人们将投资于两种或两种以上资产的投资称为组合投资(portfolio)。与单一资产相比,组合投资的收益及风险将有显著不同。

1. 证券资产组合的预期报酬率

组合资产的报酬率是组合资产投资中个别投资的加权平均收益,是两种或两种以上证券的组合,组合资产预期报酬率可以直接表示如下:

$$R_p = \sum_{j=1}^{m} R_j W_j \left(\sum_{j=1}^{m} W_j = 1 且 0 \leqslant W_j \leqslant 1 \right)$$

上式中,R_p 表示组合资产的预期报酬率;W_j 表示投资于 j 资产的资金占总投资额的权重;R_j 表示资产 j 的期望报酬率;m 表示投资组合中不同投资项目的总数。

例 2-18 某企业持有 A、B、C 三种股票构成的证券组合,它们的期望收益率分别为 10%、15%、25%,它们在证券组合中所占的比重分别为 30%、45%、25%,确定证券组合的预期报酬率。

解析 $R_p = \sum_{j=1}^{m} R_j W_j = 10\% \times 30\% + 15\% \times 45\% + 25\% \times 25\% = 16\%$

2. 证券投资组合的风险

证券组合的风险可以分为两种性质完全不同的风险,即非系统风险和系统性风险。

1)非系统性风险

非系统性风险(non-systematic risk)又称为可分散风险或公司特定风险,是指投资组合中单项投资自身的特定原因导致资产收益率的波动,如公司在研发创新、生产技术、市场营销、人力资源等方面发生的变故。这一类型的风险,只对个别资产的风险产生影响,一般不会影响资本市场其他资产的风险。例如,A公司研发失败导致其公司股票收益率下降,但不会影响其他公司股票的收益率。此外,可以通过组合投资来分散公司的特定风险,一般来说,组合投资包含的资产数量越多,各种资产在行业分布的差异性越大,风险分散程度可能就越高。

2)系统性风险

系统性风险(systematic risk)又叫不可分散风险或市场风险,是指由于某些因素给市场上所有的证券都带来经济损失的可能性,如战争、经济衰退、通货膨胀、利率波动、公共卫生事件等。这一类型的风险,即使投资者持有的是经过适当分散的证券组合,也无法消除风险。

由于投资组合可以分散非系统性风险,投资组合的标准差比组合中任意一项资产的标准差都要小。

三、资本资产定价模型

国联民生证券首度亮相证券行业并购重组提速

财务管理学假设任何投资者都是理性的风险厌恶者。也就是说,投资者承担风险越高,也就越期望得到与其风险相对应的额外收益补偿。

通过组合投资分析可知,投资者可以通过增加组合投资中的资产数量来降低甚至消除非系统风险,真正可以得到补偿的风险只是那些不能分散的市场风险。由此可见,投资者更关心的是某一单项资产证券相对于市场组合的风险敏感程度,这一敏感程度为个股相对资本市场整体的风险值(β值),并借助于这一风险值以测定投资者因承担风险而应得的风险溢酬。其中,β系数就是衡量证券资产组合的系统风险大小指标,它是所有单项资产β系数的加权平均,计算公式如下:

$$\beta_p = \sum_{i=1}^{n} \chi_i \beta_i$$

式中,β_p为证券组合的β系数;χ_i为证券组合中第i种股票所占的比重;β_i为第i种股票的β系数;n为证券组合中包含的股票数量。

例2-19 某企业持有A、B、C三种股票的投资组合,总投资额为5 000万元,其中A股票3 000万元,B股票1 500万元,C股票500万元,三只股票的β系数分别为2.5、1.8、0.5,计算证券组合的β系数。

解析 $\beta_p = \sum_{i=1}^{n} \chi_i \beta_i = \dfrac{3\ 000}{5\ 000} \times 2.5 + \dfrac{1\ 500}{5\ 000} \times 1.8 + \dfrac{500}{5\ 000} \times 0.5 = 2.09$

资本资产定价模型(capital asset pricing model,即CAPM),表达了充分多元化的组合投资条件下,风险资产的系统性风险与期望收益率之间的均衡关系,该模型的基本公式如下:

$$K_i = R_f + \beta_p (R_m - R_f)$$

式中,K_i为第i种股票或第i种证券组合的必要报酬率;R_f为无风险报酬率;β_p为第i

种股票或第 i 种证券组合的 β 系数;R_m 为所有股票或所有证券的平均报酬率。

例 2-20 假设甲企业为一家上市公司,其 2024 年的 β 系数为 1.24,短期国债利率为 3.5%,市场组合的收益率为 8%,计算该公司股票的必要报酬率。

解析 $K_i = 3.5\% + 1.24 \times (8\% - 3.5\%) = 9.08\%$

模块小结

货币时间价值是指一定量的货币经历一定时间的投资和再投资所增加的价值。资金的循环和周转以及因此实现的货币增值,需要或多或少的时间,每完成一次循环,货币就增加一定数额,周转的次数越多,增值额也越大。因此,随着时间的延续,货币总量在循环和周转中按几何级数增长,使得货币具有时间价值。在掌握它的定义的同时,还要充分理解它的实质和熟悉它的作用。

在某一特定时间上一次性支付(或收取),经过一段时间后再相应地一次性收取(或支付)的款项,即为一次性收付款项。它包括单利的计算和复利的计算。年金是等额定期的系列收支,一般用 A 来表示。年金按照每次收付发生的时间不同,可分为普通年金、先付年金、递延年金和永续年金四类。

一般说来,风险是指在一定条件下和一定时期内可能发生的各种结果的变动程度。从财务的角度来说,风险主要指无法达到预期报酬的可能性。一般应用数学方法定量衡量风险。

模块习题

一、单项选择题

1. 某人目前向银行存入 1 000 元,银行存款年利率为 2%,在复利计息的方式下,5 年后此人可以从银行取出( )元。
   A. 1 100   B. 1 104.1   C. 1 204   D. 1 106.1

2. 某人进行一项投资,预计 6 年后会获得收益 880 元,在年利率为 5% 的情况下,这笔收益的现值为( )元。
   A. 466.62   B. 556.66   C. 570.56   D. 455.66

3. 某人分期购买一辆汽车,每年年末支付 10 000 元,分 5 次付清,假设年利率为 5%,则该项分期付款相当于现在一次性支付( )元。
   A. 55 256   B. 43 259   C. 43 295   D. 55 265

4. 已知某公司股票的 β 系数为 0.8,短期国债收益率为 5%,市场组合的风险收益率为 10%,则该公司股票的必要收益率为( )。
   A. 8%   B. 9%   C. 11%   D. 13%

5. 某公司 2024 年 1 月 1 日投资建设一条生产线,投资期为 3 年,营业期为 8 年,建成后每年现金净流量均为 500 万元。该生产线现金净流量的年金形式是( )。
   A. 普通年金   B. 预付年金   C. 递延年金   D. 永续年金

6. 某人拟进行一项投资,投资额为 1 000 元,该项投资每半年可以给投资者带来 20 元的收益,该项投资的年实际报酬率为(   )。

    A. 4%   B. 4.04%   C. 5%   D. 5‰

7. A 公司股票股利的固定增长率为 6%,预计第一年的股利为 1.2 元/股,目前国库券的收益率为 4%,市场风险溢酬为 8%。该股票的 β 系数为 1.5,那么该股票的价值为(   )元。

    A. 30   B. 31.8   C. 12   D. 10.5

8. 有一份 5 年期国债,面值为 1 000 元,票面利率为 12%,单利计息,到期时一次还本付息。假设必要收益率为 10%(复利、按年计息),其价值为(   )元。

    A. 993.48   B. 1 002   C. 990   D. 898.43

9. 某股票去年发放股利为 2 元。假定股利固定增长率为 5%,股票收益率为 10%,则股票估价为(   )元。

    A. 38   B. 40   C. 42   D. 44

10. 某项投资约定年利率为 12%,每季度复利一次,其实际利率为(   )。

    A. 12%   B. 12.55%   C. 13.55%   D. 15%

二、多项选择题

1. 年金是指一定时期内每期等额收付的系列款项,下列各项中属于年金形式的有(   )。

    A. 按照直线法计提的折旧   B. 等额分期付款

    C. 融资租赁的租金   D. 养老金

2. 某人决定在未来 5 年内每年年初存入银行 1 000 元(共存 5 次),年利率为 2%,则在第 5 年年末能一次性取出的款项额计算正确的有(   )。

    A. $1\,000 \times (F/A, 2\%, 5)$

    B. $1\,000 \times (F/A, 2\%, 5) \times (1+2\%)$

    C. $1\,000 \times (F/A, 2\%, 5) \times (F/P, 2\%, 1)$

    D. $1\,000 \times [(F/A, 2\%, 6) - 1]$

3. 风险收益率的大小取决于(   )。

    A. 风险的大小   B. 投资者对风险的偏好

    C. 预期收益率的大小   D. 通货膨胀率

4. 下列选项中,不能作为衡量风险的指标有(   )。

    A. 期望值   B. 方差

    C. 标准差   D. 标准差率

5. 下列关于债券价值的表述中,正确的有(   )。

    A. 债券面值越大,债券价值越大

    B. 票面利率率越大,债券价值越大

    C. 必要收益率越大,债券价值越小

    D. 如果必要收益率高于票面利率,债券价值低于面值

三、判断题

1. 假设其他条件保持不变,当折现率越大,则复利现值越大。 （　　）
2. 永续年金由于是一种没有到期日的年金,因此只能计算现值不能计算终值。 （　　）
3. 根据财务管理的理论,必要收益率等于期望收益率、无风险收益率和风险收益率之和。
 （　　）
4. 如果以年为计息单位,每年复利一次时,名义利率等于实际利率。 （　　）
5. 普通股股东与公司债权人相比,要承担更大的风险,其报酬也有更大的不确定性。
 （　　）
6. 对于到期一次还本付息的债券而言,随着时间的推移债券价值逐渐增加。 （　　）
7. 股票价格等于未来各期所有股利之和。 （　　）
8. 递延年金终值的计算类似于普通年金终值,与递延期无关。 （　　）
9. 年金是指间隔期相等的系列等额收付款项,其间隔期必须等于1年。 （　　）
10. 在通货膨胀情况下,名义利率＝(1＋实际利率)×(1＋通货膨胀率)。 （　　）

四、计算分析题

1. 某人决定分别在2021年、2022年、2023年和2024年各年年末分别存入5 000元,按10%利率每年复利一次,计算2024年12月31日的余额。

2. 某公司要投资一种股票,现有三种股票A、B、C可供公司选择。已知B、C股票的β系数分别为0.5、1.8,三种股票基本情况如表2-6所示。

表2-6　三种股票的基本情况

股票	股票每股市价(元)	股票数量(股)
A	4	300
B	3	100
C	8	200

当前股票A的风险收益率为7.5%,同期市场组合的收益率为10%,短期国债收益率为4%。假设资本资产定价模型成立。

要求:

(1) 计算每种股票所占的价值比例。

(2) 计算股票A的β系数。

(3) 计算股票B和C的必要收益率。

3. 公司债券面值为 100 元,票面利率为 10%,期限为 3 年,每年年底付息。某企业拟对该债券进行投资,要求的必要报酬率为 12%,计算该债券的投资价值为多少?

4. 李某是一名股票投资爱好者,拟购买红河公司的股票,该股票刚支付的股利为 2.5 元/股,现行的国库券利率为 13%,整个股票市场的平均风险报酬率为 17%,红河公司股票的 β 系数为 1.6。

要求:

(1) 假设红河公司股票在未来期间每年发放的股利额保持不变,此时红河公司股票的市场价格为 16 元/股,李某是否应该购买该股票?

(2) 假设红河公司股票以 5% 的比率固定增长,则该公司股票的价值是多少?

模块三
筹资管理理论

模块导言

　　通过本模块的学习,学生能够了解筹资的含义、动机和分类;理解各种筹资渠道、筹资方法的优缺点以及筹资的原则;掌握银行借款、发行公司债券、融资租赁等债务筹资的程序。本模块的重点内容是股权筹资和债券筹资。

学习目标

1. 知识目标

(1) 理解筹资管理的相关概念。

(2) 熟悉企业筹资的渠道与方式。

(3) 了解各种筹资方式的优缺点。

2. 技能目标

(1) 能够对比分析不同筹资方式的成本与风险。

(2) 能够选择恰当的筹资方式、作出正确的筹资决策。

(3) 能够运用资金需要量预测的常用方法。

3. 素养目标

(1) 培养学生正确的消费观和价值观。

(2) 树立风险防范意识、保持良好的征信记录。

(3) 培养学生维护良好信誉的意识和辩证思维。

思维导图

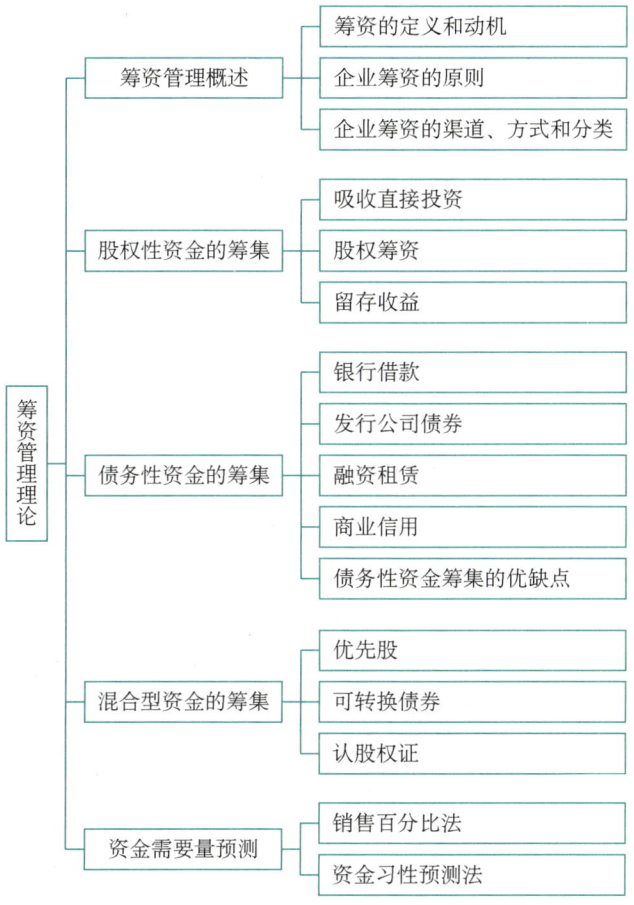

筹资管理理论
- 筹资管理概述
  - 筹资的定义和动机
  - 企业筹资的原则
  - 企业筹资的渠道、方式和分类
- 股权性资金的筹集
  - 吸收直接投资
  - 股权筹资
  - 留存收益
- 债务性资金的筹集
  - 银行借款
  - 发行公司债券
  - 融资租赁
  - 商业信用
  - 债务性资金筹集的优缺点
- 混合型资金的筹集
  - 优先股
  - 可转换债券
  - 认股权证
- 资金需要量预测
  - 销售百分比法
  - 资金习性预测法

任务一　筹资管理概述

案例导入

新闻：民营企业股债融资

京东物流正式启动股份全球公开发售

2021年5月17日，京东物流正式启动股份全球公开发售，其招股书显示，此次全球公开发售总计6.092亿股，价格区间为每股39.36港元～43.36港元，5月28日正式在港交所挂牌交易。此次京东物流全球发售募集资金净额预计约为247亿港元，估值或将达到400亿美元。同时，京东物流IPO获得7名基石投资者同意认购约119亿港元股票，其中包括国内外的资本巨头。

根据测算，假设发售价为每股41.36港元，扣除公司就全球发售已付及应付的承销佣金及其他预计开支后，假设超额配股权未获行使，此次京东物流全球发售募集资金净额预计约为 247 亿港元,计划 55% 的募集将用于升级和扩展六大物流网络,保持竞争优势;20% 的募集将用于开发与供应链解决方案和物流服务相关的先进技术,包括自动化科技、数据分析与算法及其他底层技术等;15% 的募集将用于扩展一体化供应链解决方案的广度与深度,深耕现有客户,吸引潜在客户。同时,京东物流决定于同年 5 月 28 日正式在港交所挂牌交易。

除了发行股票筹集资金,京东还可以用哪种筹资方式进行筹资? 通过本任务的学习我们就能回答这个问题。

一、筹资的定义和动机

(一) 筹资的定义

筹资是指企业根据其生产经营、对外投资及调整资本结构的需要,通过筹资渠道和资本市场,并运用筹资方式,经济、有效地筹集企业所需资金的财务活动。筹资活动是企业生存与发展的基本前提。没有资金,企业将难以生存,也不可能发展。

(二) 筹资的动机

(1) 创立性筹资动机。新企业的设立,必须准备充足的开业资金,以便购置厂房、机器设备,购进原材料,支付开办费等。作为企业设立的前提,筹资活动是财务活动的起点。

(2) 支付性筹资动机。为满足生产经营需要而进行的筹资活动是企业经常性的财务活动,它既能满足简单再生产的资金需要,也能满足扩大再生产的资金需要,如开发新产品、提高产品质量和生产工艺技术、追加对外投资、扩大企业经营领域和对外兼并等。这些都需要大量的资金投入,企业必须将其作为筹资的重点,确保资金能及时到位,否则将影响企业经营成果的有效取得。

(3) 扩张性筹资动机。它是企业因扩大生产经营规模或追加对投资而产生的筹资动机,具有良好发展前景、处于成长时期的企业,通常会产生扩张筹资动机。例如,企业生产经营的产品供不应求,需要购置设备增加市场供应;需要引进技术开发生产适销对路的新产品;扩大有利的对外投资规模;开拓有发展前途的对外投资领域等。

(4) 调整性筹资动机。资本结构的调整是指企业为降低筹资风险、减少资本成本而对资本与负债的比例关系进行的调整。它属于企业重大的财务决策事项,也是企业筹资管理的重要内容。

企业筹资动机的种类及其含义如表 3-1 所示。

表 3-1　企业筹资动机的种类及其含义

种类	含义
创立性筹资动机	是指企业设立时,为取得资本金并形成开展经营活动的基本条件而产生的筹资动机
支付性筹资动机	是指为了满足经营业务活动的正常波动所形成的支付需要而产生的筹资动机
扩张性筹资动机	是指企业因扩大经营规模或对外投资需要而产生的筹资动机
调整性筹资动机	是指企业因调整资本结构而产生的筹资动机

二、企业筹资的原则

企业筹资是一项重要而复杂的工作,为了有效地筹集所需资金,企业必须遵循以下五项基本原则。

(一)筹措合法原则

筹措合法原则是指企业筹资要遵守国家的法律法规和其他有关规定,实行公开、公平、公正的原则,合法筹措资金。企业的筹资活动可以为自身的生产经营提供资金来源,同时还会影响投资者的经济利益和社会经济秩序。因此,企业筹资必须遵循国家相关法律法规,依法履行投资合同约定的责任,合法合规筹资,依法披露信息,维护有关各方的合法权益。

(二)规模适当原则

规模适当原则是指企业筹措资金应当按照企业生产经营及其发展的实际需要,合理预测需要筹措资金的数额。要注意的是,企业的筹资规模应当与资金需要量匹配一致,既不能过多,也不能太少。若企业筹资过多,会造成资金闲置;若企业筹资不足,则会影响企业生产经营的正常进行。

(三)取得及时原则

取得及时原则是指企业要合理安排筹资时间,适时取得资金。企业筹资时,需要合理预测资金使用的时间,并根据资金需求的具体情况,合理安排资金到位的时间,使筹资与用资在时间上相衔接,避免取得资金滞后而延误投资的有利时机,也要防止取得资金过早而造成资金投放前的闲置。

(四)来源经济原则

来源经济原则是指企业要充分利用各种筹资渠道,选择经济、可行的资金来源。企业筹集资金的渠道和方式多种多样,不同筹资渠道和方式的筹资难易程度、所需付出的代价和财务风险各不一样。因此,企业需要对各种筹资方式进行分析、对比,选择经济、可行的筹资方式以确定合理的资金结构,以便降低成本,减少风险。

(五)结构合理原则

结构合理原则是指企业筹资管理要综合考虑各种筹资方式,优化资本结构。企业要综合考虑股权筹资与债务筹资的关系、短期筹资与长期筹资的关系、内部筹资与外部筹资的关系,合理安排资本结构,保持适当的偿债能力,防范企业财务危机。

三、企业筹资的渠道、方式和分类

筹资渠道是指筹集资金的来源和通道,体现所筹资金的来源和性质,主要涉及向谁筹资的问题;而筹资方式是指企业筹集资金所采取的具体形式,主要解决在筹资渠道既定的情况下采用何种合理的手段筹集资金的问题。

(一)筹资渠道

筹资渠道是指企业筹措资金来源的方向与通道,体现着资金的来源。现阶段,我国企业筹集资金的渠道主要有如下七种:

1. 国家财政资金

国家财政资金是指国家以财政拨款、财政贷款、国有资产入股等形式向企业投入的资金。

2. 银行信贷资金

银行信贷资金是指商业银行和专业银行放贷给企业使用的资金,是企业一项十分重要的资金来源。

3. 非银行金融机构资金

非银行金融机构是指各种从事金融业务的非银行机构,如基金投资公司、租赁公司等。非银行金融机构资金的实力虽然较银行小,但它们的资金供应比较灵活,而且可以提供多样化服务,已成为企业资金的重要来源。

4. 其他企业和单位资金

其他企业在组织生产经营活动或其他业务活动中,有一部分暂时或长期闲置的资金。企业间的相互投资和短期商业信用,使其他企业资金也成为企业资金的一项重要来源。

5. 职工和民间资金

职工和民间资金是指企业职工和城乡居民闲置的消费基金。随着我国经济的发展,人民生活水平不断提高,职工和居民的节余资金作为"游离"于银行及非银行金融机构之外的社会资金,可用于对企业进行投资。

6. 企业自留资金

企业自留资金是指企业内部形成的资金,包括从税后利润中提取的盈余公积和未分配利润,以及通过计提折旧费而形成的固定资产更新改造资金。这些资金的主要特征是,无需通过一定的方式去筹集,而是直接由企业内部自动生成或转移。

7. 外商资金

外商资金是指外国投资者及中国香港、澳门、台湾地区投资者投入的资金。随着国际经济业务的拓展,利用外商资金已成为企业筹资的一个新的重要来源。

(二) 筹资方式

筹资方式是指企业筹措资金所采用的具体形式。我国企业筹资方式主要有以下九种。

1. 吸收直接投资

吸收直接投资是指企业以投资合同、协议等形式定向吸收国家、法人单位、自然人等投资主体资金的筹资方式。这种筹资方式主要适用于非股份制公司筹集股权资本。

2. 发行股票

发行股票是指企业以发售股票的方式取得资金的筹资方式。只有股份有限公司才能发行股票,因此,这种筹资方式只适用于股份有限公司,而且必须以股票作为载体。

3. 发行债券

发行债券是指企业以发售公司债券的方式取得资金的筹资方式。这种筹资方式适用于向法人单位和自然人两种渠道筹资。

4. 向金融机构借款

向金融机构借款是指企业根据借款合同从银行或非银行金融机构取得资金的筹资方式。这种筹资方式广泛适用于各类企业,它既可以筹集长期资金,也可以用于融通短期资金。

5. 租赁

从承租方角度,租赁是指企业与出租人签订租赁合同,取得租赁物资产,通过对租赁物的占有、使用取得资金的筹资方式。租赁方式不直接取得货币性资金,通过租赁信用关系,直接取得实物资产,快速形成生产经营能力,然后通过向出租人分期交付租金方式偿还资产的价款。

6. 商业信用

商业信用是指企业在商品交易中,通过延期付款或延期交货形成应付账款、预收账款等短期债务来筹集短期资金的一种筹资方式。

7. 留存收益

留存收益是指企业从税后利润中提取的盈余公积金以及从企业可供分配利润中留存的未分配利润。留存收益可用于转增资本、扩大生产规模,是企业筹集股权资本的一种重要方式。

8. 发行可转换债券

可转换债券是指由发行公司发行并规定债券持有人在一定期间内依据约定条件可将其转换为发行公司股票的债券。发行可转换债券是指企业以发售可转换债券的方式取得资金的筹资方式。

9. 发行优先股股票

优先股股票是指有优先权的股票,优先股的股东优先于普通股股东分配公司利润和剩余财产,但无表决权。发行优先股股票是指企业以发售优先股股票的方式取得资金的筹资方式。

知识拓展

筹资渠道与筹资方式的区别与联系

筹资渠道与筹资方式既有联系又有区别,筹资渠道解决的是资金来源问题,筹资方式解决的是资金取得方式的问题:一定的筹资方式可能只用于某一特定的筹资渠道,但是同一渠道的资金往往通过多种方式取得。

(三)筹资的分类

企业从不同渠道、利用不同筹资方式筹集的资金,可以按照不同标准划分为不同的筹资类别。

1. 股权筹资、债务筹资和衍生工具筹资

按企业所取得资金的权益特性不同,企业筹资可以分为股权筹资、债务筹资及衍生工具筹资。

股权筹资是指通过吸收直接投资、发行股票和留存收益等方式筹集资金。股权筹资会形成企业的股权资本,包括实收资本(股本)、资本公积、盈余公积和未分配利润等。债务筹资是指通过发行债券、向金融机构借款、租赁和商业信用等方式筹集资金。债务筹资会形成企业的债务资本。衍生工具筹资是指利用兼具股权和债务性质的混合融资和其他衍生工具来筹集资金。我国上市公司目前最常见的混合融资方式有可转换债券融资和优先股筹资等,最常见的其他衍生工具融资方式是认股权证融资。

2. 直接筹资和间接筹资

按是否以金融机构为媒介来获取社会资金,企业筹资可以分为直接筹资和间接筹资。

直接筹资是企业直接与资金供应者协商融通资金的筹资活动,是企业直接从社会取得资金的方式。直接筹资方式主要有发行股票、发行债券、吸收直接投资等。间接筹资是企业借助于银行和非银行金融机构而筹集资金,主要用于满足企业资金周转的需要,形成的主要是债务资金。间接筹资的基本方式是银行借款,此外还有租赁等方式。

3. 内部筹资和外部筹资

按资金的来源范围不同,企业筹资可以分为内部筹资和外部筹资。

内部筹资是指企业通过利润留存而形成的筹资来源。内部筹资数额大小主要取决于企业可分配利润的多少和利润分配政策,一般不发生筹资费用。外部筹资是指企业向外部筹措资金而形成的筹资来源。处于初创期的企业,内部筹资的可能性是有限的;处于成长期的企业,内部筹资往往难以满足需要,这就需要企业广泛地开展外部筹资,如发行股票、债券,取得商业信用、银行借款等。

4. 长期筹资和短期筹资

按所筹集资金的使用期限不同,企业筹资可以分为长期筹资和短期筹资。

长期筹资是指企业筹集使用期限在一年以上的资金,通常采取吸收直接投资、发行股票、发行债券、长期借款、租赁等方式。短期筹资是指企业筹集使用期限在一年以内的资金,通常利用商业信用、短期借款、保理业务等方式来筹集。企业筹资的分类如表 3-2 所示。

表 3-2 企业筹资的分类

分类标志	分类	筹资方式	特点
按企业所取得资金的权益特性不同	股权筹资	吸收直接投资、发行股票、利用留存收益	股权资本一般不用还本,形成企业的永久性资本,因而财务风险小,但付出的资本成本相对较高
	债务筹资	发行债券、向金融机构借款、融资租赁、利用商业信用、永续债	有较大的财务风险,但付出的资本成本相对较低
	衍生工具筹资	可转换债券筹资、认股权证融资	兼具股权与债务特性的混合融资行为和其他衍生工具融资行为
按是否以金融机构为媒介来获取媒会资金	直接筹资	发行股票、发行债券、吸收直接投资等	既可以筹集股权资金,也可以筹集债务资金
	间接筹资	银行借款、融资租赁等	形成的主要是债务资金
按资金的来源范围不同	内部筹资	利用留存收益	一般无须花费筹资费用,从而降低资本成本
	外部筹资	吸收直接投资、发行股票、发行债券、向银行借款、融资租赁、利用商业信用	大多需要花费一定的筹资费用,从而提高筹资成本
按所筹集资金的使用期限不同	长期筹资	吸收直接投资、发行股票、发行债券、取得长期借款、融资租赁	使用期限在 1 年以上
	短期筹资	商业信用、短期借款	使用期限在 1 年以内

思政小课堂

红色证券的起源

1922年5月1日,在中共安源路矿支部领导下,安源路矿工人第一次举行盛大集会和游行。为了纪念国际劳动节,安源路矿工人俱乐部宣告成立,李立三被推选为主任。

1922年7月,为了维护工人的利益,抵制商人的中间剥削,减轻工人的生活负担,安源路矿工人俱乐部创办了消费合作社,当时规模很小,集资仅百元,附设在安源路矿工人补习学校内,由李立三兼任总经理。

1923年初,安源路矿工人俱乐部最高代表会议经过讨论,决定在俱乐部成员中招股,并制定了《安源路矿工人消费合作社招股简章》(以下简称《招股简章》)。根据《招股简章》第九条,股票基本设置方案、认购对象和认购标的、认购手续和股息领取、红利合理分配标准等各项规章,均印制在所发股票背面,公布于众,股票发行条款设置周密,工人们只需照章行事。"以伍角为一股,分为2万股""凡部员每月薪金在九元以下者,劝认一股,九元以上者,劝认二股""股息每年以八分四计算"……筹措的资金用于发展消费合作社事业。

1923年初,工人已认购了15 600余股,很快募集起7 845元股金,连同俱乐部拨来的各种活动经费等,合作社资本金总计达18 662元,资金实力大大增强。

任务二 股权性资金的筹集

案例导入

增发股票筹资

阿里巴巴集团通过 IPO 筹集权益资金

阿里巴巴集团为了拓展业务并巩固其在全球电商市场的领先地位,决定通过向公众发行新股的方式筹集权益资金。2014年,阿里巴巴集团在美国纳斯达克成功上市,进行了首次公开募股(IPO),并成功筹集了超过250亿美元的资金,这一数额使其成为当时全球最大的IPO之一。这次IPO不仅为阿里巴巴集团带来了充足的现金流,使其能够用于进一步的业务拓展和技术研发,更重要的是,它显著提升了阿里巴巴的品牌影响力和市场竞争力。借助这笔巨额资金,阿里巴巴集团得以加速其电子商务、云计算、数字媒体等业务领域的拓展,进一步巩固了其在全球电商市场的领先地位。通过IPO筹集权益资金,阿里巴巴集团不仅快速获取了大规模的资金支持,还有效提升了企业的品牌价值和市场地位,为其未来的可持续发展奠定了坚实基础。

一、吸收直接投资

(一)吸收直接投资的含义

吸收直接投资是指企业按照"共同投资、共同经营、共担风险、共享收益"的原则,直接吸收国家、法人、个人和外商投入资金的一种筹资方式。吸收直接投资是非股份制企业筹集权益资本的基本方式。采用吸收直接投资的企业,资本不分为等额股份,无需公开发行股票。

(二)吸收直接投资的种类

1. 吸收国家投资

国家投资是指有权代表国家投资的政府部门或机构,以国有资产投入公司。这种情况下形成的资本称为国有资本。

2. 吸收法人投资

法人投资是指法人单位以其依法可支配的资产投入公司。这种情况下形成的资本称为法人资本。吸收法人投资一般具有以下特点:①发生在法人单位之间。②以参与公司利润分配或控制为目的。③出资方式灵活多样。

3. 合资经营

合资经营是指两个或者两个以上的不同国家的投资者共同投资,创办企业,并且共同经营、共担风险、共负盈亏、共享利益的一种直接投资方式。在我国,中外合资经营企业也称股权式合营企业,它是外国公司、企业和其他经济组织或个人同中国的公司、企业或其他经济组织在中国境内共同投资举办的企业。

4. 吸收社会公众投资

社会公众投资是指社会个人或本公司职工以个人合法财产投入公司,这种情况下形成的资本称为个人资本。

(三)吸收直接投资的出资方式

1. 以货币资产出资

以货币资产出资是吸收直接投资中最重要的出资方式。企业有了货币资产,便可以获取其他物质资源,支付各种费用,满足企业创建时的开支和日常资金周转需要。

2. 以实物资产出资

以实物资产出资是指投资者以房产、场地、机器设备等固定资产、生产材料和商品等流动资产所进行的投资。

3. 以土地使用权出资

土地使用权是指土地经营者对依法取得的土地在一定期限内进行建筑、生产经营或其他活动的权利。土地的出资是使用权的出资,而不是所有权的出资;用于出资的土地使用权只能是国有土地的使用权,而不能是集体土地的使用权;用于出资的土地使用权只能是出让土地的使用权,而不能是划拨土地的使用权。

4. 以无形资产出资

以无形资产(如专有技术、商标权、专利权、非专利技术等)出资的风险较大。例如,各种专利技术具有很强的时效性,因其不断老化、落后,会导致其实际价值不断减少甚至完全丧失。

（四）吸收直接投资优缺点

1. 吸收直接投资优点

1）能够尽快形成生产能力

吸收直接投资不仅可以取得一部分货币资金,而且能够直接获得所需的先进设备和技术,尽快形成生产经营能力。

2）容易进行信息沟通

吸收直接投资的投资者比较单一,股权没有社会化、分散化,投资者有的直接担任企业管理层职务,企业与投资者易于沟通。

3）有利于降低财务风险

吸收直接投资可以根据自身的经营状况向投资者支付报酬,没有固定的还本付息压力,所以财务风险较小。

2. 吸收直接投资缺点

1）资本成本较高

相对于股票筹资方式来说,吸收直接投资的资本成本较高。当企业经营较好、盈利较多时,投资者往往要求将大部分盈余作为红利分配。这是因为向投资者支付的报酬是按其出资数额和企业实现利润的比率来计算的。不过吸收直接投资的手续相对比较简便,筹资费用较低。

2）企业控制权集中,不利于企业治理

采用吸收直接投资方式筹资,投资者一般都要求获得与投资数额相适应的经营管理权。如果某个投资者的投资额比例较大,则该投资者对企业的经营管理就会有相当大的控制权,容易损害其他投资者的利益。

3）不易进行产权交易

吸收直接投资投入资本由于不像股票一样流通性强,不利于产权交易,难以进行产权转让。

二、股权筹资

（一）股权筹资的含义

股权筹资是指企业以发行股票的方式进行筹资。它是企业经济运营活动中一种非常重要的筹资手段。股票是股份有限公司为筹集股权资本而发行的有价证券,是股份有限公司签发的证明股东持有公司股份的凭证。股票作为一种所有权凭证,代表着对发行公司净资产的所有权。股票只能由股份有限公司发行。

（二）股东的权利

股东最基本的权利是按投入公司的股份额,依法享有公司收益获取权、公司重大决策参与权和选择公司管理者的权利,并以其所持股份为限对公司承担责任。

（1）公司管理权。股东对公司的管理权主要体现在重大决策参与权、经营者选择权、财务监控权、公司经营的建议权、股东会召集权等方面。

（2）收益分享权。股东有权通过股利方式获取公司的税后利润,利润分配方案由董事会提出并经过股东会批准。

(3) 股份转让权。股东有权将其所持有的股票出售或转让。

(4) 优先认股权。原有股东拥有优先认购本公司增发股票的权利。

(5) 剩余财产要求权。当公司解散、清算时,股东有对清偿债务、清偿优先股股东以后的剩余财产索取的权利。

(三) 股票的种类

(1) 按股东权利和义务,股票可分为普通股股票和优先股股票。

普通股股票简称普通股,是公司发行的代表着股东享有平等的权利、义务,不加特别限制的,股利不固定的股票。普通股是最基本的股票。优先股股票简称优先股,是指公司发行的相对于普通股具有一定优先权的股票。其优先权利主要表现在股利分配优先权和分取剩余财产优先权上。优先股股东在股东会上无表决权,在参与公司经营管理上受到一定限制,仅对涉及优先股权利的问题有表决权。

(2) 按票面是否记名,股票可分为记名股票和无记名股票。

记名股票是指在股票票面上记载有股东姓名或将名称记入公司股东名册的股票。无记名股票不登记股东名称,公司只记载股票数量、编号及发行日期。

(3) 按发行对象和上市地点,股票可分为 A 股、B 股、H 股、N 股和 S 股。

A 股即人民币普通股股票,由我国境内公司发行,境内上市交易,它以人民币标明面值,以人民币认购和交易。B 股即人民币特种股票,由我国境内公司发行,境内上市交易,它以人民币标明面值,以外币认购和交易。H 股是注册地在内地、在中国香港地区上市的股票。N 股为在纽约上市的股票。S 股为在新加坡上市的股票。

知识拓展

我国全面实施股票发行注册制

2023 年 2 月 17 日,中国证监会及交易所等发布全面实行股票发行注册制相关制度规则,自发布之日起施行。这标志着我国注册制的制度安排基本定型,注册制推广到全市场和各类公开发行股票行为,全面实行股票发行注册制正式实施。

此次发布的制度规则共 165 部,其中,证监会发布的制度规则 57 部,证券交易所、全国股转公司、中国结算等发布的配套制度规则 108 部。其主要内容包括精简优化发行上市条件,完善审核注册程序,优化发行承销制度等。

(1) 在精简优化发行上市条件方面,坚持以信息披露为核心,将核准制下的发行条件尽可能转化为信息披露要求,各市场板块设置多元包容的上市条件。

(2) 在完善审核注册程序方面,坚持证券交易所审核和证监会注册各有侧重、相互衔接的基本架构,进一步明晰证券交易所和证监会的职责分工,提高审核注册效率和可预期性。证券交易所审核过程中发现重大敏感事项、重大无先例情况、重大舆情、重大违法线索的,及时向证监会请示报告。证监会同步关注发行人是否符合国家产业政策和板块定位。同时,取消证监会发行审核委员会和上市公司并购重组审核委员会。

（3）在优化发行承销制度方面，对新股发行价格、规模等不设任何行政性限制，完善以机构投资者为参与主体的询价、定价、配售等机制。

我国注册制改革于2018年11月启动，采取了试点先行、先增量后存量、逐步推开的改革路径，先后在科创板、创业板和北京证券交易所试点，同步推进一揽子改革、打开了资本市场改革发展的新局面。

证监会相关负责人表示，注册制改革的本质是把选择权交给市场，强化市场约束和法治约束。与核准制相比，不仅涉及审核主体的变化，更重要的是充分贯彻以信息披露为核心的理念，发行上市全过程更加规范、透明、可预期。

（四）股权筹资的优点和缺点

1. 股权筹资的优点

（1）能提高公司的信誉。发行股票筹集的是权益资金。普通股股本和留存收益构成公司借入一切债务的基础。公司有了较多的权益资金，就可为债权人提供大的损失保障。因而，发行股票筹资既可以提高公司的信用程度，又可为使用更多的债务资金提供有力的支持。

（2）没有固定的到期日，不用偿还本金。发行股票筹集的资金是永久性资金，在公司持续经营期间可长期使用，能充分保证公司生产经营的资金需求。

（3）没有定期的利息负担。公司有盈余并且可以选择合适的股利分配方式分配股利给股东；公司盈余少或虽有盈余但资金短缺或者有有利的投资机会，就可以少支付或不支付股利。

（4）筹资风险小。由于普通股股票没有固定的到期日，不用支付固定的利息，不存在不能还本付息的风险。

2. 股权筹资的缺点

（1）资本成本负担较重。一般而言，股权筹资的资本成本要高于债务筹资。这主要是因为投资者投资于股权特别是投资于股票的风险较高，投资者或股东相应要求得到较高的报酬率。从公司成本开支的角度来看，股利、红利从税后利润中支付，而使用债务资金的资本成本允许税前扣除。此外，普通股的发行、上市等方面的费用也十分庞大。

（2）容易分散控制权。当企业发行新股时，出售新股票，引进新股东，导致公司控制权的分散。另外，新股东分享公司未发行新股前积累的盈余，这会降低普通股的净收益，从而可能引起股价的下跌。

三、留存收益

（一）留存收益的含义

留存收益是指企业从历年实现的利润中提取或形成的留存于企业的内部积累。它包括盈余公积和未分配利润两类。留存收益即将企业生产经营所实现的净收益留在企业，而不作为股利分配给股东。其实质为原股东对企业追加投资，如公司给股东分配的股票股利。

（二）留存收益的筹资途径

1. 提取盈余公积金

盈余公积金是从当期企业净利润中提取的积累资金。盈余公积金的提取基数是抵减年初累计亏损后的本年度净利润。盈余公积金主要用于企业未来的经营发展,经股东会通过后可以用于转增股本(实收资本)和弥补以前年度经营亏损。

2. 未分配利润

未分配利润是指未限定用途的留存净利润。未分配利润有两层含义:第一,这部分净利润本年没有分配给公司的股东;第二,这部分净利润未指定用途,可以用于企业未来的经营发展、转增资本(实收资本)、弥补以前年度的经营亏损及以后年度的利润分配。

(三)留存收益筹资的优点和缺点

1. 利用留存收益筹资的优点

(1)资本成本较低。留存收益筹资不必支付定期的利息,也不必支付股利,更不需要发生筹资费用,因而相对于其他筹资方式来说资本成本较低。

(2)企业的控制权不受影响。利用留存收益筹资,不用对外发行新股或吸收新投资者,由此增加的权益资本不会改变公司的股权结构,不会稀释原有股东的控制权。

2. 利用留存收益筹资的缺点

留存收益筹资数额有限。留存收益的最大数额是企业到期的净利润和以前年度未分配利润之和,不像外部筹资一次性可以筹集大量资金。

权益资金筹资方法特点的比较如表3-3所示。

表 3-3　权益资金筹资方法特点的比较

项目	吸收直接投资	发行股票	留存收益
生产能力形成	能够尽快形成生产能力	不易及时形成生产能力	能够尽快形成生产能力
资本成本	最高	较高	最低
筹资费用	手续相对比较简便,筹资费用较低	手续复杂,筹资费用高	没有筹资费用
产权交易	不易进行产权交易	促进股权流通和转让	——
公司控制权	公司控制权集中,不利于公司治理	公司控制权分散,公司容易被经理人控制	维持公司的控制权分布
公司与投资者的沟通	公司与投资者容易进行信息沟通	公司与投资者不容易进行信息沟通	公司与投资者容易进行信息沟通
筹资数额	筹资数额较大	筹资数额较大	筹资数额有限

任务三　债务性资金的筹资

 案例导入

华能国际电力股份有限公司债务性资金筹资

华能国际电力股份有限公司(以下简称华能国际)作为中国领先的电力公司之一,为了扩大业务规模并优化资本结构,于2023年5月成功实施了一项债务性资金筹资计

划。为了满足资金需求,华能国际选择通过发行中期票据的方式筹集资金。此次发行的中期票据总额为 50 亿元人民币,期限为 3 年,票面利率根据市场情况确定为 3.5%。该票据由国内多家知名金融机构承销,并在银行间市场公开发行。

此次债务性资金筹资的成功,不仅为华能国际提供了稳定的资金来源,还进一步丰富了其融资渠道。筹集到的资金被用于补充公司的营运资金、偿还银行贷款以及支持公司的其他业务发展需求。通过此次筹资,华能国际不仅优化了自身的资本结构,还提升了公司在资本市场的形象和信誉。

这一案例充分展示了上市公司通过债务性资金筹资方式筹集资金支持其业务发展的有效性和可行性。

一、银行借款

银行借款是指企业向银行或其他非银行金融机构借入的、需要还本付息的款项,包括偿还期限超过一年的长期借款和不足一年的短期借款,主要用于企业购建固定资产和满足流动资金周转的需要。

(一) 银行借款的种类

(1) 按提供借款的机构不同,银行借款分为政策性银行借款、商业银行借款和其他金融机构借款。

政策性银行借款是指执行国家政策性借款业务的银行向企业发放的借款,通常为长期借款。例如,国家开发银行借款,主要满足企业承建国家重点建设项目的资金需要;中国进出口银行借款,主要为大型设备的进出口提供买方信贷或卖方信贷;中国农业发展银行借款,主要用于确保国家对粮、棉、油等政策性收购资金的供应。

商业银行借款是指由中国工商银行、中国建设银行、中国农业银行、中国银行等各商业银行向企业提供的借款,用以满足企业生产经营的资金需要,包括短期借款和长期借款。

其他金融机构借款包括从信托投资公司取得实物或货币形式的信托投资借款,从财务公司取得的各种中长期借款,从保险公司取得的借款等。其他金融机构借款一般比商业银行借款的期限要长,要求的利率也比较高,对借款企业的信用要求和担保的选择也有一定的要求。

(2) 按机构对借款有无担保要求,银行借款分为信用借款和担保借款。

信用借款是指以借款人的信誉或保证人的信用为依据而获得的借款。企业取得这种借款,无须以财产做抵押。对于这种借款,由于风险较高,银行通常要收取较高的利息,同时还附加一定的限制条件。

担保借款是指由借款人或第三方依法提供担保而获得的借款,包括保证借款、抵押借款和质押借款三种基本类型。

知识拓展

保证借款、抵押借款和质押借款

保证借款是指以第三方作为保证人承诺在借款人不能偿还借款时,按约定承担一定保证责任或连带责任而取得的借款。

抵押借款是指以借款人或第三方的财产作为抵押物而取得的借款。抵押是指债务人或第三方并不转移对财产的占有,只将该财产作为对债权人的担保。债务人不能履行债务时,债权人有权将该财产折价或者以拍卖、变卖的价款优先受偿。作为借款担保的抵押品可以是不动产、机器设备、交通运输工具等实物资产,可以是依法有权处分的土地使用权,也可以是股票、债券等有价证券等。

质押借款是指以借款人或第三方的动产或财产权利作为质押物而取得的借款。质押是指债务人或第三方将其动产或财产权利移交给债权人占有,将该动产或财产权利作为债权的担保。债务人不履行债务时,债权人有权以该动产或财产权利折价或者以拍卖、变卖的价款优先受偿。作为借款担保的质押品可以是汇票、支票、债券、存款单、提单等信用凭证,也可以是依法可以转让的股份、股票等有价证券,还可以是依法可以转让的商标专用权、专利权、著作权中的财产权等。

(3)按借款的用途不同,银行借款分为基本建设借款、专项借款和流动资金借款。

基本建设借款是指列入计划以扩大生产能力为主要目的的新建、扩建工程及其有关工程,因自筹资金不足,需要向银行申请的借款。

专项借款是指企业因为专门用途而向银行申请借入的款项,主要用于更新改造设备、大修理、科研开发、小型技术措施以及技术转让费周转金等的借款。

流动资金借款是指企业为满足流动资金的需要而向银行借入的款项,包括生产周转借款、临时借款、结算借款和卖方借款。

(二)银行借款的程序

1. 提出申请

企业根据筹资需求向银行提出书面申请,按银行要求的条件和内容填报借款申请书,并提供借款人基本情况、上年度的财务报告等相关资料。

2. 银行审批

银行按照有关政策和借款条件,对借款企业进行信用审查,核准公司申请的借款金额和用款计划。银行审查的主要内容包括公司的财务状况、信用情况、盈利的稳定性、发展前景、借款投资项目的可行性、抵押品和担保情况。

3. 签订合同

借款申请获批准后,银行与企业进一步协商借款的具体条件,签订正式的借款合同,规定借款的数额、利率、期限和一些约束性条款。

4. 取得借款

借款合同签订后,企业在核定的借款指标范围内,根据用款计划和实际需要,一次或分次将借款转入公司的存款结算户，以便使用。

（三）银行借款筹资的优缺点

1. 银行借款筹资的优点

（1）筹资速度快。与发行债券、融资租赁等方式相比，银行借款的程序相对简单，企业可以在较短时间内获得所需资金。

（2）筹资弹性较大。在借款之前，企业根据当时的资本需求与银行等贷款机构直接商定贷款的时间、数量和条件。在借款期间，若企业的财务状况发生某些变化，也可与债权人再协商，变更借款数量、时间和条件，或提前偿还本息。因此，借款筹资对企业具有较大的灵活性，特别是短期借款。

（3）资本成本较低。利用银行借款筹资，一般都比发行债券和租赁的利息负担要低，而且，无须支付证券发行费用、租赁手续费用等筹资费用。

2. 银行借款筹资的缺点

（1）限制条款多。银行借款合同对借款用途有明确规定，再加上借款的各种保护性条款，其限制条款要多于债券筹资。

（2）筹资数额有限。银行借款的数额往往受到借款机构资本实力的制约，难以像发行债券、股票那样一次筹集到大笔资金，无法满足公司大规模筹资的需要。

（3）财务风险大。银行借款需定期支付利息并按期归还本金，因此，企业承担的财务风险比较大。

二、发行公司债券

公司债券是公司依照法定程序发行的，约定在一定期限还本付息的有价证券。发行公司债券是企业向社会筹集资金的一种重要方式。

（一）发行公司债券的条件

根据《公司法》规定，股份有限公司和有限责任公司均具有发行债券的资格。根据《证券法》规定，公开发行公司债券应当符合下列条件：

（1）具备健全且运行良好的组织机构。

（2）最近 3 年平均可分配利润足以支付公司债券 1 年的利息。

（3）国务院规定的其他条件。

公开发行公司债券筹集的资金，必须按照公司债券募集办法所列资金用途使用；改变资金用途，必须经债券持有人会议作出决议。公开发行债券筹措的资金，不得用于弥补亏损和非生产性支出。

（二）公司债券的种类

（1）按是否记名，债券分为记名债券和无记名债券。

对于记名债券，公司应当在债券存根簿上载明债券持有人的姓名及住所，债券持有人取得债券的日期、债券总额、票面金额、利率、还本付息的期限和方式等信息。债券持有人可以采用背书方式或者法律法规规定的其他方式转让记名公司债券；转让后需要由公司将受让人的姓名或者名称等信息记载于公司债券存根簿。

对于无记名债券,公司应当在债券存根簿上载明债券总额、利率、偿还期限和方式、发行日期及债券的编号。无记名公司债券的转让,由债券持有人将该债券交付给受让人后即发生转让的效力。

(2)按是否能够转换成公司股权,债券分为可转换债券与不可转换债券。

可转换债券是指债券持有者可以在规定的时间内按规定的价格转换为发债公司股票的债券。不可转换债券是指不能转换为发行债券公司股票的债券。

小贴士

可转换债券是一种混合型证券,是公司普通债券与证券期权的组合体。可转换债券的持有人在一定期限内可以按照事先规定的价格或者转换比例,自由地选择是否转换为公司普通股。

一般来说可转换债券可以分为两类:一类是不可分离交易的可转换债券,其转股权与债券不可分离,持有者直接按照债券面额和约定的转股价格,在约定的期限内将债券转换为股票;另一类是可分离交易的可转换债券,这类债券在发行时附有认股权证,是认股权证和公司债券的组合,发行上市后公司债券和认股权证各自独立流通、交易。

(3)按有无抵押担保,债券分为信用债券、抵押债券和担保债券。

信用债券是指没有抵押品担保、完全靠公司良好的信誉而发行的债券。一旦公司破产清算,信用债券持有人的求偿权和普通债权人一样。通常只有经济实力雄厚、信誉较高的企业才有能力发行这种债券。

抵押债券是指债券发行人在发行一笔债券时,通过法律上的适当手续将债券发行人的部分财产作为抵押,一旦债券发行人出现偿债困难,则出卖这部分财产以清偿债务。

担保债券是指由一定保证人作担保而发行的债券。当企业没有足够的资金偿还债券时,债权人可要求保证人偿还。

(三)公司债券的偿还

债券偿还时间按其实际发生与规定的到期日之间的关系,可以分为提前偿还与到期偿还两类。

1. 提前偿还

提前偿还又称提前赎回,是指在债券尚未到期之前就予以偿还。只有在公司发行债券的契约中明确规定了有关允许提前偿还的条款,企业才可以进行此项操作。因为要提前偿还债券,所以支付的价款中应该包括没有支付的利息和给债券持有人的补偿,通常高于债券面值。如果离到期日越来越近,债券中包含的利息越来越少,那么给债券持有人的补偿就会减少。当公司资金有结余时,可提前赎回债券;当预测利率下降时,也可提前赎回债券,而后以较低的利率来发行新债券。

2. 到期偿还

到期偿还包括到期分批偿还和到期一次偿还。到期分批偿还债券是指债券发行方在债券到期时,按照债券发行时约定的条款,分批次偿还债券本金给债券持有人。这种方式通常用于长期债券,以分散偿债压力。到期一次偿还是指债券发行方在债券到期日,按照债券的面值一次性偿还本金给债券持有人。这种偿还方式是最常见的债券偿还方式之一,通常适用于固定利率债券和浮动利率债券。

(四)发行公司债券筹资的优缺点

1. 发行公司债券筹资的优点

(1)一次筹资数额大。利用发行公司债券筹资,能够一次筹集数额较大的资金,满足公司大规模筹资的需要。

(2)资本成本低。和发行股票相比,债券的发行费用较低,债券利率一般要低于股息率,加之债券利息可以在税前支付,具有抵税作用。因此,债券的筹资成本要比股票筹资成本低。

(3)筹集资金的使用限制条件少。与银行借款相比,债券筹资筹集的资金在使用方面具有相对的灵活性和自主性。

(4)提高公司的社会声誉。《公司法》及《证券法》对发行债券公司的资格有严格的限制,有实力的股份有限公司或有限责任公司通过发行公司债券,在筹集到大量所需资金的同时,也扩大了其在社会上的影响力。

(5)保证控制权。债券持有人只享受到期收回本息的权利,不能干涉企业的内部管理事务,不会分散原有股东的控制权。

2. 发行公司债券筹资的缺点

(1)发行资格要求高,手续复杂。为了保护投资者利益,国家对发行债券公司的资格有严格的限制,从申报、审批、承销到取得资金,手续繁杂,历时较长。

(2)财务风险高。债券有固定的到期日,企业利用债券筹资需承担按期还本付息的义务。当经营情况不佳时,向债券持有人还本付息会使企业陷入财务危机,甚至面临破产,因而具有较高的财务风险。

三、融资租赁

(一)租赁的含义及分类

1. 租赁的含义

融资租赁是指通过签订资产出让合同的方式,使用资产的一方(承租方)通过支付租金,向出让资产的一方(出租方)取得资产使用权的一种交易行为。按照租赁的目的不同,租赁可分为融资租赁和经营租赁。在租赁业务中,出租人主要是各种专业租赁公司,承租人主要是其他各类企业,租赁物大多为设备等固定资产。

2. 租赁的分类

1)经营租赁

经营租赁又称业务租赁,是由大型生产企业的租赁部或专业租赁公司向用户出租产品的一种租赁业务。出租人一般拥有自己的出租物仓库,一旦承租人提出要求,即可直接把设备出租给用户使用,用户按租约交租金,在租用期满后退还设备。

2)融资租赁

融资租赁又称金融租赁,是由租赁公司按照承租企业的要求融资购买设备,并在契约或合同规定的较长期限内提供给承租企业使用的信用性业务。融资租赁集融资与融物于一身,具有借贷性质,是承租企业筹集长期债务资金的一种特殊方式。

知识拓展

经营租赁与融资租赁的区别

经营租赁与融资租赁的区别主要体现在以下方面:

(1)作用不同。融资租赁行为能使企业缩短项目的建设期限,有效规避市场风险,同时帮助企业及时解决资金的短期急需。经营租赁行为能使企业有选择地租赁企业急用但并不想拥有的资产,工艺水平高,升级换代快的设备更适合经营租赁。

(2)权益体现不同。融资租赁实质上是转移了与资产所有权有关的全部风险和报酬,尤其对确定要行使优先购买权的承租企业来说,融资租赁就是分期付款购置固定资产的一种变通方式,而经营租赁则仅转移了该项资产的使用权,对该项资产所有权有关的风险和报酬没有转移,仍然属于出租方。承租企业只按合同规定支付相关费用,承租期满,租赁资产由承租企业归还出租方。

(3)租赁程序不同。经营租赁出租的设备先由租赁公司根据市场需要选定,再寻找承租企业。而融资租赁出租的设备由承租企业提出要求购买或由承租企业直接从制造商或销售商那里选定。

(4)租赁期限不同。经营租赁期较短,短于资产有效使用期。而融资租赁的租赁期较长,接近于资产的有效使用期。

(5)设备维修、保养的责任方不同。经营租赁下设备维修、保养由租赁公司负责。而融资租赁下设备维修、保养由承租方负责。

(6)租赁期满后设备处置方法不同。经营租赁期满后,承租资产由租赁公司收回。而融资租赁期满后,承租资产企业可以留购。

(二)融资租赁的基本程序与形式

1. 融资租赁的基本程序

(1)选择租赁公司,提出委托申请。当企业决定采用租赁方式以获取某项设备时,首先需要了解各个租赁公司的资信情况、融资条件和租赁费率等;然后在分析比较基础上择优选择租赁公司;最后向租赁公司申请办理租赁。

(2)签订购买合同。承租企业负责与供应商确认设备、技术、规格,租赁公司负责商定价格和付款方式,最后三方一起签订购买合同。这个购买合同要等租赁合同生效后才会执行。

(3)签订租赁合同。承租企业与租赁公司签订租赁设备的合同,如需要进口设备,还应办理设备进口手续。

(4)交货验收。设备供应厂商将设备发运到指定地点,承租企业要办理验收手续。

(5)定期交付租金。承租企业按租赁合同规定,分期交纳租金。

(6)合同期满处理设备。承租企业根据合同约定,对设备续租、退租或留购。

2. 融资租赁的形式

融资租赁包括直接租赁、售后回租和杠杆租赁三种形式。

（1）直接租赁。直接租赁即承租方直接向出租方租入所需使用的资产,并定期支付租金。

（2）售后回租。售后回租是指企业由于急需资金等各种原因,根据协议先将自己的资产出售给出租方,然后再将其租回使用的一种形式。

（3）杠杆租赁。杠杆租赁是指涉及承租方、出租方和资金出借方三方的租赁业务。当所涉及的资产价值非常高时,出租方只投入部分资金,通常为资产价值的 $20\%\sim40\%$,其余资金则通过将该资产抵押担保的方式,向第三方(通常为银行)申请贷款解决。之后,出租人将购进的设备出租给承租方,用收取的租金偿还贷款。出租人既是债权人也是债务人,既要收取租金又要支付债务。

（三）融资租赁租金的计算

1. 融资租赁租金的构成

融资租赁的租金由设备价款和租息两部分构成。其中,设备价款包括设备买价、运输费、安装调试费、保险费等;租息包括租赁公司的融资成本和租赁手续费等。融资成本是指租赁公司为承租企业购置设备垫付资金所应支付的利息;租赁手续费是指租赁公司承办租赁设备所发生的业务费用和一定的利润,其中业务费用包括业务人员工资、办公费、差旅费等。

2. 融资租赁租金的支付方式

租金的支付,有以下几种分类方式:①按支付间隔期长短,分为年付、半年付、季付和月付等方式。②按在期初和期末支付,分为先付和后付。③按每次支付额,分为等额支付和不等额支付。

3. 融资租赁租金的计算方法

我国租赁实务中,融资租赁租金的计算大多采用等额年金法。等额年金法是指利用年金现值的计算公式经变换后计算每期支付租金的方法。

例 3-1　甲公司于 2024 年 5 月 6 日从租赁公司租入一套设备,价值 3 000 万元,租期为 6 年,租赁期满时预计残值为 250 万元,归租赁公司。年利率为 8%,租赁手续费率为每年 2%。租金每年年末支付一次,则每年需支付的租金是多少?

解析

每年租金 $= [30\ 000\ 000 - 2\ 500\ 000 \times (P/F,10\%,6)] \div (P/A,10\%,6)$
$= 6\ 564\ 128.76(元)$

（四）融资租赁筹资的优缺点

1. 融资租赁筹资的优点

（1）无须大量资金就能迅速获得资产。在资金缺乏的情况下,融资租赁能让企业迅速获得所需资产。融资租赁使企业在资金短缺的情况下引进设备成为可能。特别是针对中小企业而言,融资租赁是一条重要的融资途径。大型企业的大型设备等价值高的固定资产,也经常通过融资租赁方式解决大额资金的需要,如商业航空公司的飞机大多是通过融资租赁取得的。

（2）具有明显的财务优势。融资租赁集“融资”与“融物”于一身,不需一次支付购买资产所需的大额资金,还可以通过项目本身产生的未来收益支付租金。

（3）能够减少设备淘汰的风险。融资租赁的期限通常为资产使用年限的 70% 左右,并且多数租赁协议中约定设备淘汰风险由出租人承担,因此大大减少了承租企业的风险。

2. 融资租赁筹资的缺点

（1）资本成本高。融资租赁需支付的租金总额通常要高于设备价值的30%，因而融资租赁的资本成本通常要高于银行借款或发行债券的资本成本。

（2）租金支付构成一定的负担。尽管分期支付租金暂时缓解了企业的巨额资金压力，但较高的固定租金也为企业各期的经营造成了一定的负担。

四、商业信用

（一）商业信用的含义

商业信用是企业以应付货款和应付票据的方式从供货厂家处筹集资金的一种方法。通过企业间的商业信用，企业利用延期付款的方式购入所需的产品，或利用预收货款、延期交付产品的方式，获得一笔短期的资金。

（二）商业信用涉及的计算

企业以商业信用方式销售商品而筹集资金，换句话说，就是在销售商品时为了能及时收回销售货款而提供的优惠条件（即现金折扣）。商品购买企业应权衡提供现金折扣的机会成本大小，进而作出支付货款决策。

现金折扣的大小是企业财务管理中的重要因素，是企业商业信用的主要形式之一。对于销售企业，现金折扣具有的积极意义：一方面，缩短收款时间，减少坏账损失；另一方面，减少企业的现金流量，因为现金折扣部分冲减了财务费用，企业实际收到的钱就少了。因此，销售企业都试图将现金折扣率确定在合理的水平上。

放弃现金折扣的成本公式如下：

放弃现金折扣成本＝现金折扣百分比÷（1－现金折扣百分比）×360÷（信用期－折扣期）

例 3-2　红星百货商场欲从胜利公司（服装制造企业）购买一批新款服装，价值为100万元，派克公司为了尽快回笼资金，给出现金折扣条件"2/10，n/30"。试计算红星公司放弃现金折扣的成本。

解析　放弃现金折扣的成本＝2%÷（1－2%）×360÷（30－10）×100%＝36.73%

这一结果表示，红星公司若选择2%的现金折扣，相当于承担了36.73%的机会成本。换句话说，为了延长付款期限20天（从第10天延至第30天），公司需支付36.73%的隐含成本。

 **思政小贴士**

诚信是社会主义核心价值观的重要内容之一，诚实守信是践行社会主义核心价值观的实践要求。将"诚信"二字内化于心，外化于行，切实践行社会主义核心价值观是每一个公民的责任。企业如举借债务资金一定要如期归还，不做"老赖"，重视商业信用。

（三）商业信用筹资的优点和缺点

1. 商业信用筹资的优点

（1）容易取得。

（2）企业有较大的机动权。

（3）企业一般不用提供担保。

2. 商业信用筹资的缺点

（1）筹资成本高。

（2）容易恶化企业的信用水平。

（3）受外部环境影响大。

五、债务性资金筹资的优缺点

（一）债务筹资的优点

1. 筹资速度较快

与股票筹资相比，债务筹资（如银行借款、租赁等）不需要经过复杂的审批手续和证券发行程序，可以迅速地获得资金。

2. 筹资弹性较大

由于股权不能退还，发行股票等股权筹资，给企业带来了资本成本的负担在未来是永久性的，而债务筹资可以根据企业的经营情况和财务状况，灵活地商定债务条件，控制筹资数量，安排取得资金的时间。

3. 资本成本较低

一般来说，债务筹资的资本成本要低于股权筹资。一是取得资金的手续费用等筹资费用较低；二是利息、租金等用资费用比股权资本要低；三是利息等资本成本可以在税前支付，具有抵税的作用。

4. 稳定公司的控制权

债权人无权参加企业的经营管理，利用债务筹资不会改变和分散股东对公司的控制权。在信息沟通与披露等公司治理方面，债务筹资的代理成本也较低。

（二）债务筹资的缺点

1. 不能形成企业稳定的资本基础

债务资本有固定的到期日，到期需要偿还，只能作为企业的补充性资本来源。

2. 财务风险较大

债务资本有固定的到期日、固定的债息负担，这些都要求企业必须保证有一定的偿债能力，要保持资产流动性及其资产收益水平，作为债务清偿的保障。一旦不能按期偿本付息，可能会带来企业的财务危机，甚至导致企业破产。

3. 筹资数额有限

债务筹资的数额往往受到贷款机构资本实力的制约，除发行债券方法外，一般难以像发行股票那样一次筹集到大笔资金，无法满足公司大规模筹资的需要。

债务性资金筹资方法特点的比较如表 3-4 所示。

表 3-4　债务性资金筹资方法特点的比较

负债筹资方式	银行借款	发行公司债券	融资租赁	商业信用
筹资速度	最快	最慢	较快	较快
限制条件	最多	较少	最少（与股票、债券、借款比）	较少

（续表）

负债筹资方式	银行借款	发行公司债券	融资租赁	商业信用
筹资弹性	大	小	—	小
筹资数量	有限	大	有限	有限
社会声誉	—	提高	—	—
资本成本	较低	居中	最高	高

任务四　混合型资金的筹集

案例导入

思瑞浦收购创芯微股权

2024 年 9 月 12 日，思瑞浦微电子科技（苏州）股份有限公司（以下简称思瑞浦，股票代码：688536）发行可转债及支付现金购买深圳市创芯微微电子股份有限公司（以下简称创芯微）100％股权并募集配套资金，获证监会同意注册批复。此次思瑞浦收购创芯微股权，在支付方式上作出了创新性与灵活性的设计，成为"科创板八条"实施后，首单获得证监会注册批文的半导体企业重组项目，也是 A 股首单注册的以可转债为支付工具的并购重组案例。

思瑞浦此次发行可转债购买资产的初始转股价格为 158 元/股，通过发行可转债的方式，思瑞浦成功收购了创芯微 100％的股权。这一筹资方式不仅为思瑞浦提供了所需的并购资金，还降低了融资成本，同时给予了创芯微股东更多的选择权和保障。

此次可转债筹资案例展示了可转换债券在并购重组中的灵活应用，为其他企业提供了有益的借鉴和参考。通过发行可转债，企业可以在不稀释原有股东权益的情况下筹集到所需的资金，同时给予投资者更多的选择和保障，实现双赢的局面。

一、优先股

（一）优先股的含义

优先股是介于普通股与债券之间的一种混合证券，它是指由股份有限公司发行的，在分配公司收益和剩余财产方面比普通股股票具有优先权的股票。通常情况下，优先股发行所融资本可被公司长期稳定使用，且其股息相对固定并从税后净利中支付。

相较于普通股股东，优先股股东具有以下优先权：①优先分配股息。优先股股息固定，且在利润分配上有优先于普通股股东的权利。通常，在公司未发放优先股股利之前，不得发放普通股股利。②优先分配剩余财产。当公司破产被清算时，在偿还全部债务和清算费用之后，剩余财产要首先按优先股票面额偿付优先股股东，其剩余部分才归属于普通股股东。可见，与普通股股东相比，优先股股东的投资风险相对较低，这些决定了他们在公司治理中不具有投票权（表决权）、经营管理权等其他核心权利。

（二）优先股筹资的优缺点

1. 优先股筹资的优点

（1）优先股没有固定的到期日，一般不用偿还本金，资本具有永久性。

（2）股利支付既稳定，又有一定的灵活性。当公司盈余逐年增长时，支付给优先股的股息是不变的；当公司经营状况不佳时，公司又可不支付或暂时不支付优先股股息。这样就不会形成类似债权人逼迫公司的情况。

（3）发行优先股不会改变普通股股东对公司的控制权。

2. 优先股筹资的缺点

（1）优先股筹资的成本较高。对优先股股东支付的股息要从税后利润中支付，不同于债务利息可以抵税。

（2）发行优先股有时会影响普通股股东的利益。这主要表现在股利分配和剩余财产的分配顺序上。

（3）优先股股息可能会成为一项较重的财务负担。因为优先股需支付固定股息，又不能在税前列支。所以，优先股的股息会成为一项较重的财务负担，有时不得不延期支付。

二、可转换债券

（一）可转换债券的含义

可转换债券是一种可以在特定时间，按照特定条件转换为普通股股票的特殊企业债券。可转换债券一般具有固定的利率和期限，其发行者按规定只能是上市公司或即将取得上市资格的公司。可转换债券是债券的一种，它可以转换为债券发行公司的股票，通常具有较低的票面利率。从本质上讲，可转换债券是在发行公司债券的基础上，附加了一份期权，并允许购买人在规定的时间范围内将其购买的债券转换成指定公司的股票。

事实上，一些公司认为当前其股票价格太低，为避免直接发行新股而遭受损失，才通过发行可转换债券变相发行普通股。这样，一是不至于因为直接发行新股而进一步降低公司股票市价；二是因为可转换债券的转换期较长，即使在将来转换股票时，对公司股价的影响也较温和，从而有利于稳定公司股票。

（二）可转换债券筹资的优缺点

1. 可转换债券筹资的优点

1）可节约利息支出

由于可转换债券赋予持有者一种特殊的选择权，即按事先约定在一定时间内将其转换为公司股票的选择权，其利率低于普通债券，减少了利息支出。

2）有利于稳定股票市价

可转换债券的转换价格通常高于公司当前股价，转换期限较长，有利于稳定股票市价。

3）增强筹资灵活性

可转换债券转换为公司股票前是发行公司的一种债务资本,公司可以通过提高转换价格、降低转换比例等方法促使持有者将持有的债券转换为公司股票,即转换为权益资本。在可转换债券转换为股票的过程中,不会受其他债权人的反对。

2. 可转换债券筹资的缺点

1）增加管理层的压力

发行可转换债券后,若股价低迷或发行公司业绩欠佳,股价没有按照预期的水平上升时,持有者不愿将可转换债券转换为股票,发行公司也将面临兑付债券本金的压力。

2）存在回购风险

发行可转换债券后,公司股票价格在一定时期内连续低于转换价格达到某一幅度时,债券持有人可以按事先约定的价格将债券出售给发行公司,从而增加了公司的财务风险。

3）存在减少筹资数量的风险

如果转换时,股票价格大幅上涨,公司只能以固定的转换价格将可转换债券转为股票,从而减少了筹资数量。

三、认股权证

认股权证全称为股票认购授权证,是一种由上市公司发行的证明文件。持有人有权在一定时间内以约定价格认购该公司发行的一定数量的股票。广义的权证是一种持有人有权于某一特定期间或到期日,按约定的价格,认购或沽出一定数量标的资产的期权。按买和卖的不同权利,权证可分为看涨权证和看跌权证。

(一)认股权证的特征

1. 证券期权性

认股权证本质上是一种股票期权,属于衍生金融工具,具有实现融资和股票期权激励的双重功能。但认股权证本身是一种认购普通股的期权,它没有普通股的红利收入,也没有普通股相应的投票权。

2. 是一种投资工具

投资者可以通过购买认股权证获得市场价与认购价之间的股票差价收益,因此它是一种具有内在价值的投资工具。

3. 具有选择权

认股权证以股票为标的资产的价值随股票价格变动,同时它会有一个固定的执行价格,在到期前均可以选择执行或不执行,具有选择权。

(二)认股权证筹资的优缺点

1. 认股权证融资的优点

发行认股权证融资成本低,能够改善公司未来资本结构,这与可转换证券融资相似。它们的不同之处在于认股权证的执行增加的是公司的权益资本,而不改变其负债。

2. 认股权证融资的缺点

认股权证融资也有稀释股权以及当股价大幅度上升时,导致认股权证成本过高等不利方面。

任务五　资金需要量预测

 案例导入

　　某国内制造企业为了扩大生产规模,计划在未来一年内增加生产线并提升产能。为了确保扩大规模所需资金充足,该企业决定对未来的资金需要量进行预测。

　　首先,企业收集了过去几年的销售数据、生产数据以及相关的资金流动情况。通过对这些数据的分析,企业发现销售额与资金需求之间存在显著的正相关关系。其次,企业利用销售百分比法,根据历史数据建立了资金需要量预测模型。基于预测结果,企业制订了详细的融资计划和生产计划。企业通过银行贷款、股权融资等方式筹集了所需的资金,并按时完成了生产线的扩建和产能的提升。最后,由于资金需要量预测的准确性,该企业成功规避了资金短缺和过度融资的风险,为未来的持续发展奠定了坚实基础。这一案例表明,资金需要量预测在企业财务管理和战略规划中具有重要作用。

　　企业在筹资时,应当采用一定的方法预测资金需要量,只有这样才能使筹资的资金既能满足生产经营需要,又不会有太多的闲置。企业预测资金需求量的方法主要有销售百分比法、因素分析法、资金习性预测法等,本教材重点介绍销售百分比法和资金习性预测法。

一、销售百分比法

　　销售百分比法,就是假设某项资产和负债与销售额存在稳定的百分比关系,并根据这个假设预计企业外部资金需要量的一种方法。

　　应用销售百分比法预测外部融资需求量,通常需要经过以下步骤。

1. 预计销售增长率

其计算公式如下:

$$销售增长率＝\frac{计算期销售收入－基期销售收入}{基期销售收入}\times100\%$$

2. 确定变动项目和不变项目

　　变动项目是指随销售额的变动而同步变动的项目,主要包括货币资金、应收账款、存货等流动资产项目,以及应付账款、应付票据、应交税费等自发性负债项目。

　　不变项目是指在短期内都不会随销售规模的扩大而相应改变的项目,如固定资产、长期投资、短期借款、短期融资券、长期负债和实收资本等。

知识拓展

借款性负债和自发性负债项目

负债按其形成可区分为借款性负债和自发性负债。其中，借款性负债是指企业在筹资过程中有意识地主动增加的负债，如向银行借款、发行债券等形成的负债。自发性负债是指随着生产经营活动的进行而自动形成和增加的负债，如应交税费、应付职工薪酬和应付利息等。

3. 计算各变动项目销售百分比

其计算公式如下：

$$某变动项目销售百分比 = \frac{该项目金额}{销售额} \times 100\%$$

$$资产销售百分比 = 各资产类变动项目销售百分比之和$$

$$= \frac{资产类变动项目总金额}{销售额} \times 100\%$$

$$自发性负债销售百分比 = 各负债类变动项目销售百分比之和$$

$$= \frac{负债类变动项目总金额}{销售额} \times 100\%$$

4. 确定资金需要量

其计算公式如下：

$$资金需要量 = 资产增加额 - 自发性负债增加额$$

$$= 资产销售百分比 \times 新增销售额 - 自发性负债销售百分比 \times 新增销售额$$

$$= 预计销售收入 - 本期销售收入$$

5. 确定当年留存收益增加额

其计算公式如下：

$$留存收益增加额 = 净利润 - 当年已发放股利$$

$$= 净利润 \times (1 - 股利支付率)$$

$$= 预计销售收入 \times 销售净利率 \times (1 - 股利支付率)$$

6. 根据有关财务指标的约束确定对外筹资数额

其计算公式如下：

$$外部资金需要量 = 资金需要量 - 当年留存收益增加额$$

$$= 资金需要量 - 预计销售收入 \times 销售净利率 \times (1 - 股利支付率)$$

例3-3 甲公司2024年12月31日资产负债表简表如表3-5所示。假定甲公司2024年的销售收入为2 000万元，销售净利率为20%，股利支付率为80%（增加收入不需要进行固定资产方面的投资）。如果销售收入提高到2 500万元，那么甲公司需要筹集多少外部资金？

表 3-5 甲公司资产负债表简表 单位:万元

资产	金额	占销售收入百分比	负债和所有者权益	金额	占销售收入百分比
现金	100	5%	应交税费	100	5%
应收账款	300	15%	应交账款	200	10%
存货	600	30%	短期借款	500	不变动
股东资产净值	800	不变动	应付债券	200	不变动
			实收资本	600	不变动
			留存收益	200	不变动
资产合计	1 800		负债和所有者权益合计	1 800	15%

解析

(1)预计销售增长率。

$$销售增长率=\frac{2\,500-2\,000}{2\,000}\times100\%=25\%$$

(2)确定变动项目和不变项目。

本例题中,变动项目包括资产类项目(现金、应收账款、存货)和自发性负债项目(应交税费、应付账款)。

(3)计算各变动项目销售百分比。

$$资产销售百分比=\frac{100+300+600}{2\,000}\times100\%=50\%$$

$$自发性负债销售百分比=\frac{100+200}{2\,000}\times100\%=15\%$$

(4)确定资金需要量。

新增销售额=预计销售收入-本期销售收入=2 500-2 000=500(万元)
资金需要量=50%×500-15%×500=175(万元)

(5)确定当年留存收益增加额。

留存收益增加额=2 500×20%×(1-80%)=100(万元)

(6)根据有关财务指标的约束确定对外筹资数额。

外部资金需要量=175-100=75(万元)

二、资金习性预测法

资金习性是指资金的变动同产销量变动之间的依存关系。按照资金同产销量之间的依存关系,资金可以分为不变资金、变动资金和半变动资金。不变资金是指在一定的产销量范围内保持不变的那部分资金,如维持营业而占用的最低数额的现金、固定资产和原材料的保险储备。变动资金是指随产销量成比例变动的那部分资金,如最低储备以外的现金、存货、应收账款等。半变动资金随产销量变动但不成比例,如一些辅助材料占用的资金。

资金习性预测法就是根据历史上企业资金占用总额与产销量之间的关系,把资金划分为不变和变动两部分,然后结合预计的销售量来预测资金需求量的方法。

其基本预测模型如下:

$$y = a + bx$$

式中,y 为资金占用额,x 为销售量,a,b 分别为不变资金总额和单位销量所需的变动资金。

企业可以通过将历史数据代入模型,先用高低点法或回归分析法得出 a,b 值后,再将预计销售量代入已知模型,计算出预测资金需要量。

(一) 高低点法

高低点法根据企业一定期间的最高销售量(高点)的资金需要量与最低销售量(低点)的资金需要量之差,除以最高销售量与最低销售量之差,先计算出单位产销量所需变动资金,然后再分解出资金总需要量中变动部分和不变部分各占多少。在实际运用中,需要利用历史资料先确定 a,b 值,然后在已知预测销售量的基础上,计算出其资金需要量。

例 3-4 甲公司 2020—2024 年的销售量和资金需要量的历史数据如表 3-6 所示。假定 2025 年的销售量为 40 000 万件,试确定 2025 年的资金需要量。

表 3-6　甲公司销售量与资金需要量相关数据表　　　　金额单位:万元

年度	销售量 x(万件)	资金需要量 y
2020 年	20 000	1 100
2021 年	24 000	1 300
2022 年	26 000	1 400
2023 年	30 000	1 600
2024 年	30 000	1 600

解析

用高低点法先求 a,b 值:

$$b = \frac{最高收入期的资金需要量 - 最低收入期的资金需要量}{最高销售量 - 最低销售量} = \frac{1\,600 - 1\,100}{30\,000 - 20\,000}$$

$$= 0.05(万元/件)$$

$$a = y - bx$$

$$= 1\,600 - 30\,000 \times 0.05$$

$$= 100(万元)$$

得出:$y = a + bx = 100 + 0.05x$

2025 年的销售量为 40 000 万件时的资金需要量为:

$$y = 100 + 0.05x = 100 + 0.05 \times 40\,000 = 2\,100(万元)$$

(二) 回归分析法(最小二乘法)

回归分析法通过建立销售量(x)与资金需要量(y)之间的线性关系模型 $y = a + bx$,利用所有历史数据计算参数 a(固定资金)和 b(单位变动资金)。其公式为:

$$a = \frac{\sum y - b \sum x}{n}$$

$$b = \frac{n \sum xy - \sum x \sum y}{n \sum x^2 - \left(\sum x\right)^2}$$

甲公司销售量与资金需要量相关数据如表 3-7 所示。

表 3-7　甲公司销售量与资金需要量相关数据表　　　　　　　金额单位:万元

年度	销售量 x(万件)	资金需要量 y	xy	x^2
2020 年	20 000	1 100	22 000 000	400 000 000
2021 年	24 000	1 300	31 200 000	576 000 000
2022 年	26 000	1 400	36 400 000	676 000 000
2023 年	30 000	1 600	48 000 000	900 000 000
2024 年	30 000	1 600	48 000 000	900 000 000
合计	130 000	7 000	185 600 000	3 452 000 000

解析

$a = (7\,000 - 0.05 \times 130\,000)/5 = 100$(万元)

$b = (5 \times 185\,600\,000 - 130\,000 \times 7\,000)/(5 \times 3\,452\,000\,000 - 130\,000^2)$

　　$= 0.05$(万元/万件)

最终方程为:$y = 100 + 0.05x$

预测 2025 年资金需要量:当销售量为 40 000 万件时:

$y = 100 + 0.05x = 100 + 0.05 \times 40\,000 = 2\,100$(万元)

 思政小课堂

华为和老干妈,两家中国民营企业,为何坚持不上市?

从创办企业到融资再到上市,似乎成为很多企业家的毕生梦想,可还有些企业家不以上市为目的,甚至不考虑上市,他们的意愿只是做大做强以帮助到更多的人。在资本利益面前,很少有企业可以经住诱惑不上市,上市后一夜暴富也不是天方夜谭,很多企业都实现了,而百难不倒的华为和洁身自好的老干妈成为资本市场的一股清流。即便是不上市,它们依旧保持着较强的竞争力和企业战略定力。2012 年,美国奢侈品电商 Gilt 曾把老干妈奉为尊贵的调味剂,一瓶就要 11.95 美元。1997 年老干妈企业产值就已经达到了 1400 万元,老干妈 2024 年的产值为 48.16 亿元,按照 2024 年 14.20% 的增长率来推测,2025 年产值可能会达到 55.04 亿元左右。关于为何不上市,老干妈创始人陶华碧回应:上市那是欺骗人家的钱,我们就想把重心放在踏踏实实提高产品的质量上。

华为不上市已经成为大家热议的话题,很多人都在探讨,以华为目前的实力,如果上市市值究竟会达到多少,毕竟华为每年的营收就足够高了。创始人任正非曾经也回答过华为不上市的原因,他认为华为不把利益看得那么重,只为理想和目标而奋斗,如果上市,股东们会逼着华为横向发展,华为就攻不进无人区了,股东会让华为做一些短期的行为来刺激市场,如此一来长期的投资就难以实现。在2017年6月,任正非同样回答了这个问题,他表示,如果大量资本涌入华为,就会多元化。上市的确会造福华为很多员工,但这也可能让华为变得懒惰,失去奋斗者的本质色彩。

两家民营企业所有的扩张都是通过自己的留存收益实现的。学生应学会从现在开始要有理财的思维,踏踏实实奋斗的精神。

《 模块小结 》

通过本章的学习,我们了解筹资的含义、动机、分类;理解各种筹资渠道、筹资方式应如何配合。详细学习了吸收直接投资、发行股票、长期借款、发行公司债券、发行优先股、发行可转换债券和发行权证等几种筹资方式的特点,筹资方式各自优缺点以及适用范围,并掌握了两种基本的资金需要量预测方法。

《 模块习题 》

一、单项选择题

1. 企业因发放现金股利的需要而进行筹资的动机属于(　　)。
   A. 扩张性筹资动机　　　　　　　　　　B. 支付性筹资动机
   C. 创立性筹资动机　　　　　　　　　　D. 调整性筹资动机

2. 相对于发行债券和利用银行借款购买设备而言,通过融资租赁方式取得设备的主要缺点是(　　)。
   A. 限制条款多　　　　　　　　　　　　B. 筹资速度慢
   C. 资本成本高　　　　　　　　　　　　D. 财务风险大

3. 相对于发行股票而言,发行公司债券筹资的优点为(　　)。
   A. 筹资风险小　　　　　　　　　　　　B. 限制条款少
   C. 筹资额度大　　　　　　　　　　　　D. 资本成本低

4. 下列各项中,能够引起企业权益资本增加的筹资方式是(　　)。
   A. 吸收直接投资　　　　　　　　　　　B. 发行公司债券
   C. 利用商业信用　　　　　　　　　　　D. 留存收益转增资本

5. 按企业所取得资金的权益特性不同,筹资可分为(　　)。
   A. 直接筹资和间接筹资　　　　　　　　B. 内部筹资和外部筹资
   C. 股权筹资、债务筹资和混合筹资　　　D. 短期筹资和长期筹资

6. 下列筹资方式中,既可以筹集长期资金,也可以融通短期资金的是(　　)。
   A. 向金融机构借款　　　　　　　　　　B. 发行股票
   C. 利用商业信用　　　　　　　　　　　D. 吸收直接投资

7. 下列各项中,不属于普通股股东权利的是(　　)。
    A. 剩余财产要求权
    B. 固定收益权
    C. 转让股份权
    D. 参与决策权

8. 与发行股票筹资相比,吸收直接投资的优点是(　　)。
    A. 易于进行产权交易
    B. 资本成本较低
    C. 有利于提高公司声誉
    D. 筹资费用较低

9. 根据资金需要量预测的销售百分比法,下列各项中,通常会随销售额变动而成正比例变动的是(　　)。
    A. 短期融资券
    B. 短期借款
    C. 长期负债
    D. 应付票据

10. 在财务管理中,将资金划分为变动资金与不变资金两部分,并据以预测企业未来资金需要量的方法称为(　　)。
    A. 定性预测法
    B. 比率预测法
    C. 资金习性预测法
    D. 成本习性预测法

二、多项选择题

1. 下列各项中,属于优先股股东拥有的权利的有(　　)。
    A. 优先认股权
    B. 优先分配收益权
    C. 股份转让权
    D. 剩余财产要求权

2. 下列各项中,能够作为吸收直接投资出资方式的有(　　)。
    A. 特许经营权
    B. 土地使用权
    C. 商誉
    D. 非专利技术

3. 与银行借款筹资相比,公开发行股票筹资的优点有(　　)。
    A. 提升企业知名度
    B. 不受金融监管政策约束
    C. 资本成本较低
    D. 筹资对象广泛

4. 下列各项中,属于债务筹资方式的有(　　)。
    A. 商业信用
    B. 融资租赁
    C. 优先股
    D. 普通股

5. 下列各项中,属于吸收直接投资优点的有(　　)。
    A. 手续相对比较简便,筹资费用较低
    B. 有利于尽快形成生产能力
    C. 资本成本较低
    D. 容易进行信息沟通

6. 与发行股票筹资相比,融资租赁的特点有(　　)。
    A. 筹资限制条件较少
    B. 形成生产能力较快
    C. 资本成本负担较低
    D. 财务风险较小

7. 下列关于融资租赁的说法中,正确的有(　　)。
    A. 租赁期满后,租赁资产一般要归还给出租人
    B. 租赁期较长,接近于资产的有效使用期
    C. 租赁期间双方无权取消合同

D. 一般由承租企业负责设备的维修、保养

8. 与融资租赁筹资相比,发行股票筹资的特点有(　　)。

    A. 财务风险较小   B. 筹资的限制条件较多

    C. 资本成本较高   D. 融资速度较快

9. 相对于普通股而言,优先股的优先权体现在(　　)。

    A. 股利分配优先权   B. 配股优先权

    C. 剩余财产分配优先权   D. 表决优先权

10. 下列各项中,属于债务筹资方式的有(　　)。

    A. 商业信用   B. 租赁

    C. 优先股   D. 发行股票

三、判断题

1. 企业吸收直接投资,有时能够直接获得所需的设备和技术,及时形成生产能力。(　　)

2. 银行借款利息和普通股股利都作为财务费用在所得税之前支付。(　　)

3. 留存收益是企业经营中的积累,这种资金不是向外界筹措的,因而它不存在资金成本。

                                                              (　　)

4. 优先股需要支付固定股利,但又不能在税前扣除。所以,当利润下降时,优先股股利会成为一项比较重的财务负担,有时不得不延期支付。(　　)

5. 我国企业目前的筹资渠道主要包括吸收直接投资、发行股票、向银行借款、利用商业信用、发行公司债券、融资租赁和利用留存收益等。(　　)

6. 商业信用筹资最大的优越性在于容易取得。对于大多数企业来说,商业信用是一种持续性的信用形式,且无需办理复杂的筹资手续。(　　)

7. 企业为了优化资本结构而筹集资金,这种筹资的动机是调整性筹资动机。(　　)

8. 相对于股权资本,债务资本通常具有较高财务风险和较低资本成本。(　　)

9. 债务筹资的数额往往受到贷款机构资本实力的制约,除发行债券方式外,一般难像发行股票那样一次性筹集到大笔资金,无法满足公司大规模筹资需求。(　　)

10. 杠杆租赁是承租方直接向出租人租入所需使用的资产,并定期支付租金。(　　)

四、案例题

    绿源生态科技有限公司(以下简称绿源公司)是一家专注于生态农业和可持续发展的高新技术企业,成立于2020年,总部位于中国某农业大省。公司主营业务包括有机农产品种植、生态农业科技研发、农产品深加工及生态农业旅游开发。近年来,随着消费者对健康食品需求的日益增长,绿源公司业务快速发展,品牌影响力逐步扩大。

    为了进一步扩大生产规模,提升技术研发能力,加速全国布局,特别是扩大有机农产品种植基地和建立更多的生态农业体验园,绿源公司计划在未来3年内投资约5亿元人民币。然而,公司目前自有资金仅为1亿元,需要筹集缺少的4亿元资金。

    思考:分析绿源公司可能的筹资渠道有哪些?请至少列出3种,并简要说明每种筹资渠道的优缺点。

模块四
筹资决策实务

模块导言

　　资金筹集作为资金运动的第一个阶段,选择合适的筹资方式,以较低的资金成本、合理的资本结构筹集所需资金,同时实现对经营风险和财务风险的管理,是企业财务管理重要的研究内容和学习领域。

学习目标

1. 知识目标
(1) 掌握资本成本率的计算方法。
(2) 掌握三种杠杆系数的计算方法。
(3) 掌握最优资本结构决策方法。

2. 技能目标
(1) 能正确计算出不同筹资方式下的资本成本。
(2) 能利用杠杆效应进行风险衡量。
(3) 能结合企业特点选择最佳的资本结构。

3. 素养目标
(1) 树立风险意识、成本意识。
(2) 树立良好的信誉意识和辩证思维。
(3) 树立平衡与协调的意识。

思维导图 ▼

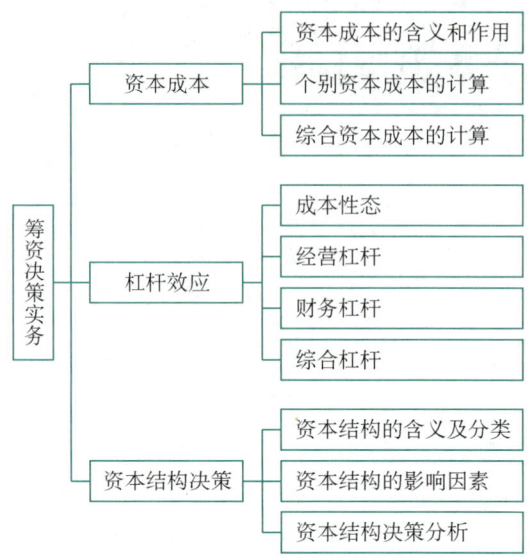

筹资决策实务
- 资本成本
  - 资本成本的含义和作用
  - 个别资本成本的计算
  - 综合资本成本的计算
- 杠杆效应
  - 成本性态
  - 经营杠杆
  - 财务杠杆
  - 综合杠杆
- 资本结构决策
  - 资本结构的含义及分类
  - 资本结构的影响因素
  - 资本结构决策分析

任务一   资本成本

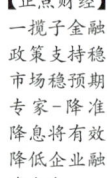

【正点财经】
一揽子金融
政策支持稳
市场稳预期
专家–降准
降息将有效
降低企业融
资成本

案例导入

复星集团加快推进"瘦身健体、聚焦主业"战略

复星集团创立于 1992 年,经过逾 30 年发展,已成为一家创新驱动的全球家庭消费产业集团。2007 年,复星国际在香港联交所主板上市(股份代号:00656.HK)。截至 2022 年 12 月 31 日,公司总资产达人民币 8 231 亿元,全球领先的指数编制公司(MSCI)将其环境、社会和治理评级为 AA。

2023 年 7 月 2 日,复星国际成功兑付 7 亿美元的到期境外美元债,至此复星集团已兑付所有集中到期的境外公开市场债券。2023 年以来,复星国际陆续于 1 月兑付 4.5 亿美元债、4 月兑付 12 亿美元银团贷款、5 月兑付 3.5 亿欧元债,此外 67 亿元人民币的境内到期公开债也已完成兑付。据此,未来 12 个月内复星集团已无大额美元债到期。

2022 年以来,面对外部环境诸多挑战,复星集团加快推进"瘦身健体、聚焦主业"战略,坚定退出非战略性、非核心资产,一直备受市场关注。得益于多元化、国际化优势,复星集团持续优化资金和资产结构,有效抵御了单一行业和单一市场周期性下行的风险,尤其是通过系统性处置钢铁等重资产以及多赛道财务投资资产,灵活变现、快速实现大量现金回流。仅 2022 年,复星集团在集团层面就完成了超过 400 亿元人民币的资产退出签约,当年实现现金回流近 300 亿元人民币。2023 年成功兑付密集到期债务,进一步证明其财务战略的持续落实。

标准普尔(Standard & Poor's)预期,在未来 12～18 个月内,复星集团将进一步落实有息负债和杠杆率的压降,而随着短期偿债高峰的度过,复星集团的负债结构也将显著优化。标准普尔也在报告中肯定了复星集团与银行的稳定合作关系,并预期随着银行贷款在负债中的占比提高,复星集团的负债稳定度将有实质性提升,而其资本结构风险将显著降低。跨地域、跨行业的多元化资产组合,稳健积极的负债管理,将为复星集团穿越经济下行周期护航。

因此,不妨带着下面几个问题去阅读本任务:复星集团的资本成本、财务杠杆和资本结构有何变化? 为何有这样的变化?

一、资本成本的含义和作用

(一) 资本成本的含义

资本成本是指企业为了筹集和使用资本而付出的代价,包括筹资费用和用资费用。资本成本是资本所有权与使用权分离的结果。筹资者由于取得了资本的使用权,必须付出一定代价,资本成本就是为了取得资本使用权所付出的代价。资本成本可以用绝对数表示,也可以用相对数表示。用绝对数表示的资本成本,主要有筹资费用和用资费用两部分。

1. 筹资费用

筹资费用是指企业在资本筹措过程中为获得资本而付出的代价,如借款手续费、因发行股票和债券而支出的印刷费、评估费、公证费、宣传费等。筹资费用通常在资本筹集时一次性发生,通常直接从筹资总额中扣除。

2. 用资费用

用资费用是指企业在资本使用过程中因占用资本而付出的代价,如向银行等债权人支付的利息,向股东支付的股利等。用资费用在使用资金期间会反复发生,并随着使用资金额的大小和期限长短变动,是资本成本的主要内容。

知识拓展

资本成本是一种机会成本

一方面,资本成本是资金供给者的机会成本。因为资金供给者(无论是债权人还是股东)在资本市场中有很多投资项目可以选择,资金供给者选择成为这个企业的债权人或股东,就要放弃市场中其他风险投资项目可以获得的报酬率。这就是资金供给者的机会成本,是其投资其他项目可获得的最优收益。当然,资金供给者根据投资项目的风险考虑风险补偿成本。

另一方面,资本成本也是企业在进行各类资产投资项目时的机会成本。企业从资金供给者处获得的资金将投资于各类资产,以支持企业的生产经营活动。在企业进行资产投资时,购买了 A 设备就没有资金购买 B 设备,B 设备可以给企业带来的报酬就成为进行 A 设备投资的机会成本。而资本成本是评价和选择投资项目的重要标准,任何资产项目的投资,只有其报酬率高于资本成本,才值得投资。因此,资本成本实际上是选择某资产投资项目应取得的最低报酬率,是资产投资项目的机会成本。

(二) 资本成本的作用

资本成本是企业为筹集和使用资本而支付的代价,它在企业财务管理中具有极其重要的作用,主要体现在以下几个方面。

1. 资本成本是企业选择筹资方式的重要依据

企业可以通过比较不同筹资方式(如债务融资、股权融资、租赁等)的资本成本,选择成本最低的融资方式。例如,如果债务融资的资本成本低于股权融资,企业可能会优先考虑债务融资。资本成本可以帮助企业确定最优的资本结构,即在债务和股权之间的最佳比例。合理的资本结构可以降低企业的综合资本成本,提高企业的财务效益。

2. 资本成本是衡量投资项目可行性的关键指标

资本成本通常被用作投资项目的折现率或最低可接受回报率。如果一个项目的预期回报率高于资本成本,该项目通常被认为是可行的;反之,则可能被否决。例如,在计算净现值(NPV)时,资本成本是折现未来现金流的关键参数。当企业面临多个投资项目选择时,资本成本可以帮助企业比较不同项目的相对价值,从而选择最有价值的项目进行投资。

3. 资本成本是评价企业经营业绩的重要标准

资本成本可以作为企业经营业绩的基准。如果企业的实际投资回报率高于资本成本,说明企业创造了价值;如果低于资本成本,则可能意味着企业未能有效利用资本。资本成本还可以用于设计管理层的激励机制,确保管理层的目标与股东利益一致。例如,将管理层的薪酬与企业创造的经济增加值(EVA)挂钩,而 EVA 的计算中就涉及资本成本。

4. 资本成本是企业定价策略的重要参考

资本成本可以帮助企业确定产品的最低定价。企业需要确保产品价格能够覆盖其资本成本,从而实现盈利。合理的资本成本可以增强企业的市场竞争力。通过优化资本成本,企业可以在价格上更具竞争力,同时保持盈利能力。

5. 资本成本是企业战略规划的重要工具

资本成本可以帮助企业进行长期战略规划,如决定是否进入新的市场、开发新产品或进行并购等。通过评估不同战略选择的资本成本,企业可以更好地权衡风险与收益。资本成本还可以帮助企业识别和管理财务风险。例如,较高的债务资本成本可能意味着较高的财务风险,企业可以通过调整资本结构来降低风险。

思政小贴士

对于筹资者来说,资本成本是支付的代价。基于公平、公正的原则,企业占用其他单位或个人的资金时理应给对方回报。我们在生活中也一样,要想有收获,必须要付出努力才行。

二、个别资本成本的计算

资本成本用绝对数表示就是资本成本额,用相对数表示就是资本成本率。在财务管理实务中,资本成本一般用相对数表示。

个别资本成本是指单一筹资方式本身的资本成本,包括长期借款资本成本、长期债券资本成本、优先股资本成本、普通股资本成本和留存收益资本成本。其中,前两种是债务资本成本,后三种是权益资本成本。

为了便于分析比较,资本成本率通常用不考虑货币时间价值的通用模型计算。计算时,将初期的筹资费用作为筹资额的一项扣除,扣除筹资费用后的筹资额称为筹资净额,一般模式通用的计算公式如下:

$$资本成本率 = \frac{年资金用资费用}{资金筹资总额 - 筹资费用} \times 100\%$$

$$= \frac{年资金用资费用}{筹资总额(1 - 筹资费用率)} \times 100\%$$

知识拓展

资本成本计算的贴现模式

对于金额大、时间超过1年的长期资本,更为准确的资本成本计算方式是采用贴现模式,即将债务未来还本付息或股权未来股利分红的贴现值与目前筹资净额相等时的贴现率作为资本成本率。即:

由:筹资净额现值 — 未来资本清偿额现金流量现值 = 0

得:资本成本率 = 所采用的贴现率

1. 长期借款资本成本的计算

长期借款资本成本包括借款利息和筹资费用。借款利息允许在税前利润中扣除,具有抵减所得税作用。企业在筹资过程中还会发生一些筹资费用,筹资费用的发生实际上减少了企业所筹资金额。长期借款资本成本的计算公式如下:

$$K_l = \frac{I_l(1-T)}{L(1-f_l)} = \frac{LR_l(1-T)}{L(1-f_l)} = \frac{R_l(1-T)}{(1-f_l)}$$

式中,K_l 为长期借款的资本成本;I_l 为长期借款的年利息额;T 为企业所得税税率;L 为长期借款本金;R_l 为长期借款年利率;f_l 为长期借款筹资费率。

当银行借款的筹资费用很低,有时可以忽略不计时,长期借款资本成本的计算公式可以简化如下:

$$K_l = R_l(1-T)$$

例 4-1 某企业向银行借款 1 000 万元,年利率为 9%,期限为 5 年,每年支付一次利息,到期一次还本,筹资费率为 0.5%,企业所得税税率为 25%,则该长期借款的资本成本是多少?

解析 $K_l = \dfrac{1\,000 \times 9\% \times (1-25\%)}{1\,000 \times (1-0.5\%)} = 6.78\%$

2. 长期债券资本成本的计算

长期债券与长期借款都属于债务性资金,由于债券利息税前支付,具有减税效应,其资本成本与长期借款类似。但是,长期债券的筹资费用一般较高,包括申请发行债券的手续费、债券注册费和印刷费等,因而不能忽略。另外,债券的发行价格不一定等于债券面值,有溢价、平价、折价之分。长期债券资本成本的计算公式如下:

$$K_b = \frac{I_b(1-T)}{B(1-f_l)} = \frac{SR_b(1-T)}{B(1-f_b)}$$

式中,K_b 为长期债券的资本成本;I_b 为长期债券的年利息额;T 为企业所得税税率;S 为债券面值;B 为债券发行价格;R_b 为长期债券票面利率;f_b 为长期债券筹资费率。

例4-2 某企业发行总面额为 1\,000 万元的 5 年期债券,票面利率为 10\%,每年支付一次利息,筹资费用为发行价格的 5\%,企业所得税税率为 25\%。计算发行价格总额为 1\,000 万元、900 万元、1\,100 万元时,债券的资本成本。

解析 (1) 发行价格总额为 1\,000 万元,平价发行时,债券资本成本为:

$K_l = \dfrac{1\,000 \times 10\% \times (1-25\%)}{1\,000 \times (1-5\%)} = 7.89\%$

(2) 发行价格总额为 900 万元,折价发行时,债券资本成本为:

$K_l = \dfrac{1\,000 \times 10\% \times (1-25\%)}{900 \times (1-5\%)} = 8.77\%$

(3) 发行价格总额为 1\,100 万元,溢价发行时,债券资本成本为:

$K_l = \dfrac{1\,000 \times 10\% \times (1-25\%)}{1\,100 \times (1-5\%)} = 7.18\%$

3. 优先股资本成本的计算

企业发行优先股,既要支付筹资费用,又要定期支付股息。它与长期债券不同的是,优先股股息在税后支付,且没有固定到期日。因此,优先股的资本成本通常要高于债券资产成本,其计算可视为永续年金,计算公式如下:

$$K_p = \frac{D_p}{P_0(1-f)}$$

式中,K_P 为优先股的资本成本;D_p 为优先股每年支付的股息额;P_0 为优先股发行价格;f 为优先股筹资费率。

例4-3 某企业按面值发行优先股 5\,000 万元,年股息率为 8\%,发行费率为 3\%。计算该优先股的资本成本。

解析 $K_p = \dfrac{5\,000 \times 8\%}{5\,000 \times (1-3\%)} = 8.25\%$

4. 普通股资本成本的计算

普通股资本成本包括企业支付的普通股股利和普通股的发行费用,股利是其主要内容。由于各期的股利不一定固定,而是随企业各期收益波动的,普通股的资本成本主要按照贴现模式计算,并假设各期股利的变化呈一定规律性。如果是上市公司普通股,其资本成本还可以根据该公司股票收益率和市场收益率的相关性,按照资本资产定价模型估计。

1) 股利贴现模型

(1) 假设股利金额固定不变。如果企业的盈利稳定,长期执行固定股利政策,即每年分派的现金股利金额保持不变,那么,未来股利现金流就是永续年金。在这一假设条件下,普通股资本成本贴现模型的计算公式如下:

$$K_s = \frac{D}{P_0}$$

式中,K_s 为普通股的资本成本;D 为普通股每年支付的股利。

(2) 假设股利金额稳定增长。若企业盈利稳定增长,从而长期执行稳定增长的股利政策,即股利的年增长率等于利润的年增长率。假设预测现金股利的年增长率为 g,那么,用于测算普通股资本成本贴现模型的计算公式如下:

$$K_s = \frac{D_1}{P_0} + g$$

$$或:K_s = \frac{D_1}{P_0(1-f)} + g$$

式中,D_1 为普通股第一年支付的股利,f 为普通股发行的融资费率。

例 4-4　某企业普通股每股发行价格为 6 元,筹资费率为 4%,第一年年末发放股利每股 0.4 元,股利年增长率为 5%,则普通股的资本成本为:

解析　$K_s = \frac{0.4}{6 \times (1-4\%)} + 5\% = 11.94\%$

2) 资本资产定价模型

投资者要求的必要收益率相对于筹资者而言就是其付出的资本成本,因此普通股资本成本可以用资本资产定价模型确定。普通股资本成本的计算公式如下:

$$K_s = R_f + \beta(R_m - R_f)$$

式中,K_s 为普通股的资本成本;R_f 为无风险收益率;β 表示普通股股票的系统风险系数;R_m 为所有股票或所有证券的平均收益率。

小贴士

国库券(国债)是国家发行的,可视为无风险。因此,无风险收益率 R_f 可以用国库券的利率表示。

5. 留存收益资本成本的计算

企业在将盈利用于股利分配后,总会留存部分收益用于投资。投资者之所以愿意将这部分收益再投资于企业,是期望从中获得更高收益,这一期望收益即留存收益的机会成本,构成留存收益的资本成本。一般情况下,留存收益资本成本的计算与普通股资本成本的计

算基本相同,区别仅在于留存收益没有筹资费用。留存收益的资本成本的其计算公式如下:

$$K_r = \frac{D_1}{P_0} + g$$

例 4-5　某企业决定将本年实现的净利润 2 000 万元暂不分给股东,而留作资金使用。普通股每股发行价格为 6 元,筹资费用率为 6%,第一年年末发放股利每股 0.4 元,股利年增长率为 6%。计算留存收益的资本成本。

解析　$K_r = \frac{0.4}{6} + 6\% = 12.67\%$

 **思政小课堂**

30 家上市公司 20 年未分红

现金分红是上市公司回报投资者的重要途径,但《华夏时报》记者梳理发现,剔除掉退市股和 ST 股,有 30 家上市公司自 2001 年以来已经 20 年"一毛不拔",成为"老大难"问题。特别是海航科技(600751.SH)、北汽蓝谷(600733.SH)等 7 家公司自从上市以来没有推出过一次分红派息计划,而其中不少公司多年来营收和盈利能力都正常,也多次通过各种形式从市场进行再融资,可谓是资本市场的"铁公鸡"。

30 家公司均匀地分布在多个行业中,涉及交通运输、酒店、教育、汽车等大消费行业,也包括建筑材料、装饰和机械设备等传统工业行业,以及电子、计算机等科技型公司。一位市场人士告诉记者,如果公司正处于高速增长期,更适合把盈利投入到再生产中,能为股东产生更多效益;增长稳定,而且利润很丰厚的成熟型企业更适合分红。虽然 30 家公司中增速维持正向的居多,但从收入和盈利的增速来看,都不属于高速增长阶段。

Wind 数据显示,在上述 30 家公司中,截至 2019 年年末,过去 10 年收入、净利润增速均为正向的有 22 家,增速超过 20% 的有 7 家。即使放在全球市场,10 年来两项数据增速均超过 20% 的公司也不过 585 家。值得注意的是,其中 7 家公司自上市以来从未进行过分红派息,这 7 家公司位于整个市场的前 20% 之列。现金分红是 A 股面临的"老大难"问题,市场始终存在"重融资、轻回报"的整体环境,使得部分公司只在意资本市场的融资用途,却忽视了与中小股民互利共赢的功能。

思政小贴士

上市公司股权融资成本低的主要原因是用资费用相对较低,而用资费用又取决于上公司支付的现金股利。如果上市公司支付股利数量相对较少甚至不支付现金股利,以此来压低融资成本,以及不考虑回报投资者的做法不符合为股东创造财富的精神。有些公司每年握着大把的利润却不愿意回馈股东,这种行为显然会降低其社会价值。

三、综合资本成本的计算

企业通过不同方式从不同来源取得资金,其成本各不相同。衡量和评价企业筹资总体的经济性时,需要计算企业的综合资本成本。综合资本成本是以各项个别资本在企业总资本中的比重为权数,对各项个别资本成本率进行加权平均而得到的总资本成本率。综合资本成本的计算公式如下:

$$K_w = \sum_{j=1}^{n} K_j W_j$$

式中,K_w 为综合资本成本;K_j 为第 j 种个别资本的成本;W_j 第 j 种个别资金在所有长期资金所占的比例;n 是筹资资本的种类数。

目前计算个别资本占全部资本的比重时,可分别选用账面价值权数、市场价值权数、目标价值权数来计算。综合资本成本的三种权数如表 4-1 所示。

表 4-1 综合资本成本的三种权数

权数	含义	优点	缺点
账面价值权数(过去)	以会计报表账面价值为基础来计算资本权数	资料容易获取	不能反映资金现时成本,不适合评价现时的资本结构
市场价值权数(现在)	以现行市场价格为基础来计算资本权数	真实客观	市场价格波动性较大,不容易获取;不适用于未来的筹资决策
目标价值权数(未来)	以未来目标市场价值为基础来计算资本权数	体现期望目标资本结构的要求	目标价值的确定具有一定主观性

思政小贴士

辩证唯物主义是中国共产党人的世界观和方法论。辩证思维是人们运用唯物辩证法分析问题、解决问题的科学思维方法。辩证思维要求观察问题和分析问题时,以动态发展的眼光来看问题。此处讲到的三种权数,我们要辩证地看待它们,每一种权数都不是绝对好或者绝对不好。在不同情形下,它们能够很好地发挥各自己的优点;同样地,它们的缺点促进了权数计算方法的不断完善。

例 4-6 某企业共有资本 1 000 万元,其中债务 300 万元,普通股 400 万元,优先股 100 万元,留存收益 200 万元,其资本成本率分别为 5%、13%、8% 和 10%,计算该企业综合资本成本。

解析 $K_w = \dfrac{300}{1\,000} \times 5\% + \dfrac{400}{1\,000} \times 13\% + \dfrac{100}{1\,000} \times 8\% + \dfrac{200}{1\,000} \times 10\% = 9.5\%$

知识拓展

边际资本成本

企业无法以某一固定的资本成本来筹集无限的资金,当其筹集的资金超过一定限度时,原来的资本成本就会增加。企业在追加筹资时,需要知道引起资本成本变化的筹资额,这就需要用到边际资本成本的概念。

边际资本成本是指资金每增加一个单位时需要增加的成本,即增量资金的成本。边际资本成本率是指企业追加筹资的资本成本率,即企业新增一元资金所需要负担的成本。企业应该合理规划边际资本成本,将其与投资报酬率进行比较,以判断有利的筹资和投资机会。

任务二 杠杆效应

【中国新闻】在华外资企业持续投资 中国 深化 ESG 实践

 案例导入

金融危机下的财务杠杆

2008 年 10 月 24 日,美国佐治亚州阿尔法里塔市阿尔法银行和信托公司关闭,成为全美因次贷危机而倒闭的第 16 家银行。仔细研究,不难发现,所有的投行杠杆较高。2008 年 3 月,第一个因次贷危机而倒闭的投资银行贝尔斯登的总资产与股东权益之比高达 16,较高的负债经营虽然能提高投资回报率,但必定也会伴随较大的财务风险。在当时,我们的金融市场并未完全开放,但是金融危机已经从我国香港、广东等沿海地区逐步渗透到内陆。市场需求减少、融资难度加大、金融环境恶化,都对企业的风险管理提出了更高的要求。因此,在金融危机的影响下,我国企业更应重视财务杠杆与财务风险。

那么,什么是财务杠杆,为什么企业需要引起重视呢?

财务管理中存在着类似于物理学中的杠杆效应,表现为:由于特定费用(固定成本或固定财务费用)的存在,当某一财务变量以较小幅度变动时,另一相关财务变量会以较大幅度发生变化。合理运用杠杆原理,有助于企业合理规避风险,提高资金运营效率,财务管理中的杠杆效应表现为:经营杠杆、财务杠杆和综合杠杆。

一、成本性态

成本性态也称为成本习性,是指成本总额对营业规模的依存关系。按照成本习性不同,成本可以分为固定成本、变动成本和混合成本。

固定成本是指在相关范围内,成本总额不受业务量变动的影响而保持固定不变的成本项目。例如,固定资产折旧费、房屋租金、行政管理人员工资、财产保险费、广告费、研究开发费等。

变动成本是指在一定条件下,成本总额随着业务量的变动而呈正比例变动的成本项目。例如,直接材料、直接人工、计件工资和工作量法计提的折旧费等。

混合成本是介于固定成本和变动成本之间的成本,其总额既随业务量发生变动又不呈正比例变动。例如,有的租约规定一个起点支付额(相当于固定成本),在此基础上每增加一个单位的业务量支付一定数额租金(相当于变动成本)。

二、经营杠杆

(一)经营杠杆的概念

经营杠杆又叫营业杠杆或营运杠杆,是指企业由于固定性经营成本的存在,息税前利润的变动幅度大于业务量的变动幅度。它在一定程度上衡量企业经营风险的大小。值得注意的是,这里的固定性经营成本不包括企业筹资所发生的固定筹资成本。息税前利润(earnings before interest and tax,EBIT)计算公式如下:

$$EBIT = S - VC - F = (P-V) \times Q - F = M - F$$

式中,S 表示销售额;VC 表示变动成本总额;F 表示固定成本总额;P 表示单位售价;V 表示单位变动成本;Q 表示产销量;M 表示边际贡献。

(二)经营杠杆的计算

经营杠杆效应的大小通常用经营杠杆系数来衡量。经营杠杆系数(degree of operating leverage,DOL)是指息税前利润变动率与销售量变动率的比值。其基本计算公式如下:

$$DOL = \frac{\Delta EBIT/EBIT}{\Delta S/S} = \frac{\Delta EBIT/EBIT}{\Delta Q/Q}$$

式中,$\Delta EBIT$ 表示息税前利润变动额;$EBIT$ 表示基期息税前利润;ΔS 表示营业收入变动额;ΔQ 表示业务量变动额;S 表示基期营业收入;Q 表示基期业务量。

上式还可以简化如下:

$$DOL = \frac{Q(P-V)}{Q(P-V)-F} = \frac{S-VC}{S-VC-F} = \frac{M}{M-F} = \frac{EBIT+F}{EBIT}$$

例 4-7　某企业生产甲产品,固定成本为 200 万元,变动成本率为 60%,产品销售单价不变。当销售额分别为 500 万元、1 000 万元、1 800 万元时,经营杠杆系数分别为多少?

解析　$DOL = \frac{S-VC}{S-VC-F} = \frac{500-500\times60\%}{500-500\times60\%-200} \to \infty$

$DOL = \frac{S-VC}{S-VC-F} = \frac{1\ 000-1\ 000\times60\%}{1\ 000-1\ 000\times60\%-200} = 2$

$DOL = \frac{S-VC}{S-VC-F} = \frac{1\ 800-1\ 800\times60\%}{1\ 800-1\ 800\times60\%-200} = 1.38$

(三)经营杠杆与经营风险

经营风险是指企业由于生产经营方面产生息税前利润变动的风险。产品的市场需求、价格、成本等因素的不确定性都会影响到息税前利润。经营杠杆系数是衡量经营风险大小的指标,它反映了息税前利润变动率相对产销量变动率的倍数。

从例 4-7 中可以看出,当销售额增长时,息税前利润会更大幅度地增加。由此可见,经营杠杆本身并不是息税前利润不稳定的根源,但它的存在却扩大了市场和生产成本等不确定因素对息税前利润变动的影响,因此,经营杠杆系数越大,经营风险越大。

思政小课堂

比亚迪的杠杆效应与可持续发展

比亚迪股份有限公司（以下简称比亚迪）作为中国领先的新能源汽车制造商和电池制造商，近年来在新能源领域取得了显著成就。比亚迪通过合理的财务杠杆和产业杠杆，实现了从传统汽车制造向新能源汽车和电池技术的转型。

比亚迪在发展过程中，通过合理安排债务融资，优化了资本结构，利用债务资金扩大了生产规模，提升了研发能力，同时通过有效的风险管理，确保了财务的稳健性。

比亚迪不仅在新能源汽车领域取得了突破，还在电池技术、半导体等领域进行了布局。通过产业多元化和协同发展，比亚迪实现了资源的优化配置，提升了企业的综合竞争力。

比亚迪的发展与国家新能源战略高度契合。公司通过技术创新和产能扩张，推动了新能源汽车的普及和电池技术的发展，为实现国家"碳达峰、碳中和"目标作出了重要贡献。

思政小贴士

比亚迪通过技术创新和管理创新，实现了从传统制造业向新能源领域的转型。这体现了在企业在发展过程中，应注重创新驱动，不断提升自身的核心竞争力，以适应市场变化和国家战略需求。

比亚迪不仅关注经济效益，还积极承担社会责任。通过推动新能源汽车的普及和电池技术的发展，比亚迪为实现国家的可持续发展目标作出了重要贡献。这体现了企业在追求经济利益的同时，应积极履行社会责任，推动社会的可持续发展。

比亚迪通过产业多元化和协同发展，实现了资源的优化配置，提升了企业的综合竞争力。这体现了企业在发展过程中，应注重产业链的协同发展，通过合作与创新，共同推动产业的升级和可持续发展。

三、财务杠杆

（一）财务杠杆的概念

财务杠杆（financial leverage）是衡量企业利用债务融资放大股东回报能力的一个重要指标。它反映了企业通过债务融资增加的收益与股东权益之间的关系。当企业的债务融资成本低于其资产回报率时，财务杠杆可以增加股东的收益；反之，如果债务融资成本高于资产回报率，则会降低股东的收益。

（二）财务杠杆的计算

财务杠杆水平的高低可以用财务杠杆系数来表示。财务杠杆系数（degree of financial leverage，DFL）是指每股收益变动率相对于息税前利润变动率的倍数。财务杠杆的基本计算公式如下：

$$DFL = \frac{\Delta EPS/EPS}{\Delta EBIT/EBIT}$$

式中,EPS 为每股收益;ΔEPS 为每股收益变动额;$\Delta EBIT$ 表示息税前利润变动额;$EBIT$ 表示基期息税前利润。

若企业没有发行优先股,财务杠杆系数公式也可以表示如下:

$$DFL = \frac{\Delta EPS/EPS}{\Delta EBIT/EBIT} = \frac{\frac{\Delta EAT}{N}/\frac{EAT}{N}}{\Delta EBIT/EBIT} = \frac{\Delta EAT/EAT}{\Delta EBIT/EBIT}$$

式中,EAT 为税后利润;ΔEAT 为税后利润变动额;N 为发行在外的普通股股数。

在财务管理实务中,可以把基本公式简化如下:

$$DFL = \frac{EBIT}{EBIT - I - D/(1-T)}$$

式中,I 为债务年利息;T 为公司所得税税率;D 为优先股股利。

例 4-8　某企业全部资本总额为 100 万元,2024 年息税前利润为 20 万元,债务资本比率为 30%,债务资金的平均利率为 10%,假设所得税税率为 25%。求该企业的财务杠杆系数是多少? 当息税前利润增加 15% 时,该企业普通股每股收益有何变化?

解析　$DFL = \frac{20}{20 - 100 \times 30\% \times 10\%} = 1.18$

根据公式 $DFL = \frac{\Delta EPS/EPS}{\Delta EBIT/EBIT}$,当息税前利润增加 15% 时,企业每股收益增加为 17.7%(1.18×15%)。

(三)财务杠杆与财务风险

财务风险也称融资风险或筹资风险,是指企业由于筹资原因产生的固定资本成本负担而使得普通股收益产生波动的风险。引起财务风险的主要原因是资产收益的不利变化和资本成本的固定负担。由于财务杠杆的作用,当企业息税前利润下降时,企业仍然需要支付固定资本成本,普通股收益以更快的速度下降,从而产生了财务风险。

由例 4-8 可知,当息税前利润上升 15% 时,每股收益会上升 17.7%。由此可见,财务杠杆放大了资产收益变化对普通股收益的影响,财务杠杆系数越大,表明普通股收益的波动程度越大,财务风险也就越大。只要有固定性资本成本存在,财务杠杆系数就会大于 1。

思政小课堂

宁德时代利用杠杆效应助力新能源产业发展

宁德时代新能源科技股份有限公司(以下简称宁德时代)作为全球领先的新能源创新科技公司,专注于新能源汽车动力电池系统、储能系统的研发、生产和销售。近年来,宁德时代通过合理的财务杠杆效应,实现了快速发展和产业布局。

宁德时代在发展过程中,通过合理安排债务融资和权益融资的比例,优化了资本结构。宁德时代利用较低成本的债务资金,扩大了生产规模,提升了研发能力,同时保持了适度的财务风险。

宁德时代利用自身的资金优势和产业影响力,通过供应链金融等方式,为上下游企业提供资金支持。这种"产业杠杆"效应不仅促进了自身的发展,还带动了整个新能源产业链的协同发展。

宁德时代的快速发展与国家对新能源产业的战略支持高度契合,通过技术创新和产能扩张,推动了新能源汽车的普及和储能技术的发展,为实现国家"碳达峰、碳中和"目标作出了重要贡献。

思政小贴士

企业的发展要与国家战略紧密结合。宁德时代通过合理利用杠杆效应,不仅实现了自身的经济效益,还为国家新能源战略的实施提供了有力支持。这体现了企业在追求经济利益的同时,应积极承担社会责任,将企业发展与国家利益相结合。

宁德时代通过技术创新和管理创新,实现了对杠杆效应的合理运用。这启示企业在财务管理中,要注重创新思维,不断提升自身的核心竞争力,以适应市场变化和国家战略需求。

宁德时代通过产业杠杆效应,带动了上下游企业的发展,体现了产业链协同发展的理念。企业不仅要关注自身的发展,还要注重与产业链上下游企业的合作,共同推动产业的升级和可持续发展。

四、综合杠杆

(一)综合杠杆的概念

综合杠杆又称联合杠杆、复合杠杆或总杠杆,是经营杠杆和财务杠杆的综合。由于存在固定性的经营成本,产生经营杠杆效应,息税前利润的变动幅度大于业务量的变动幅度;同样,由于存在固定性财务费用,产生财务杠杆效应,每股收益的变动幅度大于息税前利润的变动幅度。两种杠杆共同起作用,业务量的变动就会使得每股收益产生更大的变动,这就是综合杠杆现象。

(二)综合杠杆的计算

综合杠杆的高低用综合杠杆系数(degree of total leverage,DTL)来表示。综合杠杆系数是指企业每股收益变动率相对于业务量变动率的倍数,它是经营杠杆系数和财务杠杆系数的乘积。综合杠杆的基本计算公式如下:

$$DTL = DOL \times DFL$$
$$DTL = \frac{\Delta EBIT/EBIT}{\Delta Q/Q} \times \frac{\Delta EPS/EPS}{\Delta EBIT/EBIT} = \frac{\Delta EPS/EPS}{\Delta Q/Q}$$

例4-9 假定某企业经营杠杆系数为2,财务杠杆系数为1.8,计算企业的综合杠杆。

解析 $DTL = DOL \times DFL = 2 \times 1.8 = 3.6$

(三)综合杠杆和总风险

总风险也称复合风险,是指由于固定性费用的存在,普通股每股收益变动幅度大于业务量变动幅度给企业带来的风险,它是经营风险与财务风险的集合。要减少企业总风险,可以通过对经营杠杆和财务杠杆的不同组合来实施。比如,经营杠杆作用较高时,可在较低程度上运用财务杠杆,以规避过大的风险;反之,经营杠杆作用较低时,可以在较高程度上运用财务杠杆,以提高股东盈余。

 **小贴士**

> 一般来说,固定资产比重较大的资金密集型企业,经营杠杆系数高,经营风险大,企业筹资主要依靠权益资金,以保持较小的财务杠杆系数和财务风险;变动成本比重较大的劳动密集型企业,经营杠杆系数低,经营风险小,企业筹资可以主要依靠债务资金,保持较大的财务杠杆系数和财务风险。
>
> 一般来说,在企业初创阶段,产品市场占有率低,产销量小,经营杠杆系数大,此时企业筹资主要依靠权益资金,在较低程度上使用财务杠杆;在企业扩张成熟期,产品市场占有率高,产销量大,经营杠杆系数小,此时,企业资金结构中可扩大债务资金比重,在较高程度上使用财务杠杆。

任务三 资本结构决策

无棣:发挥金融杠杆优势"政银企"多方联动助力乡村振兴

案例导入

央企财务管理中的资本结构

央企在现代市场经济体系中扮演着重要的角色,其财务管理水平直接关系国家经济的发展和央企自身的可持续发展。资本结构优化作为财务管理的关键环节,对央企的经营状况和竞争力具有深远的影响。

央企的资本结构是企业长期运营和发展的基石,对企业的盈利能力、财务风险以及市值等方面产生深远影响。目前,央企的资本结构面临着多方面的挑战和机遇。央企的资本结构相对稳健,以自有资金和债务为主要来源,形成了相对均衡的融资结构。央企的规模庞大、盈利能力较强,使其能够通过自有资金支持企业运营和发展。同时,央企债务融资的规模适度,对降低融资成本、拓宽融资渠道起到了积极作用。但是央企资本结构的问题也不可忽视。其一,债务水平相对较高,可能使得企业在面对宏观经济波动时更为敏感。其二,资本结构中存在的负债可能会对企业的盈利水平和财务灵活性产生一定的制约。随着市场竞争的日益激烈和全球经济不确定性的增加,央企需不断关注资本结构的动态变化,确保其在变化的市场环境中保持合理的资本配置。因此,对央企资本结构的现状进行深入分析,有助于更好地应对当前经济环境下的各种挑战。

那么,什么是资本结构,为什么企业需要重视资本结构呢?

资料来源:魏晓娴.央企财务管理中的资本结构优化研究[N].财会信报,2024-03-18(006).

资本结构一直是企业财务和金融理论研究的热点问题,是企业财务决策的核心内容之一。20 世纪 50 年代,资本结构就已经进入主流经济学的研究视野,直到今天关于资本结构问题的研究已经非常多。

一、资本结构的含义及分类

(一)资本结构的含义

资本结构(capital structure)是指企业各种筹资渠道的资金来源中权益资本与债务资本相互之间的比例关系,是企业一定时期筹资组合的结果。其中,根据债务资本是否包含短期负债可将资本结构分为不同的类型,即分别划分为广义资本结构与狭义资本结构。其中,广义资本结构是指企业全部资本的构成及其比例关系,既包括自有资本、长期债务资本,又包括短期债务资本。狭义资本结构仅指自有资本及长期债务资本的构成及其比例关系,不包括短期债务资本。短期债务资本作为企业的营运资本管理。

(二)资本结构的分类

企业的资本结构按照不同的分类标准可以划分为不同类型,常见分类为资本权属结构和资本期限结构两类。

1. 资本的权属结构

企业的全部资本按权属划分为股权资本和债务资本两大类,资本的权属结构就是指两类资本的价值构成及其比例关系。例如,某公司的总资本为 1 000 万元,其中所有者权益属于股权资本,金额为 600 万元,占总资本的比例为 60%;全部债务资本总额为 400 万元,所占比例为 40%。因此,股权资本与债务资本之比就为 3∶2,或者说,股权资本和债务资本占比分别为 60% 和 40%。

2. 资本的期限结构

企业的全部资本按照期限长短划分为长期资本和短期资本,资本的期限结构就是指不同期限资本的价值构成及其比例关系。例如,某公司的总资本为 2 000 万元,其中长期债务资本为 500 万元,短期债务资本为 400 万元,股权资本成本为 1 100 万元。长期债务资本和股权资本构成长期资本金额为 1 600 万元,占比 80%;短期债务资本金额为 400 万元,占比 20%。

二、资本结构的影响因素

企业资本结构的选择是综合考虑多方面影响因素后的理性选择,影响企业资本结构的因素众多,具体表现为六个方面。

(一)企业所处的生命周期

企业处在不同的生命周期阶段,具有不同的资本结构特征。企业的生命周期阶段往往划分为初创期、成长期、成熟期以及衰退期。其中,在初创期,企业的经营风险较大,较难获得债务资本,股权资本所占的比重较高;在成长期,企业的经营风险下降,盈利水平提升,为发挥利息费用的税盾作用,企业会提高债务资本的比例;在成熟期,资本结构保持相对稳定;在衰退期,债务资本比例会有所下降。

(二) 税收政策

按照企业所得税的相关规定,企业债务利息具有抵税作用,而股票的现金股利是税后发放不具有抵税作用。当企业所得税税率较高时,或者企业的盈利水平较高时,企业会提高债务资本的比例,进行合理税收筹划。由此可见,税收政策会对企业的资本结构安排产生一定影响。

(三) 盈利水平

关于盈利水平对企业资本结构的影响,融资优序理论认为,企业融资顺序优先考虑使用内部资金,接着是发行债券,最后是股权融资;从税收征收理论看,当不考虑其他因素的影响时,盈利水平高的企业往往选择举借更多的债务,因为债务利息费用具有抵税作用。

(四) 公司规模

公司规模是影响企业资本结构决策的重要因素之一。一般而言,公司规模越大,其财务实力越雄厚,边际破产成本越低,向投资者、债权人传递积极信号,能提高利益相关者的信心,能够更容易地获取银行等金融机构的青睐,实现以较低的债务成本筹集债务资本。因而规模较大的公司,偏向于提高债务资本的比重。

(五) 经营者的意愿

经营者的意愿不同,资本结构决策行为会存在较大差异。如果经营者要维持原有股东的控制权不变,那么就会尽可能采用债务融资的方式来满足资金需求;如果经营者是风险厌恶型,那么过高的债务融资比例会导致财务风险的激增,为此,经营者偏向于选择股权融资方式,降低债务资本的比例。

(六) 资产担保价值

在企业资产结构中,可作为担保资产的通常有不动产、土地使用权、机器设备及存货等。企业拥有的可担保资产越多,其信用能力就越强,债权人因信息不对称而可能承担的信用风险就越小,越有可能向企业提供债务资金。并且,相对于没有担保资产的企业,有较高担保资产比例的企业,其更可能获得较低债务资本成本的债务资金。

> **知识拓展**
>
> ### 资本结构的 MM 理论
>
> MM 理论是由美国学者莫迪格利安尼(Modigliani)和米勒(Miller)提出的。他们在 1958 年发表的《资本成本、公司财务与投资管理》一文中提出了最初的 MM 理论。他们认为,在完善的市场中,企业的资本结构与企业的市场价值无关。之后,为了更加适应实际情况,对该理论又作出了修正,加入了考虑公司所得税和个人所得税的情况,并相应修正了结论。
>
> 经典的 MM 理论可分为无公司所得税的 MM 理论、有公司所得税的 MM 理论和米勒模型三个阶段。它们都具有以下基本假设:①公司只有长期债券和普通股票,债券和股票均在有效的资本市场上交易,即交易成本为零。②公司未来的平均营业利润的期望值是个随机变量,对每一个投资者来说,这种期望值都相同,即信息对称性。③同一风险类别假设,即经营条件相似的公司具有相同的经营风险。④所有的现金流量都是永续年金,包括企业的利益、税前利润等。⑤不考虑企业增长问题,所有利润全部作为股利分配。⑥不论举债多少,企业和个人的负债都无风险,即所有债务利率为无风险利率,无破产成本。

1. 无公司所得税的 MM 模型（最初的 MM 模型）

该理论认为,在不考虑税收的情况下,企业价值和资本成本不受资本结构的影响。在一定的资本结构中,公司负债增加并不会增加公司的价值,因为负债带来的收益将被随后增加的权益资本成本所抵消。因此,公司的价值和负债成本均不受资本结构的影响。该模型有两个基本命题。

命题一:企业价值模型。其公式为:

$$V_L = V_U = EBIT/K = EBIT/K_u$$

V_L 为有负债企业的价值,V_U 为无负债企业的价值。$K = K_u$ 为适合于该企业风险等级的资本化比率,即贴现率。根据无公司所得税的 MM 理论,企业的价值独立于其负债比率,即不论企业是否有负债,企业的加权平均资本成本是不变的。

命题二:企业的权益成本模型。其公式为:

$$K_s = K_u + RP = K_u + (K_u - K_b)(B/S)$$

K_s 为负债企业的权益成本;K_u 为无负债企业的权益成本;RP 为风险报酬;K_b 为无负债企业的负债成本;B 为债务价值;S 为权益价值。从命题二可以看出,随着企业负债的增加,其权益成本也增加。低成本的举债利益正好会被权益成本的上升所抵消,所以,更多的负债将不增加企业的价值。因而在无公司所得税的情况下,企业的资本结构不会影响企业的价值和资金成本。

2. 有公司所得税的 MM 模型（修正的 MM 模型）

在存在公司所得税时,由于税法允许利息支出作为费用以抵减公司所得税,负债经营会形成税收屏蔽,为企业带来税收节约价值,公司的价值会随着负债的持续增加而不断上升,当负债达 100% 时,公司的价值达到最大。该模型有两个基本命题。

命题一:企业价值模型。其公式为:

$$V_L = V_U + D \times T_C$$

T_C 为公司所得税率,D 为债务额,$D \times T_C$ 表示赋税节余的价值。

由此判断当引入公司所得税后,负债企业的价值会超过无负债企业的价值,负债越多,差异越大,当负债比率为 100% 时,企业的价值达到最大。

命题二:企业权益成本模型。其公式为:

$$K_s = K_u + (K_u - K_b)(1 - T_C)(B/S)$$

由公式发现,企业的权益成本会随财务杠杆扩大而增加。这是因为股东面临更大的财务风险,但 $(1 - T_C)$ 总是小于 1,税赋使权益成本上升的幅度低于无公司所得税时上升的幅度,故负债的增加提高了企业价值。

3. 包括公司所得税和个人所得税的 MM 模型（米勒模型）

1977 年 5 月,Miller 在《财务学》杂志上发表《债务与税收》一文,建立了一个包括公司税和个人所得税在内的模型,探索负债对企业价值的影响,并得出结论:个人所得税的存在会在某种程度上抵消利息的减税利益,但是在正常税率的情况下,负债的利息节税利益并不会完全消失。用公式表示为:

$$V_L = V_U + [1-(1-T_c)(1-T_s)/(1-T_d)] \times D$$

式中：T_c 表示公司所得税率，T_s 表示股票收益个人所得税税率，T_d 表示个人债券收益个人所得税税率，D 表示企业债务金额。

负债经营公司的价值等于无负债经营公司的价值加上负债带来的税收节约价值，其中，税收节约价值取决于 T_c、T_s 和 T_d。

三、资本结构决策分析

在理论上，最佳资本结构是指企业在适当财务风险条件下，使得预期的综合资本成本率最低，并且企业价值最大的资本结构，该最佳资本结构就为企业的目标资本结构。一般而言，确定资本结构的方法有很多种，常见的有每股收益分析法、资本成本比较法和公司价值比较法。

(一) 每股收益分析法

每股收益分析法是运用每股收益无差别点来进行资本结构决策的方法，具体做法是通过寻找能够使不同筹资方案的每股收益相等时的息税前利润点来确定最佳资本结构。每股收益无差别点又称为息税前利润平衡点，或者筹资无差别点。在该点上，每个筹资方案的每股收益是相等的。由于每股收益分析法直接将资本结构与企业财务目标、市场价值等相关因素结合起来，在追加筹资时经常采用该种决策方法。

每股收益无差别点的测算公式如下：

$$\frac{(\overline{EBIT}-I_1)(1-T)}{N_1} = \frac{(\overline{EBIT}-I_2)(1-T)}{N_2}$$

式中，$\overline{EBIT}$ 表示每股收益无差别点，也是息税前利润平衡点；I_1、I_2 表示不同筹资方式下的长期债务利息；N_1、N_2 表示不同筹资方案对应的发行在外普通股股数；T 表示企业所得税。由该计算公式可以确定 $\overline{EBIT}$，进而确定最佳资本结构。

例 4-10　公司现有资本总额为 1 000 万元，全部来源于股权资本，当前每股普通股的市价为 10 元，公开发行的普通股股数为 100 万股。为充分发挥利息费用的税盾作用，公司拟借入利率为 9% 的长期借款 500 万元，并用这笔钱回购公司 50% 的普通股。要求采用每股收益无差别点法作出是否改变资本结构的决策。

解析　公司两种筹资方案下的每股收益无差别点为：

$$\frac{\overline{EBIT} \times (1-25\%)}{100} = \frac{(\overline{EBIT}-45) \times (1-25\%)}{50}$$

将上式整理后得出：

$$\overline{EBIT} = 90(万元)$$

上式计算表明，当息税前利润为 90 万元时，公司采取任何一种筹资方案的每股收益都是相等的；当预期息税前利润大于 90 万元时，应该选择借入长期借款改变资本结构，每股收益较高；当预期息税前利润小于 90 万元时，应该保持原有的资本结构，即全部采用股权资本获取资金来源,每股收益会更高。

(二) 资本成本比较法

资本成本比较法是指在适当财务风险的条件下,通过计算不同筹资组合方案或者不同资本结构方案的综合资本成本率,并以此为标准进行比较,从中选择综合资本成本率最低的资本组合作为最佳资本结构的一种方法。

例 4-11 公司拟筹资组建一家公司,投资的资本总额为 3 000 万元,有如下三个筹资方案可供选择。公司筹资组合方案资料测算如表 4-2 所示。要求计算各个筹资方案的综合资本成本率并作出相应决策。

表 4-2　公司筹资组合方案资料测算表　　　　　　　金额单位:万元

筹资方式	投资额	方案一资本成本率	投资额	方案二资本成本率	投资额	方案三资本成本率
长期借款	500	5%	600	6%	600	6%
长期债券	1 000	10%	400	8%	600	9%
普通股	1 500	13%	2 000	13%	1 800	13%
合计	3 000	—	3 000	—	3 000	—

解析　各个筹资方案的综合资本成本率为:

$$方案一的综合资本成本率=\frac{500}{3\ 000}\times 5\%+\frac{1\ 000}{3\ 000}\times 10\%+\frac{1\ 500}{3\ 000}\times 13\%=10.67\%$$

$$方案二的综合资本成本率=\frac{600}{3\ 000}\times 6\%+\frac{400}{3\ 000}\times 8\%+\frac{2\ 000}{3\ 000}\times 13\%=10.93\%$$

$$方案三综合资本成本率=\frac{600}{3\ 000}\times 6\%+\frac{600}{3\ 000}\times 9\%+\frac{1\ 800}{3\ 000}\times 13\%=10.8\%$$

根据计算结果,三个方案的综合资本成本率最低的为方案一。因而方案一为最佳方案。

(三) 公司价值比较法

公司价值比较法是指在充分反映财务风险的前提下,以公司价值的大小作为评价标准,以确定公司最佳资本结构的一种方法。该方法充分考虑了风险因素和资本成本的影响,相较于前面两种决策方法更加地全面。此外,公司价值比较法直接以公司价值作为决策标准,与公司的财务管理目标恰好一致,更好地实现了理财目标。

1. 公司价值的计算

公司价值的内容和测算方法比较多,较为常见的计算方法是用公司长期债务和股票的价值之和来衡量公司价值。公司价值的计算公式如下:

$$V=S+B$$

公式中,V 代表公司的总价值;S 代表公司股票的总价值,也称为折现价值;B 代表公司长期债务的总价值。为简化计算,通常假设长期债务的总价值等于它的面值,公式如下:

$$S=\frac{(EBIT-I)(1-T)}{K_s}$$

式中，K_s 为权益资本成本，T 为所得税税率，$EBIT$ 为息税前利润，I 为债务利息费用。K_s 往往通过资本资产定价模型计算而得，计算公式如下：

$$K_S = R_f + \beta \times (R_m - R_f)$$

2. 综合资本成本率的计算

企业的综合资本成本率又称为加权平均资本成本率，计算公式如下：

$$K_w = K_b(B/V)(1-T) + K_s(S/V)$$

式中，K_w 为综合资本成本率；K_b 为公司长期债务税前资本成本率，可用债务年利率计算；K_s 为公司普通股资本成本率。

例 4-12 假设公司 2023 年息税前利润为 500 万元，当前，公司全部长期资本均为普通股股本，账面价值为 2 000 万元，普通股股数为 500 万股。为了充分发挥财务杠杆作用，公司准备通过举债长期债务资金，并回购部分普通股，以此调整现有资本结构。假定公司适用的所得税税率为 25%，无风险报酬率为 (R_f)8%，市场平均报酬率 (R_m) 为 13%，经过市场调研，公司在不同债务规模下的债务年利率和股权资本成本率如表 4-3 所示。要求计算公司价值和综合资本成本率并说明公司最佳资本结构。

表 4-3 公司在不同债务规模下的债务年利率和股权资本成本率　　　　金额单位：万元

B	K_b	股票 β 值	K_s
0	—	1.20	14.00%
200	10%	1.25	14.25%
400	10%	1.30	14.50%
600	12%	1.40	15.00%
800	14%	1.60	16.00%
1 000	16%	2.0	18.00%

解析 根据表 4-3 的资料，计算出的公司价值和综合资本成本率如表 4-4 所示。

表 4-4 不同债务规模下的公司价值综合资本成本率　　　　金额单位：万元

B	S	V	K_b	K_s	K_w
0	2 678.57	2 678.57	0	14.00%	14.00%
200	2 526.32	2 726.32	10%	14.25%	13.75%
400	2 379.31	2 779.31	10%	14.50%	13.49%
600	2 140.00	2 740.00	12%	15.00%	13.69%
800	1 818.75	2 618.75	14%	16.00%	14.32%
1 000	1 416.67	2 416.67	16%	18.00%	14.35%

表 4-4 中，长期债务资金的市场价值等于它的面值，普通股股票的市场价值计算如下：

当 $B=0$ 时，

$$S=\frac{500\times(1-25\%)}{14\%}=2\,678.57（万元）$$

当 $B=200$ 时，

$$S=\frac{(500-200\times10\%)\times(1-25\%)}{14.25\%}=2\,526.32（万元）$$

其他各种不同规模下的股票市场价值以此类推计算。

当 $B=0$ 时，综合资本成本率的计算：

$$K_w=0\times0/2\,678.57\times(1-25\%)+14.00\%\times\frac{2\,678.57}{2\,678.57}=14.00\%$$

当 $B=200$ 时，综合资本成本率的计算：

$$K_w=10\%\times200/2\,726.32\times(1-25\%)+14.25\%\times2\,526.32/2\,726.32=13.75\%$$

由表 4-4 可知，当长期债务资本达到 400 万元时，公司总价值达到最大值，并且综合资本成本率最低。当长期债务资本小于 400 万元时，提升债务资本的比例，可以提高公司总价值，并且降低综合资本成本率；当长期债务资本大于 400 万元时，继续提升债务资本的比例，会降低公司总价值，并且提高综合资本成本率。因此，长期债务资本为 400 万元时的资本结构就是公司最佳资本结构。

《《《 模块小结 》》》

资本成本是指企业为了筹集和使用资本而付出的代价，包括筹资费用和用资费用。资本成本率的类型分为个别资本成本、综合资本成本以及边际资本成本。个别资本成本包括长期借款资本成本、长期债券资本成本、优先股资本成本、普通股资本成本及留存收益资本成本等，从承担风险高低的角度分析，普通股资本成本为众多个别资本成本中最高的。

财务管理中的杠杆效应表现为：经营杠杆、财务杠杆和综合杠杆。经营杠杆系数是衡量经营风险大小的指标，它反映了息税前利润变动率相当于产销量变动率的倍数。财务杠杆水平的高低可以用财务杠杆系数来表示，财务杠杆系数是指每股收益变动率相对于息税前利润变动率的倍数。

资本结构是指企业各种筹资渠道的资金来源中权益资本与债务资本相互之间的比例关系，是企业一定时期筹资组合的结果。常见的资本结构分为资本权属结构和资本期限结构两类。确定最佳资本结构的方法有很多种，常见的有每股收益分析法、资本成本比较法和公司价值比较法，每股收益分析法使用频率较高。

《《《 模块习题 》》》

一、单项选择题

1. 从利息支出当中获得的企业的税收节省称为（　　　）。
    A. 利息税盾　　　　B. 折旧基数　　　　C. 融资保护伞　　　　D. 本期收益率

2. 公司资本结构是（　　　）。
    A. 公司投资资产的方式
    B. 公司的资本总额
    C. 公司支付股息的金额
    D. 用来为公司的资产融资的债权和股票的组合

3. 经理们要遵循的一般规则是将公司的资本结构设置为（　　　）。
    A. 公司的价值最大化　　　　　　　　B. 公司的价值最小化
    C. 公司的债券持有人得到了丰厚的回报　　　　D. 原材料供应商满意

4. 东方公司全部长期资本为 5 000 万元，债务权益比为 0.3，债务年利率为 7%，公司所得税税率为 25%。在息税前利润为 600 万元时，税后利润为 300 万元。则其财务杠杆系数为（　　　）。
    A. 1.21　　　　B. 1.09　　　　C. 1.32　　　　D. 1.45

5. 如果企业一定期间内的固定生产成本和固定财务费用均不为零，则由上述因素共同作用而导致的杠杆效应属于（　　　）。
    A. 联合杠杆效应　　　　　　　　B. 经营杠杆效应
    C. 财务杠杆效应　　　　　　　　D. 风险杠杆效应

6. 下列各项中，运用普通股每股收益无差别点确定最佳资本结构时，需计算的指标是（　　　）。
    A. 息税前利润　　　　B. 营业利润　　　　C. 净利润　　　　D. 利润总额

7. 假定某企业的股权资本与债务资本的比例为 60∶40，据此可断定该企业（　　　）。
    A. 只存在经营风险　　　　　　　　B. 经营风险大于财务风险
    C. 经营风险小于财务风险　　　　　　D. 同时存在经营风险和财务风险

8. B 公司拟发行优先股 40 万股，发行总价为 200 万元，预计年股利率为 5%，发行费用为 10 万元。B 公司该优先股的资本成本率为（　　　）。
    A. 4.31%　　　　B. 5.63%　　　　C. 5.23%　　　　D. 5.26%

9. 在个别资本成本的计算中，不必考虑筹资费用影响因素的是（　　　）。
    A. 留用利润成本　　　　B. 债券成本　　　　C. 普通股　　　　D. 长期借款成本

10. D 公司欲从银行取得一批长期借款 500 万元，手续费率为 0.2%，年利率为 6%，期限为 2 年，每年结息一次，到期一次还本，公司所得税税率为 25%，这笔借款的资本成本率为（　　　）。
    A. 4.51%　　　　B. 3.5%　　　　C. 3.75%　　　　D. 25%

二、多项选择题

1. 下列各项中,属于资金成本中筹资费用的内容有(   )。
   A. 借款手续费　　　　B. 债券发行费　　　　C. 债券利息　　　　D. 股利

2. 影响企业综合资本成本的因素主要有(   )。
   A. 资本结构　　　　　　　　　　　　B. 个别资本成本高低
   C. 筹集资本总额　　　　　　　　　　D. 筹资期限长短

3. 下列各项中,属于最优资本结构应满足的条件有(   )。
   A. 企业价值最大化　　　　　　　　　B. 综合资本成本最低
   C. 边际资本成本最低　　　　　　　　D. 股权资本成本最低

4. 资本结构分析所指的资本包括(   )。
   A. 长期债务融资　　　B. 优先股　　　　C. 普通股　　　　D. 短期借款

5. 下列关于财务杠杆的论述中,正确的有(   )。
   A. 当资本总额和负债比率不变时,财务杠杆系数越高,每股收益增长越快
   B. 财务杠杆利益指利用债务筹资给企业自有资金带来的额外收益
   C. 财务杠杆系数反映的是财务杠杆作用程度
   D. 财务杠杆系数越大,财务风险越大

三、判断题

1. 按照成本习性不同,成本可以分成固定成本、变动成本和混合成本。　　　　(   )
2. 资本成本是用相对数表示,即用资费用加上筹资费用之和除以筹集额的商。　(   )
3. 一般而言,债券成本要高于长期借款成本。　　　　　　　　　　　　　　(   )
4. 在长期资金的各种来源中,普通股的成本是最高的。　　　　　　　　　　(   )
5. 边际资金成本是实现目标资本结构的资本成本。　　　　　　　　　　　　(   )
6. 营业杠杆影响税息前利润,财务杠杆影响税息后利润。　　　　　　　　　(   )
7. 公司发行的债券只要满足了发行条件,就可以直接上市交易。　　　　　　(   )
8. 针对各种筹资方式来讲,融资租赁筹资的限制条件相对较少。　　　　　　(   )
9. 因为留存收益筹资不发生筹资费用,所以资本成本高于普通股筹资。　　　(   )
10. 一般而言,股权筹资的资本成本要高于债务筹资。这主要是因为普通股的发行、上市等
    方面的费用十分庞大。　　　　　　　　　　　　　　　　　　　　　　(   )

四、计算分析题

1. 红河公司正在着手编制 2024 年的财务计划,预计追加筹资 3 200 万元,追加筹资资本结
   构数据如表 4-5 所示。

表 4-5　追加筹资资本结构数据表　　　　　　　　　　　　　　　金额单位:万元

项目	金额
长期借款	192
长期债券	960

（续表）

项目	金额
普通股	800
留存收益	1 248

其他有关信息如下：

（1）公司长期借款年利率为 4.6%。

（2）公司普通股的 β 值为 1.15，当前国债的收益率为 5%，市场平均收益率为 14%。

（3）公司所得税税率为 25%。

要求：

（1）按照一般模式计算长期借款资本成本。

（2）分别使用股利增长模型和资本资产定价模型计算普通股资本成本，并将两种结果的平均值作为普通股资本成本。

2. 长远公司 2024 年计划生产单位售价为 15 元的 A 产品。该公司目前有两个生产方案可供选择：

方案一：单位变动成本为 7 元，固定成本总额为 60 万元。

方案二：单位变动成本为 8.25 元，固定成本总额为 45 万元。

该公司资产总额为 200 万元，资产负债率为 45%，负债的平均年利率为 10%。预计 2024 年 A 产品年销售量为 20 万件，该公司目前正处于免税期。

要求：

（1）计算方案一的经营杠杆系数、财务杠杆系数及总杠杆系数。

（2）计算方案二的经营杠杆系数、财务杠杆系数及总杠杆系数。

（3）若预计销售量下降 25%，两个方案的息税前利润各下降多少？

3. 东河公司 2023 年年末资本结构为：债务资金为 800 万元，年利息率为 10%；流通在外普通股为 1 200 万股，面值为 1 元；公司总资本为 2 000 万元。2023 年公司总体呈向上的发展趋势，为了公司的长远发展，经股东会讨论研究，决定 2024 年新建一条生产线，该生产线需投资 1 600 万元，公司适用的所得税税率为 20%。假设不考虑筹资费用因素，现有三种筹资方案可供选择：

方案一：新发行普通股 400 万股，每股发行价为 4 元。

方案二：平价发行 1 600 万元的债券，票面利率为 15%。

方案三：平价发行 1 000 万元的债券，票面利率为 15%，同时向银行借款 600 万元，年利率为 8%。

要求：

（1）计算方案一和方案二的每股收益无差别点的息税前利润。

（2）计算方案一和方案三的每股收益无差别点的息税前利润。

模块五
投资管理理论

模块导言

　　投资是企业创造价值的源泉,尤其是项目投资,它是企业的战略性选择。长期投资项目往往投资额大、风险高、资金回笼慢、影响时间比较长,并对企业长期盈利能力有决定性的深远影响。因而,投资项目管理在企业财务活动管理中占据着非常重要的地位。

学习目标

1. 知识目标
(1) 了解企业投资的特征、分类。
(2) 理解现金流量的概念、现金流量的类型。
(3) 掌握现金流量的计算方法、非折现现金流量指标以及折现现金流量指标的计算。

2. 技能目标
(1) 能正确计算出不同时期的现金流量。
(2) 能够正确计算非折现现金流量指标与折现现金流量指标。
(3) 能结合企业特点选择正确评价指标进行投资决策。

3. 素养目标
(1) 树立投资风险意识、社会责任意识。
(2) 树立良好的信誉意识和辩证思维。
(3) 树立平衡与协调的意识。

思维导图

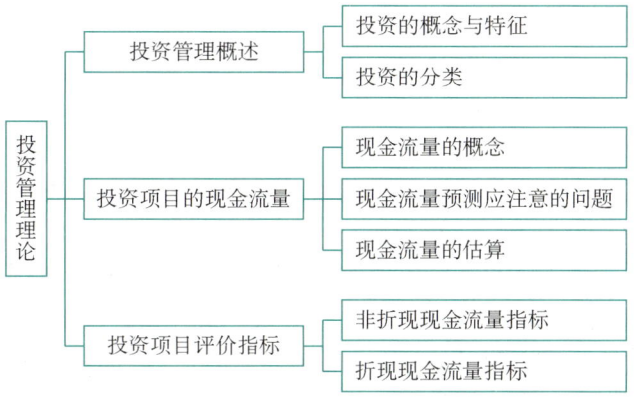

		投资的概念与特征
	投资管理概述	投资的分类
投资管理理论	投资项目的现金流量	现金流量的概念
		现金流量预测应注意的问题
		现金流量的估算
	投资项目评价指标	非折现现金流量指标
		折现现金流量指标

任务一 投资管理概述

案例导入

《中国企业投资非洲报告（2024）》发布

网红景点莫成"半拉子"工程

近几年，随着文旅市场持续升温，各地打造的网红景区、景点如雨后春笋般涌现。但媒体调查发现，因投资中断、违规占地等原因而陷入停摆、烂尾的"半拉子"项目不时出现，造成较大资源浪费。

文旅产业既提供精神产品、创造精神财富，又拉动经济促进就业、创造物质财富，是既"富口袋"又"富脑袋"的产业。在互联网时代，各地打造网红景区、景点，积极发展文旅产业，培育新的消费增长点。值得肯定的是，成功的文旅项目可以带动整个城市的经济发展，成为拓展消费市场、拉动经济增长的引擎。这些成功的案例是有益的探索和尝试。与此同时，在少数地区，部分景区、景点项目建设存在盲目"上马"的现象，不顾实际、贪大求全，导致半途而废，这种现象值得警惕。

那么打造网红景区、网红景点时应该注意哪些问题以避免网红景点"大手笔"立项，"半拉子"收尾。

一、投资的概念与特征

投资是指特定经济主体（含国家、企业和个人等）为了在未来一定时期内获得与风险相匹配的报酬，对其所持有资金进行运用的一种经济行为。一般有广义和狭义之分，广义的投资是指企业将自有资金投资于企业内外的各种可行性项目，甚至包括对其他企业的投资；而狭义的投资是指将资金对外进行投资的行为。这里所指的投资是项目投资，主要表现为固定资产的新建、改扩建及更新，新产品的研究与开发等。

企业投资尤其是项目投资,是企业的战略性选择,对企业影响深远,具有以下特征:

(1) 投资的预付性。投资款项的支付是在投资项目投产之前就要发生的,具有预付款的特点。投资款的收回发生在项目建成投产后,开始正常运转后才能逐期收回。

(2) 时机的选择性。企业投资金额大且回收周期长,投资风险大,因而企业的投资行为需要谨慎,然而投资机会又转瞬即逝。能否成功投资于一个项目,既要企业具备投资财务实力,也需要善于把握投资时机。

(3) 目标的一致性。企业投资类型非常多,然而不论是什么类型的投资,企业投资的最终目标都是为了获取投资收益。

(4) 收益的不确定性。企业进行各种投资,期待在可预见的未来获得可观的回报,然而事实上,投资项目将来能产生多大的收益,什么时候能够开始收回投资额都是不确定的。

(5) 回收的时效性。投资项目的寿命期是有限的,在有限的经营期里,企业应该保证投资的尽快收回,并且货币时间价值的存在,也表明投资额的尽快回收对企业更有利。

二、投资的分类

不同投资类型产生的投资收益金额及时间存在较大差异,企业必须区分投资的性质,以便进行科学决策。根据不同的划分标准,企业投资可分为如下不同的种类。

(一) 直接投资和间接投资

按投资与企业生产经营活动的关系,企业投资可分为直接投资和间接投资两类。在企业实际经济活动中,直接投资往往所占的比重比较大,尤其是非金融性企业,这是企业形成生产经营能力的基础,也决定了企业规模。间接投资又称为证券投资,投资方向主要是各种金融资产,如股票、债券及基金等证券的投资。

(二) 短期投资和长期投资

按投资回收时间的长短划分,企业投资可分为短期投资和长期投资两类。短期投资又称流动资产投资。这类投资往往在一年以内收回,如应收账款、存货、有价证券的投资。长期投资则是指投资回收期大于一年的投资,包括固定资产、无形资产以及长期有价证券的投资。而固定资产又往往占据着长期投资的较大比重。

(三) 对内投资和对外投资

根据投资的方向,企业投资可分为对内投资和对外投资两类。对内投资是指企业把资金投向企业内部,购置企业生产经营所需的各项资产,如购置固定资产、无形资产以及建设厂房等。对外投资是指企业将资金投向企业以外的地方,如通过购买股票、债券等有价证券的方式实现对其他企业的投资。

(四) 初始投资和后续投资

根据投资在生产经营过程中的作用,企业投资可分为初始投资和后续投资两类。初始投资是新设企业所发生的各种原始投资。这些投资资金用于购置各种设备、建设厂房及办公楼等资产。这些资产构成了新设企业的原始资产,为今后企业开展生产经营活动创造必要条件。后续投资往往发生在企业成长期或成熟期,在该阶段企业为扩大经营规模、获得更大市场份额,会发生追加性投资或者对旧设备进行更新,更进一步,可能涉及跨领域的多元化投资等。

(五)独立项目、相关项目和互斥项目

根据不同投资项目之间的关系,可将投资分为独立项目、相关项目和互斥项目。独立项目不受其他投资项目的影响,是否投资取决于项目本身是否具备可行性;相关项目是与其他投资项目存在联系的,其投资收益的多少受其他项目影响;互斥项目在投资决策中较为常见,备选的投资项目之间是互相排斥关系,选择了某个投资项目就不能再选择其他投资项目。此外,根据现金流量发生的时间不同,投资还可以划分为常规项目投资和非常规项目投资。

思政小贴士

企业投资项目决策是企业财务决策的重要组成部分,投资决策正确与否关系企业经营的成败,甚至影响它的生死存亡。由此,企业在进行投资决策时必须严格按照规范的程序、进行科学的论证,以促进企业财务管理目标的实现。

任务二　投资项目的现金流量

DeepSeek
点燃 AI 投
资热潮

案例导入

京东"小时达"品牌升级为"秒送"

承载京东即时零售的品牌名"小时达",将正式品牌升级为"秒送"。2024 年 5 月 10 日,达达快送宣布投入 5 000 万元用于骑士补贴并正式开启 2024 夏季骑士招募,此举既为暑期市场需求做准备,也为后续市场活动如"欧洲杯期间送冰镇啤酒"等活动提供了应对策略。

请思考京东上线的新品牌"秒送"能否助力企业形成新的利润增长点?

一、现金流量的概念

项目投资决策中所说的现金流量是指与投资项目有关的现金流入量与现金流出量,是进行投资项目决策指标计算的基础性要素。

现金流量(cash flow)是指投资项目在整个项目计算期内所发生的现金流入和现金流出的全部资金收付数量。按照现金流动的方向,可以将现金流量分为现金流入量、现金流出量以及现金流量净额三类。其中,现金流入量是指企业现金收入的增加额;现金流出量是指企业现金支出的减少量;现金流量净额(net cash flow)是指现金流入量减去现金流出量的差额。当现金流入量大于现金流出量时,现金流量净额为正数;反之,当现金流入量小于现金流出量时,现金流量净额为负数。

二、现金流量预测应注意的问题

确定现金流量的基本原则是：只有增量现金流量才是与投资项目相关的现金流量。按照相关性原则，增量现金流量是指该部分现金流量的发生与否取决于该投资项目是否得以实施。当实施某个投资项目会导致现金流量的流入或者流出，而不实施该项目就不存在现金流量的变化时，这部分现金流量才属于增量现金流量。

（一）相关成本和沉没成本

相关成本又称有关成本，是指与特定的投资项目相联系的，会对投资项目决策产生重大影响的，在投资项目决策中必须予以充分考虑的成本。例如，投资决策中常涉及的专属成本、增量成本和机会成本等。以机会成本为例，由于企业资源是有限的，不可能对所有具备可行性的投资项目进行投资，当企业选择特定投资项目后，必然要放弃其他投资项目。被放弃的投资项目所产生的收益就是中选投资项目的损失也成为机会成本。为全面评价投资项目的所得与所失，必须将机会成本纳入到相关成本的范畴。

沉没成本又称旁置成本，是指由过去投资决策结果引起的并已经实际支出现金的成本，如企业正在使用的固定资产、无形资产等产生的折旧费、摊销费用等均属于沉没成本。沉没成本的发生与否与现在或者将来的投资决策没有关联，也无法改变其大小，如果将沉没成本加入到某一个有利的投资项目方案中去，有可能会误导投资决策，得出错误的投资结论。为此，在进行投资项目的决策时不应将沉没成本作为投资项目的现金流出量。

（二）新投资项目对现有投资项目的影响

企业可能存在多个正在进行的投资项目，当新的投资项目投入运营时，有可能会对正在运营的投资项目产生，这种交互影响可能是积极影响也可能是消极影响，在进行投资项目的评价时，必须将这种交互影响考虑在内。例如，当甲项目投入运营时生产的 A 产品是畅销产品且是企业现有的 B 产品的替代品。A 产品进入市场后，使得公司每年可获得 100 万元的销售收入，而 B 产品的销售收入则受到一定影响，由过去的 150 万元降到了 120 万元。很显然，B 产品减少的 30 万元销售收入，是受甲项目的投产而影响的。因此，在计算甲项目所产生的现金流入量时应该是 70 万元（100－30）。

（三）折旧模式的影响

在考虑企业所得税的前提下，固定资产折旧额的变化对现金流量的计算产生影响。折旧额的计算方法有很多种，当选择不同的折旧方法时，计算出来的折旧额不一样，由此产生的税负影响就不一样，进而影响企业运营期间的现金流量。然而，这种影响并不是因为投资项目本身变化而产生的，仅仅是计量方法的不同引起的，因此，需要客观分析这种变化对现金流量的影响，以便作出正确的投资决策。

（四）通货膨胀的影响

在经济高速发展的时期，通货膨胀是一个影响经济社会发展的重要因素，企业作为经济社会的一员，不可避免地会受到影响。投资项目的决策是企业财务管理活动的重要环节，也会受到通货膨胀的影响。为了保证决策的准确性，在计算投资项目的现金流量时需要坚持一致性原则。若在计算各期现金流量时考虑了通货膨胀的影响，那么折现率也必须包含通货膨胀因素的影响；反之则两个方面都剔除通货膨胀的影响。并且投资项目的计算期往往较长，而各年的通货膨胀影响程度存在差异，因而，不能采用单一的通货膨胀率来修正各期现金流量。

三、现金流量的估算

按照现金流量发生的先后顺序，投资项目的现金流量又可以分为初始现金流量、营业现金流量和终结现金流量三种类型。

（一）初始现金流量

初始现金流量是指建设期期初开始到项目建设完成为止这段时间内所发生的现金流量的净额，该阶段的现金流出量远大于现金流入量。初始现金流量一般包括投资前费用（如技术资料费、勘察设计费用等）、固定资产的购置费用及安装费用、建筑工程费用、垫支的营运资金、不可预见费等内容。其中垫支的营运资金发生在投资项目建成正式投入运营之时，可以一次性投资也可以分次投资，且往往在投资项目终止时才能全额收回，从投资时长看属于长期投资的类型。相关计算公式如下：

$$本年营运资金垫支额 = 本年营运资金需用额 - 上年营运资金总额$$
$$本年营运资金需用额 = 该年流动资产需用额 - 该年流动负债筹资额$$

例 5-1　公司准备建设一条新的生产线，经过前期调查和分析，预计建设生产线的有关支出如下：投资前的技术资料费为 9 000 元，机器设备的购置费用为 400 000 元，设备的运输及安装费用为 90 000 元；投入正常运营时需要一次性垫支营运资金 40 000 元以维持企业的正常运营；不可预见费按照总支出的 3% 计提。则该投资项目的初始现金流量应该是多少？

解析　初始现金流量 $= (9\ 000 + 400\ 000 + 90\ 000 + 40\ 000) \times (1 + 3\%) = 555\ 170(元)$

（二）营业现金流量

营业现金流量是指投资项目建成投产后，每年实现的营业现金收入，扣除有关的付现成本和缴纳税金后的余额。营业现金流量的投资项目最主要的现金流量。如果营业现金收入恰好等于销售收入，则营业现金流量的基本计算公式如下：

$$营业现金流量 = 销售收入 - 付现成本 - 所得税$$

其中，付现成本又称经营付现成本，是总成本中扣除不需要支付现金的折旧费用后的净额，因而，折旧费用的变化会影响付现成本的大小进而影响营业现金流量。营业现金流量的计算公式如下：

$$
\begin{aligned}
营业现金流量 &= 销售收入 - 付现成本 - 所得税 \\
&= 销售收入 - (总成本 - 折旧费用) - 所得税 \\
&= 净利润 + 折旧
\end{aligned}
$$

进一步地，为在计算公式中体现折旧费用对营业现金流量的影响，计算公式可变为：

$$营业现金流量 = 销售收入 \times (1 - 所得税税率) - 付现成本 \times (1 - 所得税税率) +$$
$$折旧费用 \times 所得税税率$$

例 5-2 公司 2024 年计划购置 1 台机器设备,购置成本为 110 000 元,使用年限为 5 年,税收法律法规规定设备残值为 10 000 元,按照直线法计提折旧,每年折旧费为 20 000 元。使用该机器设备每年可为公司带来 200 000 元的销售收入,发生相关的总成本为 140 000 元。公司所得税税率为 25%,在整个经营过程保持不变。请用 3 个不同的计算公式计算营业现金流量。

解析

所得税费用 $= (200\,000 - 140\,000) \times 25\% = 15\,000$(元)

净利润 $= (200\,000 - 140\,000) \times (1 - 25\%) = 45\,000$(元)

$$
\begin{aligned}
营业现金流量 &= 200\,000 - (140\,000 - 20\,000) - 15\,000 \\
&= 45\,000 + 20\,000 \\
&= 200\,000 \times (1 - 25\%) - (140\,000 - 20\,000) \times \\
&\quad (1 - 25\%) + 20\,000 \times 25\% \\
&= 65\,000(元)
\end{aligned}
$$

(三) 终结现金流量

终结现金流量是指投资项目寿命结束时发生的现金流量,在终结点产生的现金流量由两部分构成:营业现金流量和非营业现金流量。其中,营业现金流量的计算与上述相同,而非营业现金流量主要有:①固定资产、无形资产的变价净收入。②固定资产、无形资产的变现净损益的税负影响。当变现资产账面价值大于变现净收入时,终结现金流量为变现损失,可以抵减企业所得税,形成现金流入量;当变现资产账面价值小于变现净收入时,终结现金流量为变现收益,应该缴纳企业所得税,形成现金流出量。③垫支营运资金的收回。这部分资金不受税收以及时间因素的影响,被视为资金的内部转移,期初投入多少金额到期末就收回多少金额,收回的营运资金会导致终结现金流量的增加。

知识拓展

投资项目决策采用现金流量的原因

传统的财务会计按权责发生制进行收入和成本的确认、计量,并以此为基础计算企业的利润额,达到对企业经济效益评价的目标。然而,投资项目决策要以收付实现制计算项目的现金流量,作为评价投资项目是否具备财务可行性的依据。之所以出现这种差异,是因为:一方面,投资项目的使用寿命期比较长,在进行决策时必须考虑货币时间价值,这时就要用到现金流量,不能以利润额作为计算依据,利润的计算以权责发生制为原则并没有考虑资金收付的时间。另一方面,采用现金流量能够使投资决策更符合客观实际。在投资项目决策中使用现金流量能够直观地反映投资项目的经济效益,而利润指标的计算主观性较强,并且受企业采用的不同会计处理方法而产生很大的差异。同时,利润额是应计现金流量,不是实际现金流量。应计现金流量存在较大的不确定性,不利于进行科学决策。

任务三　投资项目评价指标

案例导入

国家下达以工代赈中央投资 50 亿元

风电项目投资决策模型应用案例

通过建立基于财务指标和风险评估的模型,投资者对某个风电项目进行评估和分析。假设某地区计划建设一座风电项目,投资者需要进行投资决策。为了评估该项目的可行性和潜在风险,投资者决定建立一个基于财务指标和风险评估的决策模型。

投资者应收集与该项目相关的数据,包括风能资源、土地使用情况、环境影响评估等信息。同时,还应考虑政策支持、市场需求和竞争状况等因素。通过对数据的分析,投资者可以了解项目的基本情况和潜在风险。基于项目的投资规模、建设周期和运维成本等数据,投资者应计算项目的财务指标,如净现值、内部收益率和投资回收期等。这些指标可以帮助投资者评估项目的经济效益和投资回报。投资者应考虑项目的技术风险、市场风险和政策风险等因素,并进行风险评估。通过分析不同风险因素对项目的潜在影响,以及采取相应措施减轻风险的可能性,投资者可以更全面地评估项目的风险程度。在考虑财务指标和风险评估的基础上,投资者应进行综合评估并作出决策。他们会权衡项目的经济效益、风险水平和市场前景等因素,最终得出投资建议。例如,如果财务指标表明项目具有良好的回报潜力,并且若风险评估结果显示风险可控,投资者可能会建议投资该项目。

投资决策评价指标是企业进行投资决策时的重要评价标准与尺度。为了正确进行投资决策,以便从中选出最优投资方案,企业必须选择正确合适的评价指标。现有的投资项目评价指标根据其是否考虑货币时间价值可分为两大类:一类是非折现现金流量指标,主要包括投资回收期、会计收益率;另一类是折现现金流量指标,主要包括净现值、获利指数和内含报酬率。

一、非折现现金流量指标

(一)投资回收期

投资回收期(payback period,PP)也称投资返本年限,是指项目从建设开始之日起,到用项目每年所获得的经营净现金流量抵偿初始投资额所需要的全部时间。

当各年的营业现金净流量(NCF)相等时,投资回收期的计算公式如下:

$$投资回收期 = \frac{初始投资额}{每年营业净现金流量}$$

当各年的营业现金净流量(NCF)不相等时,投资回收期的计算公式如下:

$$投资回收期 = n + \frac{第\ n\ 年尚未收回的投资额}{第\ n+1\ 年的净现金流量}$$

例 5-3　公司欲进行一项投资,初始投资额为 100 000 元,项目为期 4 年,该项目每年净现金流量如表 5-1 所示,试计算项目的投资回收期。

解析　该项目的投资回收期计算过程如下:

表 5-1　该项目每年净现金流量　　　　　　金额单位:元

年次	每年净现金流量	年末尚未回收的投资额
1	30 000	70 000
2	45 000	25 000
3	40 000	0
4	50 000	0

项目的投资回收期 = 2 + 25 000 ÷ 40 000 = 2.63(年)

投资回收期用于项目投资决策的判断标准区分独立方案和互斥方案两种情况。对于独立方案而言,如果投资项目的回收期小于或者等于基准回收期(企业预先确定的标准或者行业标准),则可接受该项目;反之,则应放弃该项目。对于互斥方案而言,应先判断各个方案的投资回收期是否小于基准回收期,如果大于基准回收期,则直接放弃该方案,如果各个方案均小于基准回收期,则投资回收期最短的方案为最优方案。

投资回收期的概念容易理解,计算也比较简便,使用起来比较方便。但是投资回收期指标也存在明显的缺点:①没有考虑货币时间和投资风险。②没有考虑回收期满后的现金流量变化情况,不能全面评价投资项目整体经济效益,容易得出片面的结论。③基准回收期的确定没有一定的标准,制定起来较为随意。正因如此,投资回收期指标往往作为投资决策的辅助指标使用,用于对投资项目的初步评价。在实际工作中,投资回收期常与折现现金流量指标一起进行投资项目的科学决策。

(二) 会计收益率

会计收益率(accounting rate of return,ARR)是指项目达到设计生产能力后年平均会计净收益与初始投资额的比率。采用会计收益率指标进行决策时,会计收益率为正指标,越大越好。在独立方案的决策中,会计收益率需要大于基准会计收益率(企业预先确定的标准或者行业标准),否则应该拒绝该方案;在互斥方案决策中,应该选择会计收益率最大的方案作为中选方案。

会计收益率的计算公式如下:

$$会计收益率 = \frac{平均会计净收益}{初始投资额} \times 100\%$$

例 5-4　甲公司有一个 A 项目可供投资,该项目的寿命期为 5 年,初始投资额为 100 万元,第 1 年到第 5 年预计分别产生净收益 20 万元、22 万元、30 万元、33 万元以及 40 万元。甲公司要求的基准会计收益率为 25%。分析 A 项目是否具备财务可行性。

解析 A 项目会计收益率 $=\dfrac{(20+22+30+33+40)\div 5}{100}=29\%$

A 项目的会计收益率为 29% 大于规定的 25%，因此 A 项目具备财务可行性。

会计收益率指标计算简单，易于理解和掌握，用于指标的计算的会计净收益数据来源于利润表数据很容易获得。会计收益率的主要缺点有：没有考虑货币时间价值，忽略了各年会计净收益产生的时间分布差异；会计收益率的计算以会计利润为基础，没有考虑机会成本等相关成本，有可能导致决策失误；基准会计收益率的确定比较随意，没有明确的标准，主观判断过强。

二、折现现金流量指标

折现现金流量指标是指对投资项目所形成的现金流量考虑货币时间价值因素进行计算的指标。

(一) 净现值

净现值(net present value，NPV)是指从投资开始到项目终结时为止，所有现金流量按照企业要求达到的折现率进行折现求得的现值代数和。净现值的计算公式如下：

$$NPV = \sum_{t=0}^{n} \frac{NCF_t}{(1+K)^t} = \sum_{t=1}^{n} \frac{NCF_t}{(1+K)^t} - C$$

式中，NPV 表示净现值；NCF_t 表示第 t 年的净现金流量；K 表示折现率(资本成本率或企业要求的最低报酬率)；n 表示项目的预计使用寿命；C 表示初始投资额，如果投资额分多次进行投资，需要考虑货币时间价值。

例 5-5 公司准备购入一台新设备以备扩充生产能力，现有甲、乙两个方案可供选择，甲、乙方案的各年现金流量如表 5-2 所示。假设公司的资本成本率为 10%，请分别计算甲、乙方案的净现值。

表 5-2 甲、乙方案的各年现金流量 金额单位：元

年次	0	1	2	3	4	5
甲方案	10 000	3 600	3 600	3 600	3 600	3 600
乙方案	16 000	4 500	4 000	3 700	3 400	8 000

解析

$NPV_甲 = NCF \times PVIFA_{10\%,5} - 10\,000 = 3\,600 \times 3.790\,8 - 10\,000 = 3\,646.88(元)$

$NPV_乙 = NCF_1 \times PVIF_{10\%,1} + NCF_2 \times PVIF_{10\%,2} + NCF_3 \times PVIF_{10\%,3} +$

$\qquad NCF_4 \times PVIF_{10\%,4} + NCF_5 \times PVIF_{10\%,5} - 16\,000$

$\qquad = 4\,500 \times 0.909\,1 + 4\,000 \times 0.826\,4 + 3\,700 \times 0.751\,3 + 3\,400 \times$

$\qquad 0.682\,7 + 8\,000 \times 0.620\,9 - 16\,000$

$\qquad = 1\,464.74(元)$

使用净现值指标进行决策的规则是：在单一方案的决策中，净现值为正数时方案可行，

可以采纳;净现值为负数时方案不可行,需要放弃。在多个备选的互斥方案决策中,选择净现值指标为正数且最大的方案为最优方案。

净现值指标是折现现金流量指标的经典指标,其考虑了货币时间价值,能够全面反映投资项目在整个寿命期内的净收益,是进行投资项目评价的重要指标。该指标不足的地方在于:不能体现投资项目本身可能达到的实际报酬率。

思政小贴士

可持续性评价的模型通过建立可持续性评估指标体系,对项目的环境影响、社会效益和可持续性指标进行评估,为投资者提供全面的可持续性分析和决策支持。常见的可持续性评指标包括:环境影响评估;社会效益评估;可持续性指标评估(估项目的能源回收利用率、碳排放减少效益、资源可再生性);社会责任评估等。在进行基于可持续性评价的模型评估时,需要将不同的可持续性因素进行量化和定性分析,并考虑其对项目的可持续发展和长期效益的影响程度。

(二)获利指数

获利指数(profitability index,PI)又称现值指数或利润指数,是指投资项目投产后按照特定的折现率折现各年的现金流入量现值的合计数与初始投资额的现值之比。使用获利指数进行投资项目决策的规则是:获利指数大于或者等于1,则采纳;否则就拒绝。当存在多个投资项目进行决策,每个投资项目的获利指数均大于1的情况下,应该选择大于1最多的投资项目。获利指数的计算公式如下:

$$PI = \left[\frac{NCF_1}{(1+K)^1} + \frac{NCF_2}{(1+K)^2} + \cdots + \frac{NCF_n}{(1+K)^n} \right] / C$$

$$PI = \frac{\text{未来现金流量的总现值}}{\text{初始投资额}}$$

如果初始投资是分期多次完成的,则计算公式为:

$$PI = \frac{\text{未来现金流入的总现值}}{\text{分期投资额的总现值}}$$

获利指数指标充分考虑了货币时间价值,能够真实反映投资项目的盈利水平,加之获利指数为相对数,用于决策时不受限于投资项目的投资规模,可用于初始投资额不同的多个投资项目决策。不足的地方是,获利指数代表的仅是投资项目的盈利水平,不能反映具体的收益额,忽视了不同投资项目投资规模的差异,容易得出错误的结论。

例5-6 承例5-5,分别计算甲、乙两个方案的获利指数。

解析 甲方案的获利指数 $= \dfrac{\text{未来现金流量的现值}}{\text{初始投资额}} = \dfrac{13\,646.88}{10\,000} = 1.36$

乙方案的获利指数 $= \dfrac{\text{未来现金流量的总现值}}{\text{初始投资}} = \dfrac{17\,464.74}{16\,000} = 1.09$

由计算结果可知,甲、乙两个方案的获利指数均大于1,因而甲、乙两个方案都具备财务可行性,在企业资源充足的情况下两个方案都可以进行投资;但在资源有限的情况下,优先选择甲方案。

（三）内含报酬率

内含报酬率(internal of return，IRR)也称内部收益率或内部报酬率，是指投资项目可望获得的真实报酬。如果将这个报酬率作为折现率计算投资项目整个寿命期内的现金流量，计算得到的净现值一定为零。内含报酬率的计算公式如下：

$$\sum_{t=1}^{n}\frac{NCF_t}{(1+r)^t}-C=0$$

公式中，NCF_t 表示第 t 年的净现金流量；r 表示内含报酬率；n 表示投资项目的使用寿命；C 表示初始投资额。

当各年的营业现金净流量相等，且所有投资在建设起点一次性投资时，可采用后付年金求现值的方法。首先，计算出年金现值系数；其次，查年金现值系数表，查找相同的期数内与已经计算出来的年金现值系数最为接近的一大一小两系数(α_1、α_2)所对应的两个折现率(i_1、i_2)；最后，根据已获取的数据，采用内插法计算出投资项目的内含报酬率。具体计算公式如下：

$$NCF \times PVIFA_{i,n}-C=0$$
$$PVIFA_{i,n}=C \div NCF=\beta$$
$$IRR=i_1-\frac{\alpha_1-\beta}{\alpha_1-\alpha_2}(i_1-i_2)$$

当各年的营业现金净流量不相等时，可用试误法逐次测试。首先，选择预估一个折现率，并使用该折现率计算投资项目的净现值。如果净现值恰巧为 0，则表明该折现率即为内含报酬率；如果计算出来的净现值大于 0，则表明该折现率是小于内含报酬率的，此时应该提高该折现率，再次进行测算；如果经过调整后，使用新的折现率计算出来的净现值小于 0，则表明该折现率是大于内含报酬率的。经过反复多次测算，找到两个分别为一正一负并且数值高度接近于 0 的净现值所对应的折现率。最后，根据已获取的数据，采用内插法计算出投资项目的内含报酬率。

使用内含报酬率进行决策的规则是：对于单一投资项目的决策，应将投资项目的内含报酬率与基准报酬率(企业的资本成本率或必要报酬率)进行比较。当投资项目的内含报酬率大于基准报酬率时，可接受该投资项目，否则应该拒绝该项目。对于多个互斥项目的决策，内含报酬率超过基准报酬率最多的项目为最优投资项目。

内含报酬率考虑了货币时间价值，概念易于理解，反映了投资项目所能获得的最大报酬率，可作为接受某个投资项目的资本成本的上限。此外，内含报酬率克服了对投资规模或者使用寿命不一致的投资项目进行评估的困难，适用范围广泛。不足之处在于，运用内部报酬率指标对投资项目进行评价会遇到计算烦琐、工作量大的问题，尤其是当各期的营业现金流量不相同时，需要反复多次进行测算，会影响投资决策的效率。

例 5-7　已知公司的甲投资项目各年现金流量如表 5-3 所示。假定该项目的资本成本率为 10%，要求计算该投资项目的内含报酬率并判断其投资的可行性。

表5-3　甲投资项目各年现金流量表　　　　　　　　　　金额单位：万元

年次	0	1	2	3	4	5
NCF	−210	70	70	70	70	70

解析　甲项目各年的营业现金流量均相等，因而可以采用后付年金求现值的方法计算内含报酬率。

$$PVIFA_{i,5}=C/NCF=210/70=3$$

查表可得：当 $i_1=18\%$ 时，$PVIFA_{18\%,5}=3.127\ 2$，$PVIFA_{20\%,5}=2.990\ 6$。

采用内插法计算 IRR：

$$IRR=18\%-\frac{3.127\ 2-3}{3.127\ 2-2.990\ 6}\times(18\%-20\%)=19.86\%$$

经过计算发现，甲项目的内含报酬率为 19.86%，大于企业的资本成本率 10%，该项目可行。

知识拓展

不同折现现金流量指标之间的对比分析

折现现金流量指标把不同时间点收入或支出的现金按照统一的折现率折算到同一时间点上，使不同时期的现金具有可比性，是科学投资决策的重要评价指标。折现现金流量指标分为净现值、获利指数和内含报酬率。

净现值和内含报酬率在大多数情况下，用这两种评价指标进行决策得出的结论是一致的。但是在互斥项目（投资规模和现金流量发生时间不同时）决策和非常规项目（尤其是不同年度的未来现金流量有正有负时）决策时，会得到不同的结论。

净现值和获利指数指标在评价投资项目的优劣时，往往结论是一致的，但有时候也会出现差异。例如，在初始投资不相同时，用这两个指标进行评价就会得到不一致的结果。

总之，在没有资金量限制的情况下，利用净现值指标进行任何投资项目决策都能得出正确结论，而获利指数和内含报酬率在单一项目决策中也能得出正确结论。但是，在一些特殊情况下，有可能会得出错误结论。当三大指标进行评价存在矛盾时，以净现值指标作为最佳评价指标。

模块小结

投资是指特定经济主体（含国家、企业和个人等）为了在未来一定时期内获得与风险相匹配的报酬，对其所持有资金进行运用的一种经济行为。不同投资类型产生的投资收益金额及时间存在较大差异，企业必须区分投资的性质，以便进行科学决策。

现金流量是指投资项目在整个项目计算期内所发生的现金流入和现金流出的全部资金收付数量。按照现金流动的方向，可以将现金流量分为现金流入量、现金流出量以及现金流量净额三类。按照现金流量发生的先后顺序,投资项目的现金流量又可以分为初始现金流量、营业现金流量和终结现金流量三种类型。营业现金流量的计算方法有三种,在投资管理中,应该根据已获取的信息选择合适的测算方法。

投资决策评价指标是企业进行投资决策时的重要评价标准与尺度。现有的投资项目评价指标根据其是否考虑货币时间价值可分为两大类:一类是非折现现金流量指标,主要包括投资回收期、会计收益率;另一类是折现现金流量指标,主要包括净现值、获利指数以及内含报酬率。在投资决策中以折现现金流量指标为主要评价指标,非折现现金流量指标为辅助指标。当多个折现现金流量指标出现矛盾时,主要以净现值指标作为最终评价指标。

模块习题

一、单项选择题

1. 某项目经营期为 5 年,预计投产第 1 年经营性流动资产需用额为 30 万元,经营性流动负债为 20 万元,预计以后每年的经营性流动资产需用额均为 50 万元,经营性流动负债均为 35 万元,则该项目终结期一次收回的经营营运资本为(　　)万元。

   A. 35　　　　　　　B. 15　　　　　　　C. 85　　　　　　　D. 50

2. 年末,A 公司正在考虑卖掉现有的一台闲置设备,该设备 5 年前以 10 000 元购入,税法规定的使用年限为 8 年,按直线法计提折旧,无残值。目前可以按 2 750 元价格卖出,A 公司适用的所得税税率为 25%,则卖出该闲置设备时由所得税产生的现金净流量影响是(　　)元。

   A. 3 750　　　　　　B. 0　　　　　　　C. 937.5　　　　　　D. 250

3. 如果互斥项目期限不同,可以选择(　　)进行决策。

   A. 净现值法　　　　B. 内含报酬率法　　C. 共同年限法　　D. 现值指数法

4. 下列关于项目投资决策的表述中,正确的是(　　)。

   A. 两个互斥项目的初始投资额不一样,在权衡时选择内含报酬率高的项目

   B. 使用净现值法评估项目的可行性与使用内含报酬率法的结果是一致的

   C. 使用获利指数法进行投资决策可能会计算出多个获利指数

   D. 投资回收期主要测定投资方案的流动性而非盈利性

5. 当资本成本为 8% 时,某项目的净现值为 200 元,则说明该项目的内含报酬率(　　)。

   A. 高于 8%　　　　　B. 低于 8%　　　　　C. 等于 8%　　　　　D. 无法界定

6. 下列各项中,会增加企业的营业现金流入的是(　　)。

   A. 设备或厂房的更新项目

   B. 研究与开发项目

   C. 勘探项目

   D. 新产品开发或现有产品的规模扩张项目

7. 某投资方案,当折现率为 15% 时,其净现值为 50 元,当折现率为 17% 时,其净现值为 -8 元。该方案的内含收益率为(　　)。

   A. 14.88%　　　　　B. 17.86%　　　　　C. 16.64%　　　　　D. 17.14%

8. 下列关于各项评价指标的表述中,错误的是(　　)。

   A. 净现值是绝对数指标,在比较投资额不同的项目时有一定的局限性

   B. 现值指数是相对数,反映投资的效率

   C. 内含报酬率是项目本身的投资报酬率

   D. 会计报酬率是使用现金流量计算的

9. 下列有关企业投资的说法中,不正确的是(　　)。

   A. 投资是企业生存与发展的基本前提

   B. 投资是获取利润的基本前提

   C. 投资是企业风险控制的重要手段

   D. 按投资对象的存在形态和性质,企业投资可以划分为直接投资和间接投资

10. 独立投资方案之间进行排序分析时,一般采用的评价指标是(　　)。

   A. 净现值　　　　　B. 年金净流量　　　　　C. 内含收益率　　　　　D. 现值指数

二、多项选择题

1. 如果其他因素不变,一旦折现率提高,则下列指标中,数值会变小的有(　　)。

   A. 现值指数　　　　　B. 净现值　　　　　C. 内含报酬率　　　　　D. 折现回收期

2. 下列各项中,属于间接投资的有(　　)。

   A. 股票投资　　　　　B. 基金投资　　　　　C. 固定资产投资　　　　　D. 无形资产投资

3. 下列各项中,属于无关成本的有(　　)。

   A. 机会成本　　　　　B. 不可延缓成本　　　　　C. 沉没成本　　　　　D. 差量成本

4. 下列关于评价投资项目的静态回收期法的说法中,正确的有(　　)。

   A. 它不能测度项目的盈利性

   B. 它考虑了回收期满以后的现金流量

   C. 它忽略了货币时间价值

   D. 它需要一个主观上确定的最长的可接受回收期作为评价依据

5. 下列有关营业现金流量的说法中,正确的有(　　)。

   A. 营业现金流量＝销售收入－付现成本－所得税

   B. 营业现金流量＝净利润＋折旧与摊销

   C. 营业现金流量＝营业收入×(1－所得税税率)－营业费用×(1－所得税税率)＋折旧

   D. 营业现金流量＝营业收入×(1－所得税税率)－付现营业费用×(1－所得税税率)＋折旧×所得税税率

三、判断题

1. 相关项目是指其既不要求也不排斥其他项目的投资项目。　　　　　　　　　　(　　)

2. 对内投资都是直接投资,对外投资都是间接投资。　　　　　　　　　　　　(　　)

3. 在不考虑所得税因素的情况下,若同一方案分别采用加速折旧法、直线法计提折旧,不会影响各年的现金净流量。　　　　　　　　　　　　　　　　　　　　(　　)

4. 多个互斥方案比较，一般应选择净现值最大的方案。（　　）

5. 某方案按 10% 的折现率计算的净现值大于 0，则该方案的内含报酬率大于 10%。（　　）

6. 获利指数是用相对数来表示，因此获利指数法优于净现值法。（　　）

7. 某些自然资源的储量不多，经过不断开采，价格将随储量的下降而上升，因此，对这些自然资源越晚开发越好。（　　）

8. 进行长期投资决策时，如果某备选方案净现值比较小，那么该方案内含报酬率也相对较低。（　　）

9. 长期证券投资因需要可转为短期投资。（　　）

10. 对现金、应收账款、存货、短期有价证券的投资都属于短期投资。（　　）

四、计算分析题

1. 长洪公司拟购置一台设备，价款为 240 000 元，使用 6 年，期满净残值为 12 000 元，使用直线法计提折旧。使用该设备每年为公司增加的税后净利为 26 000 元。公司的资金成本率为 10%。$(P/A, 10\%, 5)=3.791$，$(P/F, 10\%, 6)=0.564$。
   要求：(1)计算各年的现金净流量。(2)计算该项目的净现值。

2. 甲公司某项目投资期为 2 年，每年投资 2 000 万元。第 3 年开始投产，投产开始时垫支营运资本 50 万元，于项目结束时收回。项目有效期为 6 年，净残值为 40 万元，按直线法计提折旧。每年营业收入为 400 万元，付现成本为 280 万元。公司所得税税率为 25%，资本成本率为 10%。
   要求：计算每年的营业现金净流量、项目的净现值。

3. 宏远公司拟购入一设备以扩大生产经营能力。需投资 2 100 万元，采用直线折旧法计提折旧，使用寿命为 5 年，5 年后净残值为 100 万元。5 年中每年的销售收入为 4 000 万元，第 1 年付现成本为 2 500 万元，以后随着设备陈旧，逐年将增加修理费 200 万元，另需垫支营运资金 300 万元。
   要求：假设所得税税率为 25%，试计算该方案每年的现金净流量。

模块六
投资决策实务

模块导言

　　通过投资,企业可以获得新的利润增长点、实现价值增值,尤其是长期投资项目,其投资总额巨大、不确定性高、投资回收期比较长,深刻影响着企业的长期获利能力,属于企业的战略性投资,对企业影响深远,在企业财务管理中占据着重要的位置。

学习目标

1. 知识目标

(1) 了解按风险调整折现率、按风险调整现金流量的方法。

(2) 理解资金限量决策、投资期选择决策的内涵。

(3) 掌握固定资产更新决策的方法。

2. 技能目标

(1) 能进行单一投资项目的评价分析。

(2) 能正确计算出风险调整折现率和风险调整现金流量。

(3) 能进行固定资产更新、资金限额投资以及投资期选择决策等。

3. 素养目标

(1) 树立理性投资意识和风险管理理念。

(2) 树立良好的信誉意识和形成辩证思维。

(3) 培养平衡整体与局部社会责任的意识。

思维导图

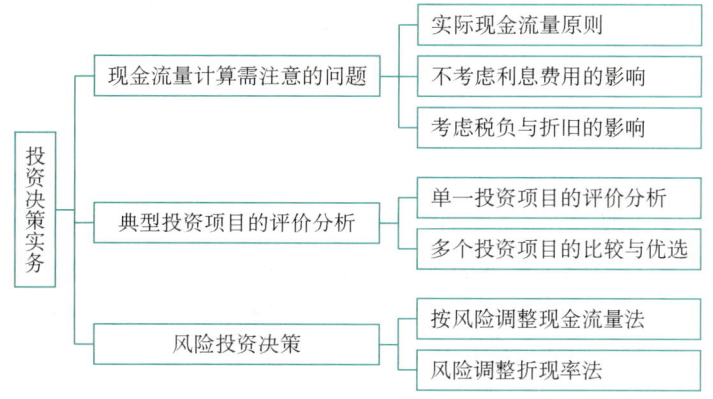

任务一　现金流量计算需注意的问题

案例导入

日本企业关注福建投资机会

现金流量是企业经营成败的关键

现金流量是企业生存和发展的重要基础,对于企业的投资以及经营决策至关重要。因而,从企业全局来看,现金流量管理是企业管理中非常重要的一环,其基本目的是确保企业在各项财务活动中能够保持良好的现金流动状况,并以此为基础,增强企业的支付能力、偿债能力、资金周转能力和持续经营能力。而从具体的财务活动来看,以投资活动为例,现金流量的准确计算,对于企业进行科学投资决策影响重大。原因在于,在对投资项目的财务可行性进行评价时,需要计算投资决策评价指标,并以此为基础判断投资项目的可行性,而投资决策指标的计算是以各期产生的现金流量为基础计算的,而不是各期所产生的利润额。因而,企业进行投资决策时需要重点思考:如何准确预计投资项目各期产生的现金流量,确定各期现金流量时需要注意的问题,各期产生的现金流量是否都应该作为投资决策的基础。

项目投资决策的重要评价标准是各种现金流量指标,而现金流量指标的基本构成要素是各期现金流量的准确计算。在计算各期现金流量时需遵循的基本原则是相关性原则,体现在现金流量只考虑增量现金流量,其他无关的现金流量不能纳入决策范围,否则会影响决策的准确性。此外,还需注意如下问题。

一、实际现金流量原则

现金流量的计算坚持收付实现制原则,而不是按照会计要素确认的权责发生制原则进行计算。具体表现在:应该以各期实际收到和付出的现金流量作为计算依据。与投资项目有关的实际现金流入构成当期现金流入量的主体,而会导致现金流出减少的现金节余也构成当期的现金流入量;与投资项目有关的实际现金流出构成当期现金流出量;现金流入量减去同期现金流出量构成当期的净现金流量,各期的净现金流量是计算投资决策指标的基础。

二、不考虑利息费用的影响

投资活动和筹资活动同属于企业的财务活动,但是属于不同的财务活动环节,在决策顺序上,先进行投资活动的决策,确定了具体的投资项目后,为保证投资项目的顺利开展,必须筹措必要的资金,此时进行的工作才是企业筹资活动的范围。利息费用是企业资金成本之一,属于筹资的范畴,与投资活动无关。另外,在进行投资项目决策时,采用的折现现金流量指标是以必要报酬率或资本成本率作为折现率,已经将筹资成本考虑在内了。

三、考虑税负与折旧的影响

税负对企业投资的影响是不容忽视的。根据我国税法相关规定,固定资产投资过程有可能涉及流转税和企业所得税。出售固定资产(包含不动产和动产)取得的变价净收入或残值变现收入需要缴纳增值税;同时,根据变价净收入与固定资产账面价值之间的差额有可能会涉及企业所得税的缴纳或者抵减。值得注意的是,在投资项目寿命结束,回收的营运资金垫支额不需要缴纳企业所得税。

固定资产折旧费用或者无形资产摊销费属于非付现成本。在计算各期净现金流量时是不予以考虑的,但这并不意味着其不影响净现金流量的计算。在计算营业净现金流量时需要减掉企业所得税,而企业所得税的计算是以企业利润为基础的,固定资产折旧费用会影响到当期利润的大小,由此折旧费用通过影响企业所得税进而影响各期净现金流量的计算。因此,在计算各期现金流量时,需要关注企业的折旧政策,并准确计算各期的折旧费用。

任务二 **典型投资项目的评价分析**

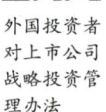

外国投资者对上市公司战略投资管理办法

 **案例导入**

天兵科技张家港智能制造基地项目竣工投产

自 2021 年天兵科技公司在张家港设立智能制造基地以来,项目建设动态一直备受瞩目。2024 年 4 月,天兵科技张家港智能制造基地竣工投产,并举行天龙三号首飞箭揭牌仪式。据悉,天兵科技张家港智能制造基地总投资 40 亿元,是中国商业航天唯一的为大型液体运载火箭量身定制、从零开始建设的项目,也是目前亚洲面积最大、产能最大的单体火箭总装厂房:一期项目占地约 6.67 万平方米,总建筑面积为 6.12 万平方米,主要分为箭体总装车间、发动机总装车间、装载区等区域,具备研发、预研和预生产条件。该基地的竣工投产,可助天兵科技实现每年超 30 发天龙三号火箭的产能,大大提升了批量化生产的能力和效率。与此同时,依托该基地,天兵科技将加速产品技术迭代,实现一子级火箭重复使用,提升产品质量和性能,助推我国商业航天技术的不断创新和进步。

天兵科技张家港智能制造基地项目是典型的单一大型投资项目,耗资巨大,整个建设周期跨度也比较大,对企业影响深远。通过阅读该案例思考,企业进行新型投资项目决策时,应该如何进行决策?需要考虑哪些影响因素?采用什么决策方法或者决策指标,才能保证投资项目决策的正确性?避免企业因为投资失败,而给企业带来不可挽回的巨大损失。

一、单一投资项目的评价分析

单一投资项目决策是指对备选的独立方案是否采纳的决策。对于单一投资项目的决策是以是否达到给定的财务可行性标准为判断依据的,仅仅针对方案本身,并不考虑方案之间的影响。单一投资项目的评价方法可以有多种,既可以用折现现金流量指标评价,也可以选用折现现金流量指标与非折现现金流量指标结合一起进行评价,其中较常使用的指标有净现值、获利指数、内含报酬率以及投资回收期等。此外,结合企业价值最大化目标的考虑,当多个折现现金流量指标出现矛盾时,较常用的方法是净现值法等。

例 6-1 2024 年 1 月 1 日,甲公司是一家资金雄厚的上市公司,现有 A、B 两个投资项目可供投资。其中,A 方案的初始投资额为 1 000 万元,期限是 4 年,每年产生的净现金流量为 400 万元;B 方案的初始投资额 1 600 万元,期限是 6 年,每年产生的净现金流量为 500 万元。公司的必要报酬率为 10%。该公司应如何作出投资决策?

解析 A、B 两个方案的评价指标计算结果如表 6-1 所示。

表 6-1 A、B 两个方案的评价指标计算结果　　　　金额单位:万元

评价指标	A 方案	B 方案	各个方案的优劣排序
净现值	268	577.5	A＜B
内含报酬率	21.87%	21.58%	A＞B
获利指数	1.27	1.36	A＜B
投资回收期	2.5	3.2	A＞B

由表 6-1 可知,从四个投资指标来看,两个投资方案都符合财务可行性标准的,也就是 A、B 方案都是属于可投资的方案。因为甲公司没有资金限制,所以两个项目都可以投资。并且如果需要给 A、B 两个方案进行排序的话,从实现股东财富最大化目标的角度来评价,B 方案是优于 A 方案的。

在进行投资项目决策时,除了考虑自身的目标之外,还必须履行一定的社会责任。有的投资项目有可能给企业带来丰厚的投资回报,但是该项目的实施将会对周围的环境产生污染物,这种投资项目必须审慎进行决策,如果必须实施那么就必须有相应的环境保护对策,不能以牺牲环境为代价为企业谋取私利。

二、多个投资项目的比较与优选

(一) 固定资产更新决策

固定资产更新决策又称继续使用旧设备与购置新设备的决策,是投资项目决策的主要类型,指用技术水平以及生产工艺先进的新设备去替换掉生产能力落后的旧设备,从而提高设备使用效能、促进生产效率提升的项目决策。固定资产更新决策涉及两个投资方案的互斥选择,属于典型的互斥投资方案决策。

固定资产更新决策根据使用寿命期是否一致而有不同的决策方法。当新设备的使命寿命与旧设备继续使用寿命期相同时,可采用差量分析法或者净现值法进行决策;当新设备的使命寿命与旧设备继续使用寿命期不相同时,直接比较净现值的大小会导致错误的结果,需要采用年均净现值法或者最小公倍寿命法进行决策才能保证结论的准确性。

1. 固定资产使用年限相同的投资项目决策

在固定资产更新决策中,当新旧设备的尚可使用年限完全一致时,进行投资方案取舍时可供选择的方法较多,且较为容易理解。比较常用的分析方法有差量分析法或者净现值法两种,其中差量分析法的决策指标又可进一步分为差量净现值、差量获利指数以及差量内含报酬率,而差量分析指标中又以差量净现值更受欢迎。

例 6-2 公司拟将正在使用的旧设备替换为一台效率更高的新设备,以提高设备运转效能,实现降本增效的目的。新旧设备均采用直线法计提折旧。公司的资本成本率确定为10%,适用的企业所得税税率为25%。公司新旧设备的相关资料如表6-2所示。试判断公司是否应该更新设备?

表 6-2 公司新旧设备相关资料 金额单位:元

投资项目	新设备	旧设备
原值	130 000	165 000
已使用年限(年)	0	4
未来可用年限(年)	6	6
预计使用年限(年)	6	10
净残值	10 000	15 000
可变现价值	130 000	60 000
每年产生的销售收入	60 000	50 000
每年发生的付现成本	20 000	30 000

解析

（1）计算初始投资额以及年折旧额的差量现金流量。

初始投资额＝130 000－60 000－（105 000－60 000）×25％＝58 750（元）

年折旧额＝20 000－15 000＝5 000（元）

各年差量现金流量指标的计算如表6-3所示。

表6-3 各年差量现金流量指标的计算表　　　　　　　　　金额单位：元

项目	第1～5年每年的金额	计算过程
△销售收入	10 000	60 000－50 000＝10 000
△付现成本	－10 000	20 000－30 000＝－10 000
△折旧额	5 000	20 000－15 000＝5 000
△利润总额	10 000	10 000－（－5 000）－5 000＝10 000
税额	2 500	10 000×25％＝2 500
△净利润	7 500	10 000－2 500＝7 500
△营业现金流量	12 500	7 500＋5 000＝12 500

注：△代表差量。

（2）更新设备与继续使用旧设备的差量现金流量计算如表6-4所示。

表6-4 更新设备与继续使用旧设备的差量现金流量计算表　　　　金额单位：元

年次	0	1～4	5
△初始投资	－58 750		
△营业现金流量		12 500	12 500
△终结现金流量			－5 000

注：△代表差量。

差量净现值＝－58 750＋12 500×$PVIFA_{10\%,4}$＋7 500×$PVIF_{10\%,5}$

　　　　　　＝－58 750＋12 500×3.169 9＋7 500×0.620 9

　　　　　　＝－14 469.5（元）

由以上结果可知，继续使用旧设备比更换新设备能多创造－14 469.5元的净现值。这表明更换新设备并不能给公司带来更多的经济效益。因而，公司应该继续使用旧设备。

在例6-2中，新设备的预计使用年限与旧设备的预计尚可使用年限完全相同，因而除了可以使用差量分析法之外，也可分别比较两个投资方案的净现值大小，最终选择净现值最大的方案为中选方案。

2. 固定资产使用年限不相同的投资项目决策

在固定资产更新决策中，如果新旧设备尚可使用年限不一致时，那么直接比较新旧设备所产生的净现值大小作出决策是不正确的。因为使用年限不一致，比较基础也就不一致。为了正确进行投资决策，必须消除固定资产不同使用年限对投资项目决策的影响。当使固定资产使用年限不一致时，可以采用的决策办法有年均净现值法和最小公倍寿命法。

例 6-3　　公司拟进行一项固定资产更新决策方案的决策,以提高设备使用效能,促进生产效率的提升。新旧设备均采用年限平均法计提折旧。公司的资本成本率为 10%,企业所得税税率为 25%。公司应如何作出决策? 是否应该替换掉旧设备上马全新的设备? 新、旧相关资料如表 6-5 所示。

表 6-5　新、旧设备相关资料　　　　　　　　　　　　金额单位:元

项目	新设备	旧设备
原值	60 000	80 000
已使用年限(年)	0	4
未来可用年限(年)	8	4
预计净残值	4 000	0
可变现价值	60 000	30 000
每年产生的营业收入	28 000	23 000
每年发生的付现成本	9 000	10 000

解析　　新、旧设备净现值的计算如表 6-6 所示。

表 6-6　新、旧设备净现值计算表　　　　　　　　　　金额单位:元

项目	新设备	旧设备
营业收入	28 000	23 000
付现成本	9 000	10 000
折旧额	7 000	10 000
利润总额	12 000	3 000
企业所得税额	3 000	750
净利润	9 000	2 250
营业现金流量(第 1~7 年)	16 000	
营业现金流量(第 8 年)	16 000＋4 000＝20 000	
营业现金流量(第 1~4 年)		12 250
出售旧设备发生净损失的所得税节余	(40 000－30 000)×25%＝2 500	
出售旧设备的收入	30 000	

购置新设备方案的净现值为:

$$NPV_{新}=16\,000\times PVIFA_{10\%,7}+20\,000\times PVIF_{10\%,8}-60\,000$$
$$=16\,000\times 4.868\,4+20\,000\times 0.466\,5-60\,000$$
$$=27\,224.4(元)$$

继续使用旧设备方案的净现值为：

$$NPV_旧 = 12\ 250 \times PVIFA_{10\%,4} - (30\ 000 + 2\ 500)$$
$$= 12\ 250 \times 3.169\ 9 - 32\ 500 = 6\ 331.275(元)$$

（1）采用年均净现值法。

$$ANPV_新 = \frac{NPV_新}{PVIFA_{10\%,8}} = \frac{27\ 224.4}{5.334\ 9} = 5\ 103.08(元)$$

$$ANPV_旧 = \frac{NPV_旧}{PVIFA_{10\%,4}} = \frac{6\ 331.275}{3.169\ 9} = 1997.31(元)$$

由以上计算结果可知，购置新设备方案的年均净现值为 5 103.08 元大于继续使用旧设备方案的年均净现值 1 997.31 元。为此，公司应该购置新设备同时处置旧设备。

（2）采用最小公倍寿命法（项目复制比法）。

新设备方案的预计使用年限为 8 年，继续使用旧设备的预计使用年限是 4 年，两者的最小公倍寿命为 8 年。继续使用旧设备方案尚需再循环投资一次，才能达到 8 年。

更新新设备方案的净现值为：

$$NPV_新 = 27\ 224.4(元)$$

继续使用旧设备方案净现值为：

$$DNPV_旧 = 6\ 331.275 + 6\ 331.275 \times PVIF_{10\%,4} = 6\ 331.275 + 6\ 331.275 \times 0.682\ 7$$
$$= 10\ 653.64(元)$$

由计算结果可知，更新设备方案的净现值为 27 224.4 元，而旧设备方案按照最小公倍寿命期计算的净现值为 10 653.64 元小于更新设备方案的净现值，因此应该选择更新设备方案。

（二）资金限额投资决策

资金限额（capital rationing）决策是指在投资决策时，受限于企业资金总量，即便投资项目均具备财务可行性，公司也不可能同时进行投资，为了实现最佳财务管理目标，企业应将有限的资源进行最优化管理，对投资项目进行组合决策。为了筛选出最优的投资方案，企业需要计算各个独立备选项目以及投资组合的净现值，从中选出不超过资本限额且净现值最大的投资方案。具体步骤如下：

首先，计算各个独立投资项目的净现值 NPV，$NPV > 0$ 的投资项目具备财务可行性可以投资，而应该拒绝 $NPV < 0$ 的投资方案。

其次，将所有 $NPV > 0$ 的独立投资项目进行随机组合，如果有 n 个符合条件的项目，便有 $(2^n - 1)$ 个投资组合方案可供选择。

再次，根据企业资金量的大小，对备选的投资项目组合进行筛查，初始投资额超过资金限量的组合，均不被拒绝。

最后，计算符合资金约束条件的剩余投资组合的净现值 NPV，选择净现值最大的投资组合进行投资。

例 6-4 公司目前正在对 4 个备选投资项目进行评价，每个投资项目的投资期限均是 5 年，企业要求的必要报酬率为 10%，公司的最大资金总额为 700 万元。公司 4 个投资项目的现金流量分布如表 6-7 所示。

表 6-7　公司 4 个投资项目的现金流量分布　　　　金额单位：万元

项目	年次		
	0	1～4	5
A	−450	150	160
B	−300	120	135
C	−400	130	140
D	−250	100	110

解析　（1）4 个备选项目的净现值 NPV 的计算过程如下：

$NPV_A = -450 + 150 \times PVIFA_{10\%,4} + 160 \times PVIF_{10\%,5} = -450 + 150 \times 3.169\ 9 + 160 \times 0.620\ 9 = 124.83$（万元）

$NPV_B = -300 + 120 \times PVIFA_{10\%,4} + 135 \times PVIF_{10\%,5} = -300 + 120 \times 3.169\ 9 + 135 \times 0.620\ 9 = 164.21$（万元）

$NPV_C = -400 + 130 \times PVIFA_{10\%,4} + 140 \times PVIF_{10\%,5} = -400 + 130 \times 3.169\ 9 + 140 \times 0.620\ 9 = 99.01$（万元）

$NPV_D = -250 + 100 \times PVIFA_{10\%,4} + 110 \times PVIF_{10\%,5} = -250 + 100 \times 3.169\ 9 + 110 \times 0.620\ 9 = 135.29$（万元）

（2）由计算结果可知，备选的 A、B、C、D 四个投资项目均具备财务可行性，可以组合成 $(2^4 - 1)$ 个项目组合。由于最大资金总额为 700 万元，只有 A，B，C，D，AD，BC，BD，CD 等 8 个项目组合在资金限额之内，其余项目均不符合要求。在资金限额内的投资组合情况如表 6-8 所示。

表 6-8　在资金限额内的投资组合情况　　　　金额单位：万元

投资项目组合	项目投资总额	净现值总和
A	450	124.83
B	300	164.21
C	400	99.01
D	250	135.29
AD	700	260.12
BC	700	263.22
BD	550	299.5
CD	650	234.3

从表 6-8 的计算结果发现，BD 组合的净现值总额为 299.5 万元，是 8 个符合财务可行性且在企业资金总额范围内的备选投资组合中，净现值最大的组合，由此判断 BD 组合为最优组合。

（三）投资期选择决策

投资项目的投资期也称为建设期，是指从项目开始投入资金到项目完工达到预定可使用状态为止总共的时间长度。投资期不同会影响投资项目运营期现金流量的产生快慢,同时,对于同样的投资项目,由于投资额是既定的,投资期长短不同,会影响投资期内不同时间点对投资资金的需求量大小。简言之,投资期短,会导致短期内的企业各种要素资源投入压力较大,而随之的效益产生也较快;而投资期长,企业各种要素资源投入压力小,但是产生经济效益时间也延迟。企业应该结合自身资源现状,权衡利弊作出最有利于企业的投资决策。常见的投资决策分析方法有差量分析法以及净现值法,其中差量分析法计算简便,但是不能反映项目净现值,而净值法计算相对烦琐,但是能直接获得投资项目的净现值。

例6-5　公司拟进行一项投资,正常投资期为3年,每年160万元,3年总共投资480万元。第4~10年每年的营业现金净流量为200万元。为了更早产生现金流量,企业可以将投资期压缩为2年,每年均投资240万元,2年共需支出资金480万元,项目建成投产后的使用年限和运营期内各年营业现金净流量均保持不变。公司的资本成本率为10%,项目到期时不存在净残值,但是无论投资期长短,在竣工投产时均需要垫支营运资金80万元。要求根据以上项目资料判断是否应压缩投资期。

要求:

(1)用差量分析法计算不同投资期的现金流量的净现值差量。

(2)用净现值法计算不同投资期的项目净现值。

解析　(1)不同投资期的差量现金流量分析如6-9所示。

表6-9　不同投资期的差量现金流量分析　　　　　　　　　　　　金额单位:万元

项目类型	年次					
	0	1	2	3	4~9	10
正常投资期的项目	−160	−160	−160	−80	200	200
缩短投资期的项目	−240	−240	−80	200	200	
差量现金流量	80	80	−80	−280	0	200

净现值的差量为:

$$\Delta NPV = 80 + 80 \times PVIF_{10\%,1} + (-80) \times PVIF_{10\%,2} + (-280) \times PVIF_{10\%,3} + 200 \times PVIF_{10\%,10}$$
$$= 80 + 80 \times 0.909\ 1 - 80 \times 0.826\ 4 - 280 \times 0.751\ 3 + 200 \times 0.385\ 5 = -46.65(万元)$$

由以上计算结果可知,按照正常投资期进行投资会少获得46.65万元的净现值,为此,应该选择缩短投资期进行投资。

(2)正常投资期的净现值为:

$$NPV_{正常期} = -160 + (-160) \times PVIF_{10\%,1} + (-160) \times PVIF_{10\%,2} + (-80) \times PVIF_{10\%,3} + 200 \times PVIFA_{10\%,7} \times PVIF_{10\%,3}$$
$$= -160 - 160 \times 0.909\ 1 - 160 \times 0.826\ 4 - 80 \times 0.751\ 3 + 200 \times 4.868\ 4 \times 0.751\ 3$$
$$= 233.75(万元)$$

缩短投资期的净现值为:

$$NPV_{缩短期} = -240 + (-240) \times PVIF_{10\%,1} + (-80) \times PVIF_{10\%,2} + 200 \times PVIFA_{10\%,7} \times PVIF_{10\%,2}$$
$$= -240 - 240 \times 0.909\ 1 - 80 \times 0.826\ 4 + 200 \times 4.868\ 4 \times 0.826\ 4$$
$$= 280.35(万元)$$

由计算结果发现,按照正常投资期进行投资产生的净现值为 233.75 万元,而缩短投资期进行投资产生的净现值为 280.35 万元,因此,缩短期投资尽快建设完工投产,可以给公司创造更多的收益。

任务三　风险投资决策

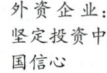

外资企业:坚定投资中国信心

中央企业计划在新疆完成投资近9 400 亿元

案例导入

风险投资助力宁德时代飞速发展

宁德时代成立于 2011 年。2018 年 6 月,宁德时代在深圳证券交易所挂牌上市。现已成为全世界最大规模的锂离子动力电池厂商,其自成立以来始终坚持研发新能源动力电池技术,不断推进新能源动力电池技术的创新。宁德时代主要采取直接投资、子公司投资以及投资基金模式的风险投资方式,积极在产业链的上、中、下游进行布局,围绕公司的主营业务向上延伸至锂电池材料及零部件、锂钴镍磷等矿产资源;向下则深入研究国内外车企、储能、充换电等方向,构建能源管理大平台。此外,还投资智能装备、智能制造、电子半导体等新领域。宁德时代通过控股、参股、合资等众多投资方式来不断加深与产业链上下游企业的联系,有效提升了企业整体综合实力。

通过阅读该案例思考,什么是风险投资? 企业进行风险投资的动因是什么? 应该如何进行风险投资决策以助力企业实现高质量发展?

考虑了风险因素的投资决策称为不确定性投资决策或者风险投资决策。风险投资决策方法类型较多,具体方法有:风险因素调整法、决策树法、敏感性分析法、盈亏平衡分析法、情景分析法等多种方法,本任务重点介绍较为常见的风险因素调整法的原理以及应用。影响风险项目净现值大小的因素包括各期的现金流量以及折现率,根据风险调整因素的不同,风险投资决策方法可分为按风险调整现金流量法和风险调整折现率法两种。

一、按风险调整现金流量法

由于风险因素的存在,投资项目各期发生的现金流量并不是完全确定的,这时在进行投资决策指标计算之前,必须先按照风险情况对各期现金流量进行调整。常见的按风险调整现金流量法有肯定当量法和概率法。

(一)肯定当量法

肯定当量法又称约当系数法,它是指将各年不确定的现金流量使用约当系数(肯定当量系数)进行折算调整为肯定的现金流量,并以无风险报酬率作为折现率,计算出新的净现值的方法。具体计算公式如下:

$$肯定的现金流量 = 不确定现金流量 \times 约当系数(d_t)$$

$$风险调整后净现值 NPV = \sum_{t=0}^{n} \frac{肯定的现金流量}{(1 + 无风险报酬率)^t}$$

式中:d_t 是第 t 年现金流量的约当系数,取值范围为 $0\sim1$,n 为项目的计算期。

采用约当系数可以将不确定的现金流量换算成确定的现金流量,也就是把全部风险成分从现金流量中剥离出来,换算成不含任何风险的现金流量。一般而言,约当系数的选择主观性比较强,决策者对待风险的态度不一致,面对同样的投资项目,作出的选择存在明显差异。在实际工作中,企业通常以标准离差率来衡量风险大小,以此作为选择约当系数的依据。约当系数的大小介于 0 和 1 之间,不同风险级别的现金流量对应的约当系数取值范围不同,不同风险范围下的约当系数如表 6-10 所示。

表 6-10 不同风险范围下的约当系数

现金流量的风险级别	约当系数的取值范围
现金流量确定	$d=1.00$
现金流量的风险较小	$0.80\leqslant d<1.00$
现金流量的风险一般	$0.40\leqslant d<0.80$
现金流量的风险较大	$0<d<0.40$

例 6-6 W 公司是一家实力雄厚的上市公司,现有一个投资项目甲可供选择,甲项目的现金流量状况如表 6-11 所示。该公司的最低的无风险报酬率为 6%。分析甲项目的投资风险。

表 6-11 甲项目的现金流量状况   金额单位:元

年数	现金流量	肯定当量系数	肯定现金流量	复利现值系数(6%)	调整前现值	调整后现值
0	−60 000	1.0	−60 000	1.000 0	−60 000.00	−60 000.00
1	16 000	0.9	14 400	0.943 4	15 094.40	13 584.96
2	16 000	0.8	12 800	0.890 0	14 240.00	11 392.00
3	16 000	0.7	11 200	0.839 6	13 433.60	9 403.52
4	16 000	0.6	9 600	0.792 1	12 673.60	7 604.16
5	16 000	0.5	8 000	0.747 3	11 956.80	5 978.40
		净现值			7 398.40	−12 036.96

解析 由表 6-11 的计算结果可知,调整前投资项目的净现值为 7 398.40 元大于 0,投资项目具备可行性,调整后甲项目的净现值为 −12 039.96 元小于 0,不具备财务可行性。因此,如果 W 公司不对现金流量进行折算,则很有可能作出错误的决策。

(二) 概率法

概率法又称为期望值决策法,该方法以各期现金流量的概率分布为权数,计算出各期的期望现金流量,最后计算出期望净现值,以新的净现值作为投资项目决策依据。

运用概率法时,期望现金流量的计算公式如下:

$$\overline{NCF_t} = \sum_{i=1}^{n} NCF_{ti}P_{ti}$$

公式中，$\overline{NCF_t}$ 表示第 t 年的期望净现金流量；NCF_{ti} 表示第 t 年第 i 种状态的净现金流量；P_{ti} 表示第 t 年的第 i 种状态发生的概率。

例 6-7 公司的甲投资项目每年的现金流量以及对应的概率分布情况如表 6-12 所示。公司的资本成本率为 10%。请计算甲项目的期望净现值指标并进行投资决策。

表 6-12 甲项目各年现金流量及概率分布 金额单位:元

第 0 年		第 1 年		第 2 年		第 3 年		第 4 年		第 5 年	
概率	NCF_0	概率	NCF_1	概率	NCF_2	概率	NCF_3	概率	NCF_4	概率	NCF_5
1.00	−80 000	0.3	15 000	0.2	30 000	0.3	25 000	0.5	14 000	0.3	14 000
		0.4	14 000	0.5	20 000	0.4	20 000	0.1	24 000	0.5	20 000
		0.3	17 000	0.3	10 000	0.3	30 000	0.4	40 000	0.2	26 000

解析

(1) 计算各年期望现金流量。

$\overline{NCF_1} = 0.3 \times 15\,000 + 0.4 \times 14\,000 + 0.3 \times 17\,000 = 15\,200(元)$

$\overline{NCF_2} = 0.2 \times 30\,000 + 0.5 \times 20\,000 + 0.3 \times 10\,000 = 19\,000(元)$

$\overline{NCF_3} = 0.3 \times 25\,000 + 0.4 \times 20\,000 + 0.3 \times 30\,000 = 24\,500(元)$

$\overline{NCF_4} = 0.5 \times 14\,000 + 0.1 \times 24\,000 + 0.4 \times 40\,000 = 25\,400(元)$

$\overline{NCF_5} = 0.3 \times 14\,000 + 0.5 \times 20\,000 + 0.2 \times 26\,000 = 19\,400(元)$

(2) 计算甲投资项目的期望净现值。

$$\overline{NPV} = \sum_{t=0}^{n} \overline{NCF_t} \times PVIF_{i,t}$$

$$= -80\,000 + 15\,200 \times 0.909\,1 + 19\,000 \times 0.826\,4 + 24\,500 \times 0.751\,3 + 25\,400 \times$$

$$0.682\,7 + 19\,400 \times 0.620\,9$$

$$= -2\,687.19(元)$$

甲投资项目的期望净现值为 −2 687.19 元,该项目不可行。

二、风险调整折现率法

风险调整折现率法是指在资本成本率中融入风险因素,通过使用调整后的折现率对各期现金流量进行折现,求出新的净现值,并据此进行投资决策的方法。风险调整折现率法易于操作、贴近实际,它的思路是:在计算风险项目的净现值时,风险越高就应该用越高的风险折现率;反之,则应该使用较低的风险折现率进行计算。调整后净现值的计算公式如下:

$$调整后净现值 = \sum_{t=0}^{n} \frac{期望现金流量_t}{(1+风险调整折现率)^t}$$

$$期望现金流量 = \sum 现金流量 \times 概率$$

常见的确定风险调整折现率的模型有风险报酬模型和资本资产定价模型等。

(一)风险报酬模型

投资项目的总报酬由无风险报酬率和风险报酬率两部分构成。具体计算公式如下:

$$K_i = R_f + b_i \times V_i$$

其中,K_i 为项目 i 的风险折现率;R_f 为无风险报酬率;b_i 为项目 i 的风险报酬系数;V_i 为项目 i 的标准离差率(变异系数)。

(二)资本资产定价模型在风险调整法中的应用

证券风险一般分为可分散风险和不可分散风险。参照证券风险的确定方法,投资项目的风险也拆分为可分散风险与不可分散风险两部分,其中可分散风险又称特定风险,可通过多元化投资组合消除,而不可分散风险又称系统风险,通过项目投资组合也无法消除,决策中必须予以考虑。基本计算公式如下:

$$K_i = R_f + \beta_i(R_M - R_f)$$

其中,K_i 为项目 i 的风险折现率;R_f 为无风险报酬率;β_i 为项目 i 的贝塔系数;R_M 为投资组合的平均报酬率。

例 6-8 公司拟对一个投资项目进行决策,预期投资项目产生的现金流量风险较大,其 β 值为 1.5。当前市场组合报酬率为 12%,无风险报酬率为 6%。各年现金流量如表 6-13 所示。计算项目风险调整折现率。

表 6-13 各年现金流量分布 金额单位:元

年次	0	1	2	3	4	5
现金流	−60 000	18 000	18 000	18 000	18 000	18 000

解析 根据资本资产定价模型来确定折现率:

项目的风险调整折现率＝4%＋1.5×(12%−6%)＝13%

不同折现率对应的净现值计算如表 6-14 所示。

表 6-14 不同折现率对应的净现值计算表 金额单位:元

年数	现金流量	复利现值系数(6%)	现金流量现值	复利现值系数(13%)	现金流量现值
0	−60 000	1.000 0	−60 000.0	1.000 0	−60 000.0
1	18 000	0.943 4	16 981.2	0.885 0	15 930.0
2	18 000	0.890 0	16 020.0	0.783 1	14 095.8
3	18 000	0.839 6	15 112.8	0.693 1	12 475.8
4	18 000	0.792 1	14 257.8	0.613 3	11 039.4
5	18 000	0.747 3	13 451.4	0.542 8	9 770.4
净现值(NPV)			15 823.2		3 311.4

由表6-14的计算结果可知,折现率调整之前,项目的净现值为15 823.2元,表明该项目具备财务可行性。考虑风险因素后,按照调整后的折现率计算,项目的净现值为3 311.4元,项目虽然仍具备财务可行性,但是项目的真实收益明显减少。为了使投资决策结果更加准确,在实际决策时应该考虑风险因素的影响。

 **思政小课堂**

勇于承担社会责任的东方雨虹

践行可持续发展是北京东方雨虹防水技术股份有限公司(以下简称东方雨虹)企业运营的内在因子,作为建筑建材系统服务商,东方雨虹始终秉持心怀天下、勇于承担社会责任的赤子之心,2024年4月18日晚间,东方雨虹正式发布2023年度可持续发展报告,这也是连续第16年发布社会责任/可持续发展报告。

早在2009年,东方雨虹就梳理公司创建以来的履责情况,发布了防水行业首份社会责任报告,也成为全国最早发布该报告的民企之一,并在2020年度全新升级为ESG可持续发展报告,以此向社会、行业、客户积极传递公司发展理念,坚守品质经营以及可持续发展的道义,以期带动行业共同成就可持续发展的愿景。

在社会责任领域,东方雨虹历来以"产业报国,服务利民"为指导思想,坚持履行企业社会责任,通过职业技能培训为行业培育工人、工匠;通过雨虹劳务平台服务施工队伍;通过帮扶弱势群体、援学助教、人居环境改善公益行等活动,巩固脱贫攻坚成果、助力教育事业发展、服务百姓居住环境,用真心行动奉献社会。

也正是基于在可持续发展领域的探索实践,东方雨虹上榜福布斯中国可持续发展工业企业TOP50、联合国工发组织中国建筑业企业社会责任优秀案例、中国上市公司ESG百强,得到了行业内外的广泛认可。

思政小贴士

企业应恪守高质量稳健发展的战略定位,奉行长期主义、持续艰苦奋斗,将风险管控放在首要位置,对外坚持以客户为中心,为客户提供高品质、专业化、完备的系统解决方案。对内创设内外部无边界沟通渠道,构建多维立体的员工关爱体系,施行多元化员工激励政策,畅通全员职业生涯发展通道,推进员工的成长与发展,全情回报员工、回馈社会。

《《 模块小结 》》

项目投资决策的重要评价标准是各种现金流量指标,而现金流量指标的基本构成要素是各期现金流量的准确计算,在计算各期现金流量时需遵循一系列的原则。

典型投资项目主要分为单一投资项目的评价分析和多个投资项目的比较与优选,其中多个投资项目的决策类型又包括常见的固定资产更新决策、资金限额决策以及投资期选择决策等。

　　考虑了风险因素的投资决策称为不确定性投资决策或者风险投资决策。风险投资决策方法类型较多,本章重点介绍较为常见的风险因素调整法的原理以及应用。由于影响风险项目净现值大小的因素包括各期的现金流量以及折现率,根据风险调整因素的不同,风险投资决策方法可分为按风险调整现金流量法和风险调整折现率法两种。

模块习题

一、单项选择题

1. 下列关于风险调整折现率法的描述中,正确的是(　　)。
   A. 应该使用较高的折现率来计算高风险项目的净现值
   B. 用无风险折现率作为贴现率
   C. 现金流量容易确定
   D. 能够准确估计远期现金流量的风险

2. 在进行投资项目评价时,投资者要求的风险报酬率取决于该项目的(　　)。
   A. 市场风险　　　　　B. 财务风险　　　　　C. 特种风险　　　　　D. 系统风险

3. 运用肯定当量法进行投资风险分析时,先用一个系数对某个项目进行调整,该项目为(　　)。
   A. 无风险的折现率　　　　　　　　　B. 有风险的折现率
   C. 无风险的现金流量　　　　　　　　D. 有风险的现金流量

4. 在投资项目风险调整中,根据风险的不同分别对不同年份的现金流量进行调整的方法是(　　)。
   A. 风险调整折现率法　　　　　　　　B. 净现值法
   C. 内部收益率法　　　　　　　　　　D. 风险调整现金流量法

5. 甲项目的 β 系数为 2,无风险报酬率为 8%,所有项目平均必要报酬率为 13%,则甲项目按风险调整的折现率为(　　)。
   A. 13%　　　　　B. 15%　　　　　C. 18%　　　　　D. 16%

6. 以下关于约当系数(肯定当量系数)的说法中,正确的是(　　)。
   A. 标准离差率越大,则约当系数也越高
   B. 如何准确、合理地确定约当系数较为困难
   C. 分析家对待风险的态度与约当系数之间是反方向变动关系
   D. 当现金流量风险较小时,可取较小的约当系数

7. 在新旧设备使用寿命不同的固定资产更新决策中,不可以使用的决策方法是(　　)。
   A. 年均净现值法　　　　　　　　　　B. 年均成本法
   C. 最小公倍寿命法　　　　　　　　　D. 差量分析法

8. 估计现金流量时应该注意的问题不包括(　　)。
   A. 必须考虑项目借款的利息支付和其他融资现金流
   B. 不能考虑沉没成本因素

C. 考虑项目对企业其他部门的影响

D. 充分关注机会成本

9. 若设定贴现率为 i 时，$NPV > 0$，则（　　　）。

A. $IRR > i$，应降低贴现率继续测试

B. $IRR > i$，应提高贴现率继续测试

C. $IRR < i$，应降低贴现率继续测试

D. $IRR < i$，应提高贴现率继续测试

10. 企业投资按投资项目之间的相互关联关系，可以划分为（　　　）。

A. 独立项目投资、互斥项目投资和相关项目投资

B. 对内投资与对外投资

C. 发展性投资与维持性投资

D. 项目投资与证券投资

二、多项选择题

1. 下列各项中，不属于风险调整折现率法的优点的有（　　　）。

A. 现金流量较为容易确定

B. 能够合理估计远期现金流量的风险

C. 用一个系数将有风险的折现率调整为无风险的折现率

D. 符合风险调整逻辑关系并且应用较为广泛

2. 投资项目的风险来源包括（　　　）。

A. 公司风险　　　　B. 市场风险　　　　C. 财务风险　　　　D. 经营风险

3. 在互斥项目的决策中，分别采用净现值与内含报酬率标准时会得出相反的结论，出现这种现象的原因可能有（　　　）。

A. 项目的投资期限不同　　　　　　　　B. 项目的现金流量模式不同

C. 项目的盈利能力不同　　　　　　　　D. 项目的投资规模不同

4. 提高某一投资项目净现值的途径有（　　　）。

A. 提高所采用的折现率　　　　　　　　B. 降低所采用的折现率

C. 提高产品的销售单价　　　　　　　　D. 增加固定成本

5. 预测投资项目现金流量时需要遵循增量原则，一般应考虑项目的有（　　　）。

A. 机会成本　　　　B. 历史成本　　　　C. 经营付现成本　　　　D. 沉没成本

三、判断题

1. 风险越大，肯定当量系数 α 取值越小。　　　　　　　　　　　　　　　（　　　）

2. 投资风险越大，投资者要求的回报越低。　　　　　　　　　　　　　　　（　　　）

3. 进行长期投资决策时，如果某一备选方案净现值大于 0，那么该方案的获利指数一定大于 1。　　　　　　　　　　　　　　　　　　　　　　　　　　　　　　　　（　　　）

4. 净现值指标计算既不考虑时间价值，也不考虑风险因素。　　　　　　　　（　　　）

5. 非折现指标又称静态指标，包括投资利润率和获利指数等指标。　　　　　（　　　）

6. 内含报酬率指标可从动态的角度反映投资项目的实际投资收益率水平。（　　）

7. 净现值法适用于原始投资额相同，但寿命期不相同的多方案比较决策。（　　）

8. 企业取得借款应视为项目相关现金流入，而归还借款和支付利息则应视为项目相关现金流出。（　　）

9. 一般情况下，使某投资方案的净现值小于零的贴现率，一定高于该投资方案的内含报酬率。（　　）

10. 利用内含报酬率法评价投资项目时，计算出的内含报酬率是方案本身的投资报酬率，因此不需再估计投资项目的资金成本或最低报酬率。（　　）

四、计算分析题

1. 甲公司拟投资于甲项目，初始投资额为 900 万元，预计各年的现金流量及其分布情况如表 6-15 所示。甲公司要求的无风险报酬率为 7%，假设其风险补偿率为 2%。

表 6-15　预计各年现金流量及概率分布情况　　　　金额单位：万元

年次	现金流量	发生的概率	期望值
0	−900	1	−900
1	100	0.3	
	170	0.4	170
	240	0.3	
2	260	0.4	
	100	0.2	204
	200	0.4	
3	220	0.4	
	280	0.5	254
	260	0.1	
4	210	0.4	
	290	0.4	250
	250	0.2	

要求：

（1）计算公司各年的期望现金流量。

（2）计算其风险调整折现率。

（3）按风险调整折现率法计算净现值，并判断甲项目是否具备财务可行性。

2. 北海公司现有 A、B、C、D、E 五个投资项目,各个项目的现金流量情况如表 6-16 所示。

表 6-16　各个项目的现金流量情况　　　　　　　　　单位:万元

项目	原始投资	净现值
A	290	90
B	200	80
C	100	30
D	110	60
E	150	−20

要求:分别就以下各不相干的问题作出正确的决策。

(1) 公司资金总额充裕,资金总额不受限制。

(2) 公司资金总额受到限制,仅有 500 万元。

3. 某公司计划对已有的旧设备用一台效率更高的新设备来替换,以提高生产效率,实现降低成本、增加利润的目的。新旧设备均采用直线法计提折旧,相关资料如表 6-17 所示。该公司的资金成本率为 10%,适用的企业所得税税率为 25%。

表 6-17　新旧设备相关资料　　　　　　　　　金额单位:元

项目	新设备	旧设备
原值	80 000	110 000
已使用年限(年)	0	5
未来可用年限(年)	5	5
预计使用年限(年)	5	10
预计净残值	8 000	10 000
可变现价值	80 000	35 000
每年产生的营业收入	60 000	40 000
每年发生的付现成本	20 000	2 5000

要求:分析该公司是否应该进行设备更新。

模块七
企业分配管理

模块导言

　　本模块主要介绍企业收益分配的相关内容、股利政策的相关内容,以及股票股利、股票分割与股票回购,重点掌握股利分配的各种政策。学生通过本模块的学习,能够正确选择企业股利分配的政策,熟练掌握股票分割和股票回购的操作技巧。

学习目标

1. 知识目标
(1) 了解股利分配理论、股票回购。
(2) 掌握净利润分配的程序、影响股利分配政策的因素。
2. 技能目标
(1) 能区分不同的股利政策。
(2) 能区分股票股利、股票分割、股票回购。
3. 素养目标
(1) 遵守《公司法》等法律规范。
(2) 遵守职业道德标准,严格执行收益分配相关规定和要求。
(3) 保证企业收益分配、股利政策选择和实施、股票分割与股票回购等工作合法合规。

思维导图

```
                    ┌──────────────────┐     ┌─────────────────┐
                    │                  │─────│  收益分配的概念   │
                    │                  │     └─────────────────┘
                    │  企业收益分配概述  │     ┌─────────────────┐
                    │                  │─────│  收益分配的原则   │
                    │                  │     └─────────────────┘
                    │                  │     ┌─────────────────┐
                    │                  │─────│ 企业净利润的分配程序│
                    └──────────────────┘     └─────────────────┘
┌──────┐            ┌──────────────────┐     ┌─────────────────┐
│      │            │                  │─────│  股利分配理论     │
│ 企业 │            │                  │     └─────────────────┘
│ 分配 │────────────│   股利政策        │     ┌─────────────────┐
│ 管理 │            │                  │─────│  股利政策的类型   │
│      │            │                  │     └─────────────────┘
│      │            │                  │     ┌──────────────────────┐
│      │            │                  │─────│ 制定股利分配政策时应考虑的因素│
└──────┘            └──────────────────┘     └──────────────────────┘
                    ┌──────────────────┐     ┌─────────────────┐
                    │                  │─────│  股票股利        │
                    │ 股票股利、股票分   │     └─────────────────┘
                    │ 割与股票回购      │     ┌─────────────────┐
                    │                  │─────│  股票分割        │
                    │                  │     └─────────────────┘
                    │                  │     ┌─────────────────┐
                    │                  │─────│  股票回购        │
                    └──────────────────┘     └─────────────────┘
```

任务一　企业收益分配概述

[正点财经]
多家银行加
大力度支持
上市公司股
票回购增持

案例导入

格力电器股利分派公告

2024年4月29日,珠海格力电器股份有限公司(以下简称格力电器)公布了2023年度权益分派实施公告。其分配方案为:以本次利润分配预案披露时享有利润分配权的股本总额 5 521 943 646 股(总股 5 631 405 741 股扣除公司回购账户持有的股份 109 462 095 股)为基数,向全体股东每 10 股派发现金股利 23.80 元(含税),不送红股,不以资本公积金转增股本,共计派发现金股利 13 142 225 877.48 元,剩余未分配利润结转至以后年度分配。

你了解企业的收益分配吗? 你了解格力电器采用哪种股利支付形式吗?

一、收益分配的概念

按照现代企业理论,企业是不同的利益主体如股东、员工、债权人之间达成的一组契约关系,不同的利益主体将自己拥有的资源投入企业,目的就是从企业的生产经营中获得收益。因此,收益分配就是界定企业在生产经营过程中的经营成果如何在相关的利益主体之间进行分配的一种行为。企业分配包括企业分配的对象和参与企业分配的主体两个要素。企业分配的对象是指企业在生产经营中的经营成果,即企业收益。参与企业分配的主体为公司的生产经营活动提供相应的资源或服务。

二、收益分配的原则

（一）依法分配原则

企业的收入与分配必须依法进行。为了规范企业的收入分配行为,维护各利益相关者的合法权益,国家颁布了相关法规。这些法规规定了企业收入分配的基本要求、一般程序和重要比例,企业应当认真执行,不得违反。

（二）分配与积累并重原则

企业的收入分配必须坚持积累与分配并重的原则。企业通过经营活动获取收入,既要保证企业简单再生产的持续进行,又要不断积累企业扩大再生产的财力基础。恰当处理分配与积累之间的关系,留存一部分净利润,能够增强企业抵抗风险的能力,同时,也可以提高企业经营的稳定性与安全性。

（三）兼顾各方利益原则

企业的收入分配必须兼顾各方面的利益。企业是经济社会的基本单元,企业的收入分配涉及国家、企业股东、债权人、职工等多方面的利益。正确处理他们之间的关系,协调他们之间的矛盾,对企业的生存、发展是至关重要的。企业在进行收入分配时,应当统筹兼顾,维护各利益相关者的合法权益。

（四）投资与收益对等原则

企业进行收入分配应当体现"谁投资谁受益"、收入大小与投资比例相对等的原则。这是正确处理投资者之间利益关系的关键。企业在向投资者分配收入时,应本着平等一致的原则,按照投资者投资额的比例进行分配,不允许任何一方随意多分多占,以从根本上实现收入分配中的公开、公平和公正,保护投资者的利益。

思政小贴士

兼顾各方利益原则体现公正的社会主义核心价值观。只有多个方面形成合力,多渠道、多举措创造条件,每一个社会成员提高公众素质,才能真正意义上实现社会公正。公正是人类共同的信念和追求。

三、企业净利润的分配程序

按照现行《公司法》的相关规定,企业缴纳所得税后的净利润应遵循如下分配顺序。

（一）弥补以前年度亏损

按照现行制度规定,企业的法定公积金不足以弥补以前年度亏损的,可用当年利润弥补。

（二）提取法定盈余公积金

法定盈余公积金的提取比例为当年税后利润（弥补亏后）的 10%。当年法定盈余公积的累积额已达注册资本的 50% 时,可以不再提取。法定盈余公积金提取后,根据企业的需要,可用于弥补亏损或转增资本,但企业用盈余公积金转增资本后,法定盈余公积金的余额不得低于转增前公司注册资本的 25%。提取法定盈余公积金是为了增加企业内部积累,以利于企业扩大再生产。

（三）提取任意盈余公积金

公司从税后利润中提取法定公积金后，经股东会或股东会决议，还可以从税后利润中提取任意盈余公积金。这是为了满足企业经营管理的需要，控制向投资者分配利润的水平，以及调整各年度利润分配的波动。

（四）向股东（投资者）分配股利（利润）

公司弥补亏损和提取公积金后的税后利润，可以向股东（投资者）分配股利（利润）。其中，有限责任公司股东按照实缴的出资比例分取红利，全体股东约定不按照出资比例分取红利的除外；股份有限公司按照股东持有的股份比例分配，但股份有限公司章程规定不按照持股比例分配的除外。此外，近年来，以期权形式或类似期权形式进行的股权激励在一些大公司逐渐流行起来，从本质上来说，股权激励是企业对管理层或者员工进行的一种经济利益分配。

任务二 股利政策

公司回购股东股权的法定情形

案例导入

格力电器大手笔分红

格力电器的股利分配政策在近年来表现出一定的稳定性，且呈现出积极分红的趋势。格力电器在 2023 年度的利润分配预案中，计划每 10 股派发现金红利 23.80 元（含税），不进行资本公积金转增股本，也不送红股。格力电器在 2022 年中期也实施了分红，每 10 股派发现金股利 10 元（含税），共计派发现金股利 55.37 亿元。根据公司公布的《未来三年股东回报规划（2022—2024 年）》，格力电器在这三年内每年将进行两次利润分配，即年度利润分配及中期利润分配，并且每年累计现金分红总额不低于当年净利润的 50%。

总的来说，格力电器的股利分配政策显示了公司对股东回报的重视，同时也体现了公司良好的财务状况和盈利能力。

思考：你知道格力电器大手笔分红所依据的股利理论是什么吗？格力电器采取的股利政策是什么呢？

一、股利分配理论

企业的股利分配方案既取决于企业的股利政策，又取决于决策者对股利分配的理解与认识，即股利分配理论。股利分配理论是指人们对股利分配的客观规律的科学认识与总结，其核心问题是股利政策与公司价值的关系问题。在市场经济条件下，股利分配要符合财务管理目标。人们对股利分配与财务目标之间关系的认识存在不同的流派与观念，还没有一种被大多数人所接受的权威观点和结论。但主要有以下几种较流行的观点。

（一）股利无关论

股利无关论认为,在一定的假设条件限制下,股利政策不会对公司的价值或股票的价格产生任何影响,投资者不关心公司股利的分配。公司市场价值的高低,是由公司所选择的投资决策的获利能力和风险组合所决定的,而与公司的利润分配政策无关。由于公司对股东的分红只能采取派现或股票回购等方式,在完全有效的资本市场上,股利政策的改变就仅仅意味着股东的权益在现金股利与资本利得之间分配上的变化。如果投资者按理性行事的话,这种改变不会影响公司的市场价值以及股东的财富。该理论是建立在完全资本市场理论之上的,假定条件包括:第一,市场具有强式效率,没有交易成本,没有任何一个股东的实力足以影响股票价格;第二,不存在任何公司或个人所得税;第三,不存在任何筹资费用;第四,公司的投资决策与股利决策彼此独立,即投资决策不受股利分配的影响;第五,股东对股利收入和资本增值之间并无偏好。

（二）"一鸟在手"理论

"一鸟在手"理论认为,用留存收益再投资给投资者带来的收益具有较大的不确定性,并且投资的风险随着时间的推移会进一步加大,因此,厌恶风险的投资者会偏好确定的股利收益,而不愿将收益留存在公司内部去承担未来的投资风险。该理论认为公司的股利政策与公司的股票价格是密切相关的,即当公司支付较高的股利时,公司的股票价格会随之上升,公司价值将得到提高。

（三）税收差别理论

税收差别理论认为,由于普遍存在的税率以及纳税时间的差异,资本利得收益比股利收益更有助于实现收益最大化目标,公司应当采用低股利支付率政策。一般来说,对资本利得收益征收的税率低于对股利收益征收的税率;再者,即使两者没有税率上的差异,由于投资者对资本利得收益的纳税时间选择更具有弹性,投资者仍可以享受延迟纳税带来的收益差异。

> **思政小贴士**
>
> 企业和个人缴纳的所得税是国家财政收入的主要来源,用于经济、教育、科技、国防、文化体育、社会保障和基础设施建设,正所谓"取之于民,用之于民"。我们要树立爱国、守法、诚信等社会主义核心价值观,遵守税收法律法规,依法纳税,诚信纳税。

二、股利政策的类型

股利政策是在法律允许的范围内,企业针对是否发放股利、发放多少股利及如何发放股利等问题制定的方针和政策。其实质是决定留用利润和股利分配的比例。

（一）剩余股利政策

1. 剩余股利政策的含义

剩余股利政策是指公司在有良好的投资机会时,根据目标资本结构,测算出投资所需的权益资本额,先从盈余中留用,然后将剩余的盈余作为股利来分配的政策,即净利润首先满足公司的资金需求,如果还有剩余,就派发股利;如果没有,则不派发股利。剩余股利政策的理论依据是股利无关理论。根据股利无关理论,在完全理想的资本市场中,公司的股利政策与普通股每股市价无关,故而股利政策只需随着公司投资、融资方案的制定而自然确定。因此,采用剩余股利政策时,公司要遵循如下四个步骤:

(1)设定目标资本结构,在此资本结构下,公司的加权平均资本成本将达最低水平。

(2)确定公司的最佳资本预算,并根据公司的目标资本结构预计资金需求中所加的权益资本数额。

(3)最大限度地使用留存收益来满足资金需求中所需增加的权益资本数额。

(4)留存收益在满足公司权益资本增加需求后,若还有剩余再用来发放股利。

例 7-1 公司 2024 年税后净利润为 500 万元,2025 年的投资计划需要资金 600 万元,公司的目标资本结构为权益资本占 60%,债务资本占 40%。

要求:

(1)在保持目标资本结构的前提下,计算 2025 年投资方案所需的自有资金额和需要从外部借入的资金额。

(2)在保持目标资本结构的前提下,如果公司执行剩余股利政策,计算 2024 年度应分配的现金股利。

(3)假设该公司当年流通在外的普通股为 500 万股,计算每股股利。

解析 公司投资方案所需的权益资本数额＝600×60%＝360(万元)

公司当年全部可用于分派的盈利为 500 万元,除了满足上述投资方案所需的权益资本数额外,还有剩余可用于发放股利。

2024 年公司可以发放的股利额＝500－360＝140(万元)

假设该公司当年流通在外的普通股为 500 万股,那么,每股股利为 0.28 元(140÷500)。

2. 剩余股利政策的优缺点

(1)剩余股利政策的优点是留存收益优先满足再投资的需要,有助于降低再投资的资金成本,保持最佳的资本结构,实现企业价值的长期最大化。

(2)剩余股利政策的缺点有:若完全遵照执行剩余股利政策,股利发放额就会每年随着投资机会和盈利水平的波动而波动。在盈利水平不变的前提下,股利发放额与投资机会的多寡呈反方向变动;而在投资机会维持不变的情况下,股利发放额将与公司盈利呈同方向波动。剩余股利政策不利于投资者安排收入与支出,也不利于公司树立良好的形象。

3. 剩余股利政策的适用范围

剩余股利政策一般适用于公司初创阶段。

(二)固定或稳定增长的股利政策

1. 固定或稳定增长的股利政策的含义

固定或稳定增长的股利政策是指公司将每年派发的股利额固定在某一特定水平或是在此基础上维持某一固定比率逐年稳定增长的政策。公司只有在确信未来盈余不会发生逆转时才会宣布实施固定或稳定增长的股利政策。在这一政策下,公司应首先确定股利分配额,而且该分配额一般不随资金需求的波动而波动。

2. 固定或稳定增长的股利政策的优缺点

1)固定或稳定增长的股利政策的优点

(1)稳定的股利向市场传递着公司正常发展的信息,有利于树立公司的良好形象,增强投资者对公司的信心,稳定股票的价格。

(2) 稳定的股利额有助于投资者安排股利收入和支出,有利于吸引那些打算进行长期投资并对股利有很高依赖性的股东。

(3) 固定或稳定增长的股利政策可能会不符合剩余股利理论,但考虑到股票市场会受多种因素影响(包括股东的心理状态和其他要求),为了将股利或股利增长率维持在稳定的水平上,即使推迟某些投资方案或暂时偏离目标资本结构,也可能比降低股利或股利增长率更为有利。

2) 固定或稳定增长的股利政策的缺点

股利的支付与企业的盈利相脱节,不论公司盈利多少,都要支付固定的或按固定比率增长的股利,这可能会导致企业资金紧缺,财务状况恶化。此外,在企业无利可分的情况下,若依然实施固定或稳定增长的股利政策,也是违反《公司法》的行为。

3. 固定或稳定增长的股利政策的适用范围

固定或稳定增长的股利政策要求公司对未来的盈利和支付能力能作出准确的判断。一般来说,公司确定的固定股利额不宜太高,以免陷入无力支付的被动局面。固定或稳定增长的股利政策通常适用于经营比较稳定或正处于成长期的企业,但很难被长期采用。

(三) 低正常股利加额外股利政策

1. 低正常股利加额外股利政策的含义

低正常股利加额外股利政策是指公司事先设定一个较低的正常股利额,每年除了按正常股利额向股东发放股利外,还在公司盈余较多、资金较为充裕的年份向股东发放额外股利的政策。但是,额外股利并不固定化,这个政策不意味着公司永久地提高了股利支付额。

2. 低正常股利加额外股利政策的优缺点

1) 低正常股利加额外股利政策的优点

(1) 这个政策赋予公司较大的灵活性使公司在股利发放上留有余地,并具有较大的财务弹性。公司可根据每年的具体情况,选择不同的股利发放水平,以稳定和提高股价,进而实现公司价值的最大化。

(2) 这个政策使那些依靠股利度日的股东每年至少可以得到虽然较低但比较稳定的股利收入,从而留住这部分股东。

2) 低正常股利加额外股利政策的缺点

(1) 由于各年度之间公司盈利的波动使得额外股利不断变化,分派的股利不同,容易给投资者造成收益不稳定的感觉。

(2) 当公司在较长时间持续发放额外股利后,这部分股利可能会被股东误认为是"正常股利"。一旦取消额外股利,传递出的信号可能会使股东认为这是公司财务状况恶化的表现,进而导致股价下跌。

3. 低正常股利加额外股利政策的适用范围

相对来说,对那些盈利随着经济周期而波动较大的公司或者盈利与现金流量很不稳定时,低正常股利加额外股利政策也许是一种不错的选择。

(四) 固定股利支付率政策

1. 固定股利支付率政策的含义

固定股利支付率政策是指公司将每年按照某一固定比率将净利润的一部分作为股利分

派给股东的政策。这一比率通常称为股利支付率,股利支付率一经确定,一般不得随意变更。在这一股利政策下,只要公司的税后利润一经计算确定,所派发的股利也就相应确定了。固定股利支付率越高,公司留存的净利润越少。

2. 固定股利支付率政策的优缺点

1) 固定股利支付率政策的优点

(1) 采用固定股利支付率政策,股利与公司盈余紧密地配合,体现了"多盈多分、少盈少分、无盈不分"的股利分配原则。

(2) 公司的获利能力在年度间是经常变动的,因此,每年的股利也应当随着公司收益的变动而变动。采用固定股利支付率政策,公司每年按固定的比例从税后利润中支付现金股利,从企业的支付能力的角度看,这是一种稳定的股利政策。

2) 固定股利支付率政策的缺点

(1) 大多数公司每年的收益很难保持稳定不变,这会导致年度间的股利额波动较大,由于股利的信号传递作用,波动的股利很容易给投资者带来经营状况不稳定、投资风险较大的不良影响,成为影响股价的不利因素。

(2) 这一政策容易使公司面临较大的财务压力。这是因为公司实现的盈利多,并不能代表公司有足够的现金流用来支付较多的股利额。

(3) 合适的固定股利支付率的确定难度比较大。

3. 固定股利支付率政策的适用范围

由于公司每年面临的投资机会、筹资渠道都不同,而这些都可以影响公司的股利分派,一成不变地奉行固定股利支付率政策的公司在实际中并不多见,固定股利支付率政策只是较适用于那些处于稳定发展且财务状况也较稳定的公司。

例 7-2 公司 2024 年度净利润为 10 000 万元,假设公司采用固定股利支付率政策进行股利分配,确定的股利支付率为 20%,请确定该公司 2024 年度可向投资者分红(发放股利)的金额。

解析 公司本年度支付股利＝10 000×20%＝2 000(万元)

三、制定股利分配政策时应考虑的因素

尽管有上述四种常见的股利分配政策可供选用,但企业在制定股利分配政策时仍应考虑如下因素,以选择合适的股利政策。

(一) 企业的投资机会

企业的投资机会是影响企业股利政策的一个非常重要的因素。在企业有良好的投资机会时,应当考虑少发放现金股利,增加留存利润以用于再投资,这样可以加速企业的发展,增强企业未来的盈利能力。在企业没有良好的投资机会时,可以多发放现金股利。

(二) 企业的资金成本

资金成本是企业选择筹资方式的基本依据。留存利润是企业内部筹资的一种重要方式,同发行新股票相比,它具有成本低的优点。因此,在制定股利政策时,应充分考虑资金成本的影响。

（三）企业的现金流量

企业在经营活动中，必须有充足的现金，否则就会发生支付困难。企业在发放现金股利时，必须考虑现金流量以及资产的流动性，过多发放现金股利会减少企业的现金持有量，影响未来的支付能力。

（四）企业所处的生命周期

企业理所当然地应该采用最符合其当前所处生命周期阶段的股利政策。一般来说，处于快速成长期的企业有较多的投资机会，通常不会发放很多股利，因为企业需要大量的现金流量来扩大企业规模，所以企业不愿意将大量的盈余给股东发放股利；而成熟期的企业一般会发放较多的股利。

（五）企业所处的行业

不同行业的股利支付率存在系统性差异。其原因在于，投资机会在行业内是相似的，而在不同行业间存在着差异。

（六）企业的股权结构

股利政策必须经过股东会决议通过才能实施，而不同的股东对现金股利和资本利得的偏好不同，因此股权结构对企业的股利政策具有重要的影响。如果企业股东中依赖于企业股利维持生活的股东或可以享受股利收入减免税的机构股东较多，则这些股东倾向于企业多发放现金股利，而反对企业留利过多；如果企业股东中边际收入税率很高的高收入阶层较多，则高收入阶层的股东为了合理避税往往反对企业发放过多的现金股利；如果企业股权相对集中，对企业有一定控制权的大股东出于对企业控制权可能被稀释的担心，往往倾向于企业少发放现金股利，多留存利润，这样就不需要进行新的股权融资来筹集资金。

（七）其他因素

其他因素包括法律因素和契约性约束等。法律因素是指有关法律法规对公司股利分配的限制，如《公司法》和《证券法》规定，不能用筹集的经营资本发放股利，公司只有在保证公司偿债能力的基础上才能发放股利等。契约性约束是指当企业以长期借款、债券契约、优先股协议以及租赁合约的形式向企业外部筹资时，常常应对方的要求，接受一些关于股利支付的限制。这种契约性约束的目的在于促使企业把利润的一部分按有关条款的要求，以某种形式进行再投资，以保障债权人等相关利益主体的利益。

任务三　　股票股利、股票分割与股票回购

案例导入

申请股票上市的条件

格力电器大手笔回购股票

格力电器在 2023 年 10 月 30 日宣布了其第四期股份回购计划，并在 2023 年 12 月 29 日完成了该计划。根据该计划，格力电器在两个月内斥资 30 亿元人民币回购了 9 189.8 万股，占公司总股本的 1.63%。这是格力电器自 2020 年以来第四次实施股份

回购,累计回购金额约为 300 亿元人民币。此前的三次回购分别在 2020—2021 年进行,回购规模也均达到了计划的上限。

此次回购的股份将存放于回购专用证券账户,格力电器计划将这些股份用于未来的股权激励或员工持股计划。在回购期间,公司部分高管也有买入公司股票的行为,但这些行为是基于市场公开信息和个人的投资决策。

格力电器的这一举措显示出公司对自身价值的信心,以及对股东利益的重视。此外,格力电器在 2023 年的业绩表现也显示出其稳健的财务状况和良好的发展前景。公司预计 2023 年全年实现营收 2 050 亿～2 100 亿元,同比增长 7.8%～10.4%,净利润预计达到 270 亿～293 亿元,同比增长 10.2%～19.6%。

格力电器的这一系列动作,包括大手笔的股份回购和稳定的业绩增长,显示了其作为行业领导者的实力和市场影响力。

什么是股票回购? 它与股票股利有什么区别? 股票回购会给企业带来什么影响呢?

现金股利是以现金支付的股利,它是股利支付最常见的方式。公司选择发放现金股利除了要有足够的留存收益外,还要有足够的现金,而现金充足与否往往会成为公司发放现金股利的主要制约因素。

除现金股利外,企业还可以以股票股利、股票分割、股票回购等方式回报股东。以下对这些方式进行简要介绍。

一、股票股利

(一)股票股利的含义

股票股利又称为红股,是公司以增发股票的方式支付的股利。发放股票股利对公司来说,并没有现金流出企业,也不会导致公司的财产减少,而只是将公司的未分配利润转化为股本和资本公积。但是,股票股利会增加流通在外的股票数量,同时降低股票的每股价值。它不改变公司股东权益总额,但会改变股东权益的构成。

例 7-3　某深交所上市公司在 2024 年股票股利发放前股东权益情况如表 7-1 所示,假定该公司宣布发放 10% 的股票股利,规定现有股东每持 10 股可得 1 股新发放股票。该股票当时市价为 5 元。

要求:

(1)股票面值不变时,计算股利发放后股东权益各个项目的金额。

(2)如果某股东原持有的普通股数为 10 万股,计算该股东股利发放前后持股比例。

(3)计算股利发放后每股净资产。

表 7-1　股票股利发放前的股东权益情况表　　　　　　　金额单位:万元

股东权益	金额
普通股(面额 1 元,发行在外 2 000 万股)	2 000
资本公积	3 000

（续表）

股东权益	金额
盈余公积	2 000
未分配利润	3 000
股东权益合计	10 000

解析　随着股票股利的发放，需从"未分配利润"项目划转出的资金为：

$5 \times 2\,000 \times 10\% = 1\,000$（万元）

发放股票股利后，公司股东权益如表7-2所示。

表7-2　股票股利发放后的股东权益情况表　　　　金额单位：万元

股东权益	金额
普通股（面额1元，发行在外2 200万股）	2 200
资本公积	3 800
盈余公积	2 000
未分配利润	2 000
股东权益合计	10 000

股票股利发放后，所有者权益总额不变，只是所有者权益的结构发生了变化，普通股本增加了200万元，而未分配利润减少了1 000万元。

如果某股东原持有的普通股数为10万股，该股东的持股比例为：

$10 \div 2\,000 \times 100\% = 0.5\%$

发放股票股利后，该股东的股份数和持股比例为：

$10 \times (1 + 10\%) = 11$（万股）

$11 \div 2\,200 \times 100\% = 0.5\%$

每股净资产为：

$10\,000 \div (2\,000 + 200) = 4.55$（元/股）

可见，发放股票股利，不会对公司股东权益总额产生影响，但会引起资金在各股东权益项目间的再分配。而且股票股利派发前后每一位股东的持股比例也不会发生变化。

知识拓展

（1）我国法律规定，股票股利按照面值发放；西方国家法律规定，股票股利按照市价发放。

（2）分配股票股利的会计账务处理为：

借：利润分配——转作股本的股利

　　贷：股本

（二）股票股利的意义

发放股票股利虽不直接增加股东的财富，也不增加公司的价值，但对股东和公司都有特殊的意义。

对股东来讲,股票股利的意义主要有:

(1)理论上,派发股票股利后,每股市价会呈反比例下降,但实务中这并非必然结果。因为市场和投资者普遍认为,发放股票股利往往预示着公司会有较大的发展和成长,这样的信息传递会稳定股价或使股价下降比例减小甚至不降反升,股东便可以获得股票价值相对上升的好处。

(2)由于股利收入和资本利得税率的差异,如果股东把股票股利出售,还会给他带来资本利得纳税上的好处。

对公司来讲,股票股利的意义主要有:

(1)发放股票股利不需要向股东支付现金,在再投资机会较多的情况下,公司就可以为再投资提供成本较低的资金,从而有利于公司的发展。

(2)发放股票股利可以降低公司股票的市场价格,既有利于促进股票的交易和流通,又有利于吸引更多的投资者成为公司股东,进而使股权更为分散,有效地防止公司被恶意控制。

(3)股票股利的发放可以传递公司未来发展前景良好的信息,从而增强投资者的信心,在一定程度上稳定股票价格。

二、股票分割

(一)股票分割的含义

股票分割又称拆股,是指将面额较高的股票分割为面额较低的股票的行为,如将原来的一股股票分割为两股股票。

股票分割一般只会增加发行在外的股票总数,不会对公司的资本结构产生任何影响。股票分割与股票股利非常相似,都是在不增加股东权益的情况下增加了股份的数量。不同的是,虽然股票股利不会引起股东权益总额的改变,但股东权益的内部结构会发生变化。而股票分割之后,股东权益总额及其内部结构都不会发生任何变化,变化的只是股票面值。

(二)股票分割的意义

1. 股票分割降低股票价格

股票分割会使每股市价降低,买卖该股票所需资金量减少,从而可以促进股票的流通和交易。流通性的提高和股东数量的增加,会在一定程度上加大对公司股票恶意收购的难度。

2. 股票分割有利于公司发行新股

降低股票价格还可以为公司发行新股做准备,因为股价太高会使许多潜在投资者力不从心而不敢轻易对公司股票进行投资。

3. 股票分割可以传递有利的信息

股票分割可以向市场和投资者传递"公司发展前景良好"的信号,有助于提高投资者对公司股票的信心。

例 7-4 承例 7-3,假设该公司按照 1:2 的比例进行股票分割。股票分割后,股东权益有何变化?每股净资产是多少?

解析 股票分割后股东权益情况如表 7-3 所示。股东权益合计保持不变,每股净资产降低。

表 7-3 股票分割后股东权益情况表   金额单位:万元

股东权益	金额
普通股(面额 0.5 元,发行在外 4 000 万股)	2 000
资本公积	3 000
盈余公积	2 000
未分配利润	3 000
股东权益合计	10 000

每股净资产=10 000÷(2 000×2)=2.5(元/股)

三、股票回购

(一)股票回购的含义

股票回购是指公司出资购回自身发行在外的股票。

股票回购时,公司以多余现金购回股东所持有的股份,使流通在外的股份减少,每股股利增加,从而会使股价上升,股东能因此获得资本利得,这相当于公司支付给股东现金股利。基于公司向股东回馈收益的角度,从现金分配及对股东权益影响的层面来看,股票回购在一定程度上能够充当现金股利的替代方式。

我国《公司法》规定,公司不得收购本公司股份,但有下列情形之一的除外:

(1)减少公司注册资本。

(2)与持有本公司股份的其他公司合并。

(3)将股份用于员工持股计划或者股权激励。

(4)股东因对股东大会作出的公司合并、分立决议持异议,要求公司收购其股份。

(5)将股份用于转换上市公司发行的可转换为股票的公司债券。

(6)上市公司为维护公司价值及股东权益所必需。

(二)股票回购的动机

对公司而言,股票回购有利于增加公司价值,表现如下:

(1)公司进行股票回购的目的之一是向市场传递股价被低估的信号。股票回购具有与股票发行相反的作用。股票发行被认为是公司股票被高估的信号,如果公司管理层认为公司目前的股价被低估,可以通过股票回购,向市场传递积极信息。股票回购的市场反应通常是提升了股价,有利于稳定公司股票价格。

(2)当公司可支配的现金流明显超过投资项目所需的现金流时,可以用自由现金流进行股票回购,有助于提高每股收益。股票回购减少公司自由现金流,起到降低管理层代理成本的作用。管理层通过股票回购试图使投资者相信公司的股票具有投资吸引力,公司没有把股东的钱浪费在收益不好的投资中。

(3)避免股利波动带来的负面影响。当公司剩余现金流是暂时的或者是不稳定的,没有把握能够长期维持高股利政策时,可以在维持一个相对稳定的股利的基础上,通过股票回购回馈股东。

(4)发挥财务杠杆的作用。如果公司认为资本结构中权益资本的比例较高,可以通过股票回购提高负债率,改变公司的资本结构,并有助于降低加权平均资本成本。虽然发放现金股利也可以减少股东权益,增加财务杠杆,但两者在收益相同情形下的每股收益不同。特别是如果是通过发行债券融资回购本公司的股票,可以快速提高负债率。

（5）通过股票回购,减少外部流通股的数量,提高股票价格,在一定程度上降低公司被收购的风险。

（6）调节所有权结构。公司拥有回购的股票（库藏股）,可以用来交换被收购或被兼并公司的股票,也可用来满足认股权证持有人认购公司股票或可转换债券持有人转换公司普通股的需要,还可以在执行管理层与员工股票期权时使用,避免发行新股而稀释收益。

（三）股票回购对股东影响

对股东而言,股票回购后股东得到的资本利得需缴纳资本利得税,发放现金股利后股东则需缴纳股利收益税。在资本利得税率低于股利收益税率的情况下,股东将得到纳税上的好处。股票回购可能引起企业因素发生变化,其结果是否对股东有利难以预料。也就是说,股票回购对股东利益具有不确定的影响。

（四）股票回购方式

1. 公开市场购买

公开市场购买是指上市公司通过经纪人在股票公开市场上按照当前公司股票的市价回购自身的股票。这种方式很容易导致股票价格升高,从而增加回购成本。另外,交易税和交易佣金方面的成本也较高。企业通常利用该方式在股票市场表现欠佳时小规模回购股票期权、可转换债券等执行特殊用途时所需的股票。

2. 投标出价购买

投标出价购买是指企业按某一特定价格向股东提出回购若干数量的股份的方式。投标出价通常高于当时的市价。投标出价的时间一般为2～3个星期。如果各股东愿意出售的股票总数多于企业原定想要购买的数量,则企业可自行决定购买部分或全部股票;相反,如果投标出价不能买到企业原定回购的数量,则企业可以通过公开市场回购不足的数量。由于在投标出价购买时须披露企业回购股票的意图,同时股东有选择依据投标出价出售或继续持有股票的权利,当企业想回购大量股票时,投标出价方式比较合适。

3. 议价回购方式

议价回购方式是指企业以协议价格为基础,直接向特定股东回购股票的方式。在此种方式下,企业同样必须披露其回购股票的目的、数量等信息,并向其他股东保证企业的购买价格是公平的,不损害其他股东的利益。

知识拓展

股票回购起源于20世纪50年代的美国资本市场,起初案例较少,后在税差理论与敌意收购浪潮推动下逐渐成熟。我国股票回购起步较晚,1992年大豫园股票回购案例将其引入,2005年股权分置改革试点推行后正式开展。

股票回购动因多样,包括稳定股价,当股价被低估时回购,向市场传递信心,如2024—2025年多家A股公司股价低迷时进行回购;提高资金使用效率,在现金流充裕且无优质投资项目时回购;作为股权激励计划来源,回购股票用于激励员工;巩固控制权,防止敌意收购,减少外部流通股数量,增加收购难度。

 **思政小课堂**

完善分配制度 促进共同富裕

习近平总书记在党的二十大报告中提出一个重要论断——"分配制度是促进共同富裕的基础性制度",并就完善分配制度作出重要部署,为在全面建设社会主义现代化国家的新征程上实现共同富裕指明了方向,提供了遵循。

共同富裕是中国特色社会主义的本质要求,是中国式现代化的重要特征。党的十八大以来,以习近平同志为核心的党中央把握发展阶段新变化,把逐步实现全体人民共同富裕摆在更加重要的位置上,推动区域协调发展,采取有力措施保障和改善民生,打赢脱贫攻坚战,全面建成小康社会,为促进共同富裕创造了良好条件。现在,已经到了扎实推动共同富裕的历史阶段。在我国社会主义制度下要实现共同富裕的目标,需要发挥分配制度的激励作用,最广泛地调动各方面的积极性,有效配置生产要素,促进高质量发展,通过全国人民共同奋斗把"蛋糕"做大做好。同时,通过合理的制度安排正确处理增长和分配关系,把"蛋糕"切好分好,防止两极分化,使全体人民共享改革发展的成果。

党的二十大报告指出"坚持按劳分配为主体、多种分配方式并存,构建初次分配、再分配、第三次分配协调配套的制度体系"这一重要部署,对于正确处理效率与公平的关系,在发展的基础上不断增进人民福祉,逐步缩小收入差距,扎扎实实朝共同富裕的目标迈进具有非常重要的意义。按劳分配为主体、多种分配方式并存的分配制度,是社会主义基本经济制度的重要组成部分,既体现了社会主义制度优越性,又同我国社会主义初级阶段社会生产力发展水平相适应。初次分配制度、再分配制度、第三次分配制度,在促进共同富裕中具有不同的功能和作用,要相互协调配套。

要发挥好初次分配的基础性作用,努力提高居民收入在国民收入分配中的比重,提高劳动报酬在初次分配中的比重。坚持多劳多得,鼓励勤劳致富,促进机会公平,增加低收入者收入,扩大中等收入群体。完善按要素分配政策制度,探索多种渠道增加中低收入群众要素收入,多渠道增加城乡居民财产性收入。要加大税收、社会保障、转移支付等的调节力度。完善个人所得税制度,规范收入分配秩序,规范财富积累机制,保护合法收入,调节过高收入,取缔非法收入。要建立健全第三次分配机制,引导、支持有意愿有能力的企业、社会组织和个人积极参与公益慈善事业。

《《《 模块小结 》》》

收益分配是企业在生产经营过程中的经营成果如何在相关的利益主体之间进行分配的一种行为。企业进行收益分配应遵循依法分配、兼顾各方利益、投资与收益对等、分配与积累并重原则。

企业股利理论包括股利无关论、"一鸟在手"理论、税收差别理论。企业股利政策包括剩余股利政策、固定或稳定增长的股利政策、低正常股利加额外股利政策、固定股利支付率政策。企业在制定股利分配政策时应考虑的因素包括企业的投资机会、企业的资本成本、企业的现金流量、企业所属的生命周期、企业所处的行业、企业的股权结构和其他因素。

股票股利是指公司以增发股票的方式所支付的股利。股票分割是指将面额较高的股票分割为面额较低的股票行为。股票回购是指上市公司出资将其发行在外的普通股以一定价格购买回来予以注销或作为库存股的一种资本运作方式。

《《《 模块习题 》》》

一、单项选择题

1. 按照剩余股利政策,假定某公司目标资金结构是自有资金与借入资金之比为3:2,该公司下一年度计划投资600万元,今年年末实现的净利润为1200万元,股利分配时,应从税后净利中保留（   ）万元用于投资需要,再将剩余利润发放股利。

   A. 500   B. 250   C. 375   D. 360

2. 下列各项中,通常适合采用固定股利政策的公司是（   ）。

   A. 收益显著增长的公司   B. 经营相对稳定的公司

   C. 财务风险较高的公司   D. 投资机会较多的公司

3. 甲公司2022年发放每股现金股利0.8元,每股净利润为2元。2023年实现净利润为900万元,年末发行在外的普通股股票为300万股,若公司采用固定股利支付率政策,则2023年发放的总现金股利为（   ）万元。

   A. 300   B. 360   C. 500   D. 500

4. 某公司第1年税后净利润为800万元,发放了股利400万元。第2年税后净利润为1 200万元,第3年的投资计划需要资金500万元。公司的目标资本结构为权益资本占60%,债务资本占40%。采用剩余股利政策,则第2年发放的股利为（   ）万元。

   A. 700   B. 500   C. 300   D. 900

5. 某公司第1年税后净利润为600万元,发放了股利300万元。第2年税后净利润为1 200万元,第3年的投资计划需要资金600万元。公司的目标资本结构为权益资本占30%。采用固定股利政策,则第2年发放的股利为（   ）万元。

   A. 500   B. 400   C. 300   D. 200

6. 公司以股票形式发放股利,可能带来的结果是（   ）。

   A. 公司资产减少   B. 公司负债减少

   C. 股东权益内部结构变化   D. 股东权益与负债同时变化

7. 主要依靠股利维持生活的股东和养老基金管理人最不赞成的公司股利政策是（   ）。

   A. 剩余股利政策   B. 固定股利政策

   C. 固定股利支付率政策   D. 正常股利加额外股利政策

8. 处于初创阶段的公司,一般适合采用的股利分配政策是（   ）。

A. 固定股利政策   B. 剩余股利政策

C. 固定股利支付率政策   D. 稳定增长股利政策

9. 在下列公司中,通常适合采用低正常股利加额外股利政策的是( )。

    A. 收益显著增长的公司   B. 收益相对稳定的公司

    C. 初创阶段的公司   D. 盈利与现金流量很不稳定的公司

10. 某公司 2023 年税后净利润为 2 000 万元,2024 年投资计划需要资金 2 200 万元。如果该公司采用剩余股利政策,2023 年发放的股利为 900 万元,则该公司目标资本结构中权益资本所占的比例为( )。

    A. 40%   B. 50%   C. 50%   D. 58%

11. 下列有关股票分割表述正确的是( )。

    A. 股票分割会使股数增加、股东权益增加

    B. 股票分割使股东权益各账户的余额发生变化

    C. 股票分割会使每股收益和每股市价降低

    D. 股票分割不影响股票面值

12. 在下列各项中,会减少普通股股票发行在外股数的行为的是( )。

    A. 股票股利   B. 增发普通股   C. 股票分割   D. 股票回购

二、多项选择题

1. 根据我国《公司法》及相关法律制度的规定,公司净利润的分配应当包括( )。

    A. 弥补以前年度亏损   B. 提取法定公积金

    C. 提取任意公积金   D. 向股东分配股利

2. 下列关于固定股利支付率政策的特点的说法中,正确的有( )。

    A. 采用固定股利支付率政策,股利与公司盈余能够紧密地配合

    B. 波动的股利很容易给投资者带来经营状态不稳定、投资风险较大的不良印象

    C. 每年支付固定的股利容易使公司面临较大的财务压力

    D. 合适的固定股利支付率的确定难度比较大

3. 剩余股利政策的缺点有( )。

    A. 保持理想的资本结构,使综合资本成本最低

    B. 不利于投资者安排收入和支出

    C. 不利于公司树立良好的形象

    D. 不能优先满足投资所需的权益资金

4. 企业选择股利政策通常需要考虑的因素有( )。

    A. 企业所处的成长与发展阶段   B. 投资者的态度

    C. 目前的投资机会   D. 企业获利能力的稳定情况

5. 发放股票股利的优点主要有( )。

    A. 可将现金留存公司用于追加投资

    B. 股票变现能力强,易流通,股东乐于接受

    C. 扩大股东权益

    D. 有利于股本的扩张

6. 股票股利的发放可能会对公司产生的影响有（　　　　）。

    A. 资产总额不变　　　　　　　　　　B. 每股收益下降

    C. 股票价格下跌　　　　　　　　　　D. 股东权益总额下降

7. 下列关于股利分配政策的说法中，正确的有（　　　　）。

    A. 剩余股利政策一般适用于公司初创阶段

    B. 固定或稳定增长的股利政策有利于树立公司的良好形象，增强投资者对公司的信
心，稳定公司股票价格

    C. 固定股利支付率政策体现了"多盈多分、少盈少分、无盈不分"的股利分配原则

    D. 低正常股利加额外股利政策较好地将股利支付的稳定性和灵活性结合在一起

8. 下列各项中，属于《公司法》规定的公司能回购本公司的股份情形有（　　　　）。

    A. 减少公司注册资本

    B. 与持有本公司股份的其他公司合并

    C. 将股份奖励给本公司职工

    D. 股东因对股东大会作出的合并、分立决议持异议，要求公司收购其股份

三、判断题

1. 一般来说，企业在向股东分配股利之前，需要弥补以前年度的亏损，弥补亏损后，剩余的部分就可以全部发放给股东了。　　　　　　　　　　　　　　　　　　　（　　　）

2. 剩余股利政策的一个缺点是股利发放额每年随投资机会和盈利水平的波动而波动，不利于投资者安排收入与支出，也不利于公司树立良好的形象。　　　　　　　（　　　）

3. 采用固定股利支付率政策分配股利时，股利不受经营状况的影响，有利于公司股票价格的稳定。　　　　　　　　　　　　　　　　　　　　　　　　　　　　（　　　）

4. 企业发放股票股利会导致每股收益的下降，因此企业发放股票股利后每股市价有可能会下降，从而每位股东所持股票的市场价值总额也会下降。　　　　　　　　（　　　）

5. 固定股利支付率分配政策的主要缺点，在于公司股利支付与其盈利能力相脱节，当盈利较低时仍要支付较高的股利，容易引起公司资金短缺、财务状况恶化。　　（　　　）

6. 发放股票股利后，股东权益总额不变，股东的持股比例也不变，但股东权益的内部结构发生了变化。　　　　　　　　　　　　　　　　　　　　　　　　　　　（　　　）

7. 派发股票股利有可能会导致公司资产的流出或负债的增加。　　　　　　　（　　　）

8. 股票分割降低了股票面值，而发放股票股利不会改变股票面值。　　　　（　　　）

模块八
营运资金管理

模块导言

　　本模块主要介绍营运资金管理的相关概念,营运资金管理的内容;流动资产管理构成,包括现金、存货和应收账款管理;流动负债管理构成,包括短期借款、短期融资融券和商业信用管理。

学习目标

1. 知识目标

(1) 理解营运资金管理的相关概念和营运资金管理政策。

(2) 了解应收账款日常管理程序,理解信用政策构成和内容。

(3) 了解存货日常管理。

(4) 理解商业信用形式和优缺点;了解短期融资券的种类和特点。

2. 技能目标

(1) 能运用随机模型、现金存货模型测算最佳现金持有量。

(2) 能运用经济订货批量测算再订货点和存货成本等数据。

(3) 能运用公式测算短期借款实际成本。

3. 素养目标

(1) 树立诚信为本、操守为重的职业道德观念。

(2) 树立正确的财富观,不挪用公款,不谋取私利。

(3) 培养团队沟通能力和团队协作精神。

营运资金管理概述
├─ 营运资金的概念和特点
├─ 营运资金管理内容和原则
└─ 营运资金管理政策

营运资金管理
├─ 流动资产管理
│   ├─ 现金管理
│   ├─ 应收账款管理
│   └─ 存货管理
└─ 流动负债管理
    ├─ 商业信用
    ├─ 短期借款
    └─ 短期融资券

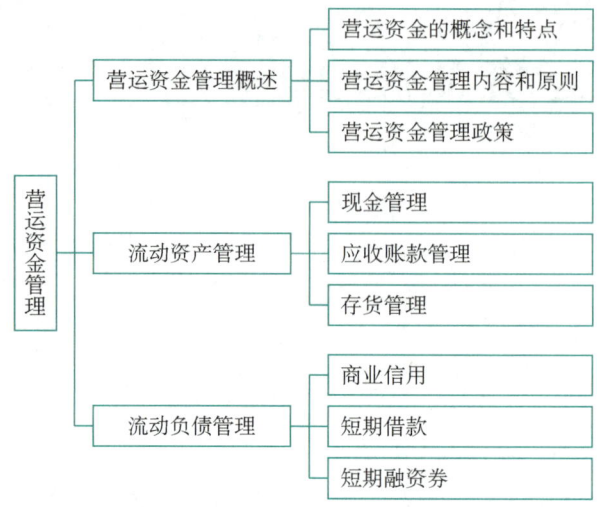

任务一 营运资金管理概述

案例导入

新闻思考：
企业通过什
么方式获得
额外的营运
资金？你所
知道的方式
还有哪些？

A 公司的困扰

A公司是一家小家电制造公司，它以品类繁多、物美价廉的特点赢得一定市场。眼看公司业务蒸蒸日上，市场也从本地扩展到全国，但是各部门目前都存在一定的怨言。

销售部门抱怨："生产部门总是让人担心，每次交货都是踩着合同期限最后几天。一旦哪次没及时完成生产，订单就泡汤了，还会造成客户的不信任。"

生产部门回应："这可不怪我们，仓库每次发料要么不及时，要么不足额，我们能按时提供产品都全靠生产部加班加点小批量生产。"

仓储部委屈道："这还不是采购部每次采购的物资不足，采购时间拖延导致，我们也想给你们生产部足额及时发货，但是'巧妇难为无米之炊'。"

采购部门抱怨："财务部门特别抠门，每次采购资金都不能足额及时提供，导致不能进行大批量采购，也没办法享受到供应商给的数量折扣，而且每次还得和供应商谈判延长赊购期。你们生产部就不能提前做计划吗？为何每次总是等到库存物料不足才通知我们下单采购，时间紧迫不说，也很难与供应商谈价格！"

财务部门抱怨："销售总是回款太慢，有些应收账款，都逾期快半年了，销售部门也不管，我们没有时间和人去催收。材料采购的资金来源主要是银行审批的短期流贷，金额有限。还是希望采购部发挥团队能力，向供应商申请赊销以解决暂时的资金缺口。"

思考：针对A公司各部门的抱怨，分析该公司营运资金管理出现了哪些问题？若你作为财务部经理，会向公司提出哪些改善建议？

一、营运资金的概念和特点

(一)营运资金的概念

营运资金又称营运资本,是企业维持日常生产经营活动所需占用的资金。营运资金有广义和狭义之分。广义的营运资金是指企业流动资产的总额,也称毛营运资金;狭义的营运资金是指流动资产与流动负债之间的差额,也称净营运资金。本书中的营运资金主要是指狭义的营运资金。

(二)营运资金的特点

营运资金涉及流动资产和流动负债,因此其特点也体现上述要素的特点,具体概括如下。

1. 流动性强,周转迅速

企业占用流动资产或由流动负债形成的资金通常会在 1 年或 1 个营业周期内收回,具有较强的流动性,能满足企业日常资金周转的需要。

2. 变现能力强

流动资产诸如存货、应收账款、短期有价证券等相较于非流动资产更容易变现。这一点对企业应付临时性的资金需求非常重要。

3. 波动性大

流动资产数量会随着企业收入及其他内外部条件变化而变化,波动性比较大。随着流动资产数量的变动,它又会直接或间接影响流动负债的数量变动。

4. 渠道来源多样化

企业筹集营运资金的方式较为灵活多样,既可以通过长期筹资方式解决,也可以通过短期筹资来满足,通常短期筹资方式包括银行短期借款、商业信用、应交税费、应付股利、应付职工薪酬等多种内外部融资方式。

二、营运资金管理内容和原则

(一)营运资金管理内容

营运资金管理主要包括对流动资产和流动负债的管理,既要持有适量的营运资金维持企业日常经营活动的正常进行,又要降低持有成本和流动负债的偿债风险。

1. 流动资产

流动资产是指可以在 1 年以内或超过 1 年的一个营业周期内变现或耗用的资产。流动资产具有占用时间短、周转快、易变现的特点。企业拥有较多的流动资产,可在一定的程度上降低财务风险。流动资产按不同的标准可进行不同的分类。常见的分类方式如下:

(1)按占用形态不同,流动资产分为现金、交易性金融资产、应收及预付款项和存货等。

(2)按在生产经营过程中所处的环节不同,流动资产分为生产领域中的流动资产、流通领域中的流动资产以及其他领域的流动资产。

2. 流动负债

流动负债是指需要在 1 年或者超过 1 年的一个营业周期内偿还的债务。流动负债又称短期负债,具有成本低、偿还期短的特点。流动负债按不同标准可作不同分类。最常见的分类方式如下：

（1）以流动负债的形成情况为划分标准，流动负债可以分为自发性流动负债和人为性流动负债。自发性流动负债是指企业日常经营过程中由于结算程序或支付习惯等原因自然形成的流动负债，如商业信用、应付职工薪酬、应付税费等；人为性流动负债是指根据企业针对短期资金的需求情况，通过人为安排所形成的流动负债，如短期借款和短期债券等。

（2）以是否支付利息为划分标准，流动负债可以分为有息流动负债和无息流动负债。

（二）营运资金管理原则

营运资金管理原则主要有四个方面，营运资金管理四原则如表 8-1 所示。

表 8-1　营运资金管理四原则

原则	具体内容
保证正常资金需求	应认真分析企业生产经营状况，合理确定营运资金的需要数量。这是营运资金管理的首要任务
提高资金使用效率	提高资金使用效率的有效手段之一在于加快营运资金周转，具体操作是通过采取一系列有力措施来缩短营业周期，加速变现过程
节约资金使用成本	在保证生产经营需要的前提下，尽量降低资金使用成本。一方面减少不必要的营运资金支出，另一方面拓宽融资渠道，合理搭配融资方式，力求综合资金成本最低
保持短期偿债能力	合理安排流动资产和流动负债的比例关系，保持流动资产结构与流动负债结构的适配性，保证企业有足够的短期偿债能力

三、营运资金管理政策

营运资金管理政策包括营运资金持有政策和营运资金融资政策两个方面。

（一）营运资金持有政策

营运资金持有量的确定实际上就是对收益和风险两者之间的关系进行权衡与选择。具体而言，就是要确定一个既能维持企业正常生产经营活动，又能在减少或不增加风险的前提下，给企业带来尽可能多的利润的营运资金水平。

营运资金持有量往往表示成实现一定数量的销售额所要求的流动资产数量，不同的流动资产数量体现了不同的风险与收益关系。

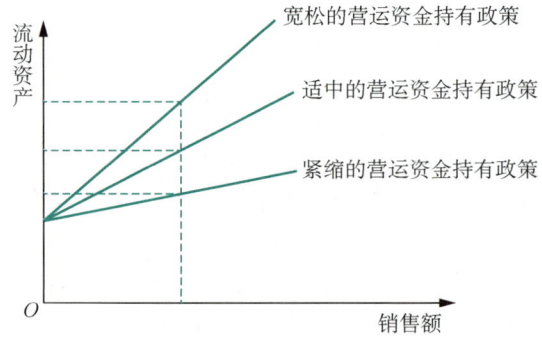

图 8-1　营运资金持有政策

根据流动资产和销售额之间的数量关系，企业的营运资金持有政策可以划分为图 8-1 所示的三种。

1. 宽松的营运资金持有政策

宽松的营运资金持有政策要求企业在一定的销售水平上保持较多的流动资产，这种政策的特点是收益低，风险小。该政策下的企业拥有较多的现金、短期有价证券和存货，能按期支付到期债务,并且为不确定情况保留了大量资金,使风险大大降低。但是,由于现金、短期有价证券的投资收益较低,存货占用也使得资金的营运效率较低,从而降低了企业的盈利水平。

2. 适中的营运资金持有政策

适中的营运资金持有政策要求企业在一定的销售水平上保持适中的流动资产,既不过高也不过低,流入的现金恰好满足支付的需要,存货也恰好满足生产和销售所需。这种政策的特点是收益和风险相平衡。在企业能够比较准确地预测未来的各种经济情况时,可采用该政策。

3. 紧缩的营运资金持有政策

紧缩的营运资金持有政策要求企业在一定的销售水平上保持较低的流动资产。该政策的特点是收益高,风险大。在此政策下,企业的现金、短期有价证券和存货等流动资产降到最低限度,可降低企业资金占用成本,增加收益。但此时,企业很可能陷入资金不足造成拖欠货款、无法偿还到期债务或者存货不足导致销售中断等不利境地。

因此,企业在实际运营中选用何种营运资金持有政策必须综合考虑企业的实际运营状况和外部市场环境。一般而言,适中的营运资金持有政策是大多数企业的理想选择。

(二)营运资金融资政策

企业营运资金按用途划分可以分为临时性营运资金和永久性营运资金。再进一步细分,营运资金中的流动资产可划分为临时性流动资产和永久性流动资产,前者主要是受季节性或周期性影响的流动资产,如季节性存货,销售高峰期增加的应收账款等;后者指满足企业长期稳定的流动资产占用的资金需求(最低需求),即使处于经营低谷也须保留的流动资产所占用的资金。营运资金中的流动负债可划分为临时性流动负债和自发性流动负债,前者是因为临时的资金需求而发生的负债,如销售旺季为满足存货增加临时借款等;而后者则产生于企业正常生产营活动中,如商业信用、应付职工薪酬、应付税费等。

营运资金融资政策就是对于临时性流动资产、永久性流动资产和固定资产的资金需求通过何种融资渠道来匹配满足,一般来说有三种可供选择的融资政策。

1. 配合型融资政策

配合型的营运资金融资政策是指企业的负债结构与企业资产结构相匹配,其特点是企业用长期融资资金如长期负债、自发性负债、权益资本等来满足永久性流动资产和固定资产等永久性资产的资金需求,只在经营高峰期用临时性流动负债来满足临时性流动资产资金需求,配合型融资政策如图8-2所示。

2. 激进型融资政策

激进型的营运资金融资政策是指临时性流动负债不但可以满足临时性流动资产的资金需求,还可以满足部分永久性资产的资金需求,激进型融资政策如图8-3所示。在这种政策下,因为临时性流动负债占比相对配合型融资政策要大,而且短期负债的资金成本低于长期负债的融资成本,所以企业的资金成本低于配合型融资政策。但是,企业临时性流动负债满足了部分永久性资产的资金需求,在这些流动负债到期后企业除偿还该到期债务外还必须重新筹集资金来满足这部分永久性资产的资金需求,因而增大了还债风险和筹资风险。

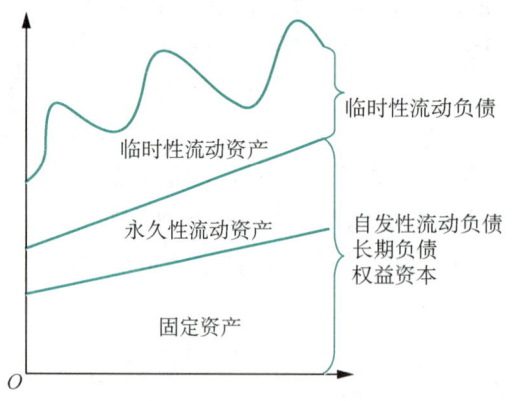

图 8-2　配合型融资政策

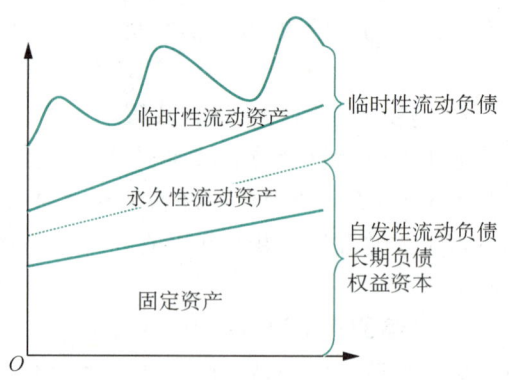

图 8-3　激进型融资政策

3. 保守型融资政策

保守型融资政策的特点是临时性流动负债只满足部分临时性流动资产的需要,剩余部分由自发性流动负债、长期负债和权益资本来满足,保守型融资政策如图 8-4 所示。这种政策下,因为长期资金成本比短期融资成本要高,所以企业资金成本要高于配合型融资政策。但同时,企业长期资金持有量比较充裕,降低了企业无法偿还到期短债的风险。

三种营运资金融资政策的收益、成本和风险特点的对比如表 8-2 所示。

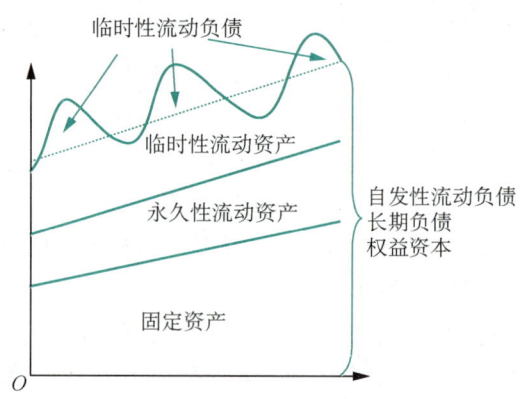

图 8-4　保守型融资政策

表 8-2　营运资金融资政策收益、成本和风险特点对比

政策类型	收益	成本	风险
激进型融资政策	高	低	高
配合型融资政策	中	中	中
保守型融资政策	低	高	低

 **思政小课堂**

诚信经营与资金链危机——小微企业的责任抉择

绿源环保科技公司(以下简称公司)是一家专注于可降解包装材料研发的小微企业。2022 年,下游客户回款周期延长,原材料价格暴涨,公司面临严重的营运资金缺口。若无法在 30 天内筹集 500 万元,公司将被迫停产,近百名员工面临失业风险。

　　此时公司面临着极大的冲突与挑战。第一，短期生存与长期责任的冲突。财务总监提议，暂停支付供应商货款(约300万元)，优先保障员工工资和生产线运转，但是这样不可避免将风险转移给农户。供应商多为本地中小农户(提供玉米淀粉原料)，拖欠货款可能导致其资金链断裂，影响乡村振兴合作项目。第二，融资困境。银行要求提供固定资产抵押，但公司轻资产运营，抵押物不足。某投资机构提出"财务优化"方案，通过虚增销售额获取贷款，但需支付高额"服务费"。

　　面对公司的艰难处境，总经理张明作为共产党员带头发言："我们不能为了自救而牺牲农户利益！去年，乡亲们宁愿降价也要保证我们的原料供应，这是信任，更是责任"。大家各抒己见最终形成如下方案：对内，召开全体员工大会，公开财务数据，80%员工同意延迟30%工资发放；对外，与供应商协商分期付款，并派出技术团队免费帮助农户改进种植技术；创新融资，通过"绿色金融"政策，以碳排放权为质押获得低息贷款；政府帮扶，申请工信部"专精特新"企业应急周转资金。

　　经过公司内外部一致努力，该公司资金链在3个月内恢复正常，供应商合作关系更加稳固。当地政府将其列为"诚信纳税企业"，该公司获得政府采购订单；员工离职率同比下降40%，团队凝聚力显著增强。

思政小贴士

　　讲解营运资金相关知识点时，通过营运资金管理内容中的现金管理，引出财务人员职业操守的思考。作为财务人员，尤其是出纳，有机会接触到成千上万的现金，在办理业务过程中财务人员必须严格按照制度规范，避免出现违规现象。同时，更要提高自身职业道德修养，坚决抵制和杜绝利用手中的职权便利进行挪用公款、侵吞公款等一系列贪污腐败行为。否则，等待自己的终将是法律的严惩。

任务二　流动资产管理

案例导入

新闻思考：预收账款属于企业资产还是负债？贵州茅台能获得高额预收账款的原因是什么？

应收款大增而营收减少？青岛中程应收账款管理的困局

　　2023年10月21日，青岛中资中程集团股份有限公司(以下简称青岛中程，股票代码为300208.SZ)发布的2023年三季报显示，青岛中程1月至9月实现营业收入3.63亿元，同比下降19.15%；净利润为—8 390万元，上年同期为—1.06亿元。

　　三季报显示，截至9月30日，公司应收账款14.08亿元，较上年同期大幅增长约429%；但公司营业收入为3.63亿元，同比下降19.15%。前三季度拟计提信用减值准备 5 133.20 万元,如此高的应收账款令人咋舌;从三季报来看,公司应收账款金额同比大增,而营业收入却减少了。

"营收减少,而应收账款余额增加,这可能意味着公司为了维持销售量,放松了信用政策,如允许客户延期付款,从而增加了应收账款。"山东一家会计师事务所的合伙人郝先生对经济导报记者分析,"不论何种原因,这种情况都可能对公司的现金流产生负面影响。因此,公司需要密切关注并采取相应的措施,如加强销售策略、催收账款等,来改善这种情况。"

经济导报记者注意到,青岛中程前三季度计提信用减值准备共计 5 133.20 万元,其中,应收账款减值准备 4 967.60 万元。

在半年报中也提到,公司上半年亏损的原因包含财务费用金额较大,以及报告期计提信用减值损失对利润影响较大。

"如果信用减值损失较大,意味着企业未来收回款项的风险可能增大。"郝先生表示,如果企业的信用减值损失增加,那么企业当期利润会减少,因为信用减值损失是计入当期损益的。公司需要关注信用减值损失的变化,加强应收账款管理,催收逾期账款等措施,以降低未来收回款项的风险。

思考:青岛中程应收账款管理存在哪些不足? 给企业带来什么风险? 应如何应对?

一、现金管理

现金是指企业可以立即用作支付手段并能被普遍接受的资产,即以货币形态占用的那部分资金。广义的现金包括库存现金、银行存款、其他货币资金等;狭义的现金仅指库存现金。本书所讲的现金是指广义的现金。对现金的管理就是要在现金的流动性和收益性之间进行权衡选择,既要保证企业正常经营活动所需的资金量,又要尽可能地降低企业闲置资金,提高资金收益率。

(一)现金持有动机

1. 交易动机

交易动机是指企业为了维持日常周转及正常商业所需持有的现金额。因为一般来说企业销售收入和现金流入不一定同步,所以应保留一定的现金余额可用于购买原材料、支付工资、缴纳税款、偿付到期债务等日常经营需要。

2. 补偿动机

企业在向银行获取贷款时,银行为保证其资金安全,会要求企业保留一定存款余额作为补偿性余额,这即是补偿动机导致企业需要增加的现金持有量。

3. 预防动机

预防动机要是指企业保持一定的现金余额以应付意外的现金需求。由于市场行情的瞬息万变和其他各种不确定因素的存在,企业通常难以对未来现金流入量与流出量作出准确的估计和预测,企业必须持有一定量的现金余额来应付意外并保证经营活动的正常进行。

4. 投资动机

投机动机要是指企业需要持有一定量的现金以抓住突然降临的获利机会。例如,当原材料或其他资产即将涨价时,可用留存现金大量购入待涨价后转售即可获得丰厚回报。

(二)现金持有成本

1. 管理成本

管理成本是指企业因持有一定数量的货币资金而发生的各项管理费用,如管理人员的工资、安全措施费等。管理成本是一种固定成本,与货币资金持有量之间无明显的比例关系。

2. 机会成本

机会成本是指因持有现金而丧失的将该笔现金用于再投资可能获得的收益,通常可用企业投资收益率来表示。例如,某企业的投资收益率为8%,年平均持有现金为1 000万元,则该企业每年现金的机会成本为80万元(1 000×8%)。机会成本一般与现金持有量成正比例变化,即现金持有量越大,则机会成本越高。

3. 转换成本

转换成本是指现金与有价证券转换过程中所发生的固定成本,如经纪人佣金、税金和交割手续费等,一般与交易的次数直接相关。转换成本与货币资金持有量的关系是:在货币资金需要量既定的前提下,货币资金持有量越少,进行证券变现的次数越多,相应的转换成本就越大;反之,货币资金持有量越多,证券变现的次数越少,需要的转换成本也就越小。

4. 短缺成本

短缺成本是指因货币资金持有量不足又无法及时通过有价证券变现加以补充而给企业造成的损失。短缺成本随货币资金持有量的增加而下降,随货币资金持有量的减少而上升,即两者呈负相关关系。

(三)最佳现金持有量的确定

企业在生产运营过程中到底持有多少的现金才是最适合的呢? 持有过多,会产生管理成本和机会成本,造成资金的闲置和浪费。但是持有过少,又无法满足日常生产运营的需要或者会丧失转瞬即逝的投资机会。以下为几种确定最佳现金持有量的常用方法。

1. 成本模型

成本模型基本思路是先找出与持有现金有关的成本,然后再找出相关总成本最低时所对应的现金余额即最佳现金持有量。该模型考虑的现金持有成本包括管理成本、机会成本和短缺成本,并不考虑转换成本。其中,管理成本具有固定成本的性质,与现金持有量不存在明显的线性关系。机会成本与现金持有量呈正比例变动,机会成本=平均现金持有量(现金持有量÷2)×持有现金的机会成本率(一般用有价证券利率代替)。短缺成本同现金持有量呈负相关关系,现金持有量越大,短缺成本越小;反之,现金持有量越小,短缺成本越大。这些成本同现金持有量之间的关系如图8-5所示。从图中可以看出,管理成本是一条平行横轴的直线,机会成本是向右上方

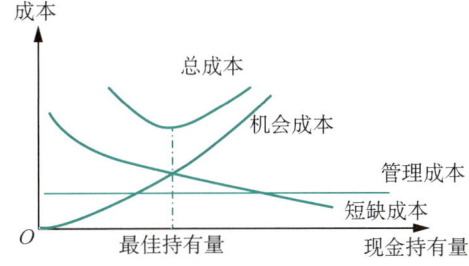

图8-5 成本同现金持有量之间的关系

倾斜的曲线,而短缺成本正好相反,是向右下方倾斜的曲线。总成本曲线则是三者之和,体现为一条开口向上的 U 型曲线,曲线的最低点即为最佳现金持有量。

例 8-1　A 公司有四种现金持有方案,四种方案的现金持有成本明细如表 8-3 所示。假设现金的机会成本率为 10%。要求确定现金最佳持有量。

表 8-3　四种方案的现金持有成本明细　　　　　　　　　　　　　金额单位:元

方案项目	甲	乙	丙	丁
现金持有量	50 000	100 000	150 000	200 000
管理成本	20 000	20 000	20 000	20 000
短缺成本	24 000	13 500	5 000	0

解析　根据题目已知条件,要先计算持有现金的机会成本。

甲方案的机会成本＝50 000/2×10%＝2 500 元

同理算得乙、丙、丁的机会成本分别是 5 000 元、7 500 元和 10 000 元。四种方案的现金持有总成本计算结果如表 8-4 所示。

表 8-4　四种方案的现金持有总成本计算结果　　　　　　　　　金额单位:元

方案项目	甲	乙	丙	丁
机会成本	2 500	5 000	7 500	10 000
管理成本	30 000	30 000	30 000	30 000
短缺成本	24 000	13 500	5 000	0
总成本	56 500	48 500	42 500	40 000

将以上各方案的总成本对比可知,丁方案的总成本最低,故 200 000 元是 A 公司的最佳现金持有量。

2. 存货模型

现金的存货模型又称鲍曼模型,它是由美国经济学家威廉·鲍曼率先提出的,他认为现金持有量在许多方面与存货相似,存货经济批量模型也可用于确定目标现金持有量。他以此为出发点,建立了鲍曼模型。存货模式的着眼点也是现金成本最低。在存货模型中,只对现金的转换成本和机会成本予以考虑。企业的现金持有量越大,机会成本越多,在现金需要量一定的情况下,现金持有量越大,转换次数就越少,转换成本也就越小。也就是说,转换成本与机会成本呈反向变动。在所有的现金持有量中,肯定有一个持有量能使机会成本与转换成本之和最低,即最佳现金持有量。现金持有总成本的计算公式如下:

$$现金持有总成本 = 机会成本 + 转换成本$$

公式用字母表示如下:

$$TC = \frac{Q}{2} \cdot K + \frac{T}{Q} \cdot F$$

式中,TC 表示现金持有总成本;F 表示每次转换有价证券的固定成本;Q 表示最佳现金持有量(每次证券变现的数量);K 为有价证券利息率(机会成本率);T 为一个周期内货币资金总需求量;$\dfrac{Q}{2}$ 为现金平均持有量。

现金持有总成本与机会成本、转换成本的关系如图 8-6 所示。

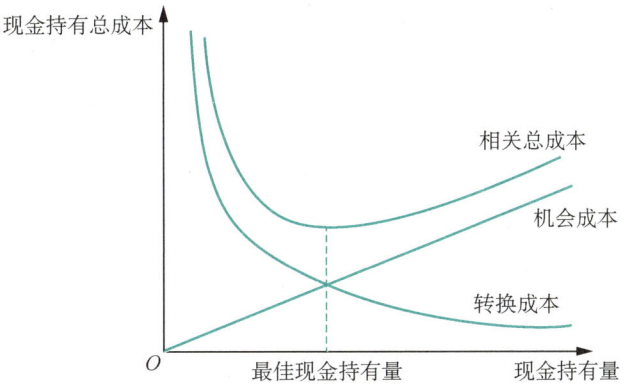

图 8-6　现金持有总成本与机会成本、转换成本的关系

从图 8-6 可以看出,总成本的最低点所对应的现金持有量就是最佳现金持有量,在该点,机会成本与转换成本相等。最佳现金持有量的计算,可以通过对 Q 求导,令 $TC' = \dfrac{K}{2}$ $- \dfrac{T \cdot F}{Q^2} = 0$,得出最佳现金持有量计算公式如下:

$$Q^* = \sqrt{\dfrac{2TF}{K}}$$

将上式中的 Q^* 代入现金持有总成本的公式,可得到的最低总成本的简化公式如下:

$$TC = \sqrt{2TFK}$$

我们还可以根据最佳现金持有量和现金总需求量求得转换次数公式如下:

$$N = \dfrac{T}{Q^*}$$

例 8-2　A 公司每年现金需求总量为 125 000 元,每次现金转换的成本为 1 000 元,有价证券的利率为 10%,计算 A 公司最佳现金持有量、最低总成本及转换次数。

解析

$$Q^* = \sqrt{\dfrac{2TF}{K}} = \sqrt{\dfrac{2 \times 125\,000 \times 1\,000}{10\%}} = 50\,000(元)$$

$$TC = \sqrt{2TFK} = \sqrt{2 \times 125\,000 \times 1\,000 \times 10\%} = 5\,000(元)$$

$$N = \dfrac{T}{Q^*} = \dfrac{125\,000}{50\,000} = 2.5(次)$$

3. 随机模型

随机模型也称米勒-奥尔模型,该模型是米勒(Miller)和奥尔(Orr)两位学者创建的。在企业的实际管理中,现金需求量往往波动大且难以预知,但企业可以根据历史经验和现实需要,测算出一个现金持有量的控制范围,即制定出现金持有量的上限和下限,将现金控制在上下限之内。当现金达到控制上限时,用现金购入有价证券,使现金持有量下降至现金回归点 R 值;当现金降到下限时,则抛售有价证券换回现金,使现金持有量回升至现金回归点 R 值。若现金在控制的上下限之内,便不必进行现金与有价证券的转换,保持它们各自的现有存量。我们将通过这种模式对现金持有量进行控制的方法称为随机模型。随机模型如图 8-7 所示。

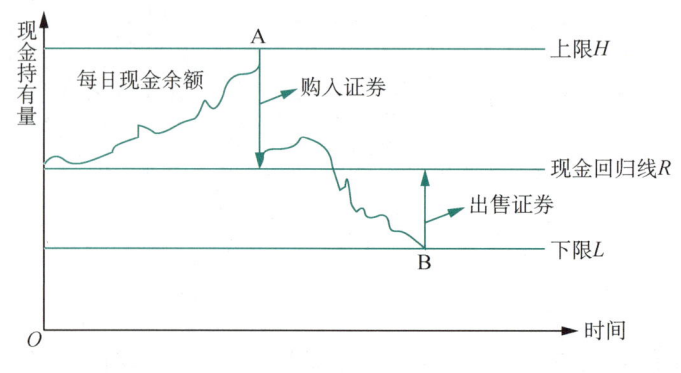

图 8-7 随机模型

回归线 R 值(也称均衡点)的计算公式如下:

$$R = \sqrt[3]{\frac{3F\sigma^2}{4i}} + L$$

式中,F 为证券转换成本;i 为投资现金日收益率;σ 为预期每日现金余额标准差(可根据历史资料测算)。L 为现金下限,而下限的确定,则要受到企业每日的最低现金需要、管理人员的风险承受倾向等因素的影响。

现金持有量上限的计算公式如下:

$$H = 3R - 2L$$

例 8-3 A 公司日现金余额标准差为 150 元,每次证券交易转换成本为 400 元,现金投资日收益率为 0.025%,公司每日最低现金需要为 1 000 元。要求:计算 A 公司最佳现金持有量和现金持有量上限。

解析

(1) 公司最佳现金持有量为:

$$R = \sqrt[3]{\frac{3 \times 400 \times 150^2}{4 \times 0.000\,25}} + 1\,000 = \sqrt[3]{27\,000\,000\,000} + 1\,000 = 4\,000 (元)$$

(2) 现金持有量上限为:

$$H = 3 \times 4\,000 - 2 \times 1\,000 = 10\,000 (元)$$

(四) 现金的日常管理

现金日常管理的目的在于提高现金的使用效率,可以从以下几个方面着手。

1. 加速现金收款

为了提高现金的使用效率,加速现金的周转,企业应尽量加速账款的收回。一般来说,企业账款的收回包括客户开出支票、企业收到支票、银行清算三个阶段,因此企业账款收回的时间包括支票邮寄时间、支票在企业停留的时间以及支票结算的时间。为缩短收账时间,企业可以采取以下三种方式。①锁箱法:企业可以在各主要城市租用专门的邮政信箱,并授权当地银行每日开启信箱,在取得客户支票后立即予以结算,并通过电汇将货款拨给企业所在地银行。这种方法可以缩短支票邮寄及在企业的停留时间,但成本较高。②借记账户事先授权法:企业可以事先与客户签订协议,授权银行在收到客户开出的支票后,直接从客户账户中扣收相应的款项。这种方法可以加快现金回收的速度。③集中银行法:企业指定一个主要开户行(通常是总部所在地)作为集中银行,并在收款额较集中的地区设立若干个收款中心。客户收到账单后直接汇款到当地收款中心,中心收款后立即存入当地银行。当地银行在进行票据交换后立即转给企业总部所在地银行。这种方法可以缩短现金从客户到企业的中间周转时间。

2. 控制现金支出

控制现金支出包括时间上的控制和金额上的控制两个方面。控制现金支出最常用的方法有以下几类:①在不影响企业的信誉的前提下尽可能推迟付款时间。②合理使用现金浮游量。现金浮游量是指企业账上现金余额与银行账上的企业现金余额之间的差额,形成现金浮游量的原因是存在未达账项。在使用现金浮游量时,要特别注意控制好使用的时间,以防止发生银行存款的透支事件。③改变员工工资支出模式。工资支出模式是指企业为支付工资而设立一个专业存款账户。为了减少该账户存款余额,企业管理在合理预测开出支付工资的支票到银行兑现的具体时间的基础上,安排各日存入银行工资款项的大概金额,不必一次性存入全部工资支出。④使用零余额账户。零余额账户是一种资金合流方法。将收款及支付分账户金额转移至一总账户,在分账户层面留下零余额;总计余额则放在总账户内。零余额账户是一种高效的账户管理模式,使企业所有资金得以集中控制在单一账户,不会造成企业资金大量滞留于分账户,避免造成过多的闲置资金、资源的浪费。

3. 和银行建立良好关系,灵活处理补偿性余额和使用透支额度

补偿性余额是贷款发放银行要求借款企业以低息或者无息的形式,按贷款总额或实际借用额一定百分比(一般为 $10\% \sim 20\%$)的贷款额存入贷款发放银行当中。一方面,企业可以通过与银行建立良好的关系,尽可能降低补偿性余额的限额,盘活沉睡资金。另一方面,企业可以灵活使用银行给予的透支额度。但需要注意的是避免使用过度和延期还款。

二、应收账款管理

(一)应收账款的含义和作用

应收账款是企业为增加销售商品、产品、提供劳务的数量向购货单位或接受劳务单位提供商业信用,采用赊销或分期付款等方式产生的应收款项,包括应收销售款、其他应收款、应收票据等。

应收账款最主要的作用有两个:一是促进销售,开拓市场,增加营收;二是减少存货,从而降低仓储、管理费用等支出,进而提升企业收益。

（二）应收账款成本

1. 机会成本

应收账款的机会成本是指因资金投放在应收账款上而丧失的其他收入，例如，将该笔资金投资于有价证券会有利息收入和股息收入。机会成本计算过程公式包含式如下：

$$应收账款机会成本 = 维持赊销业务所需要的资金 \times 资金成本率$$

$$维持赊销业务所需的资金 = 应收账款平均余额 \times 变动成本率$$

$$= 应收账款平均余额 \times \frac{变动成本}{销售收入}$$

$$应收账款平均余额 = \frac{年赊销额}{360} \times 平均收账天数$$

$$= 平均每日赊销额 \times 平均收账天数$$

例8-4 假设某企业预测的年度赊销额为2 000 000元。应收账款平均收账天数为60天；变动成本率为60%；资金成本率为10%。要求：试计算应收账款的机会成本。

解析 应收账款平均余额 = 1 800 000 ÷ 360 × 60 = 300 000（元）

维持赊销业务所需资金 = 300 000 × 60% = 180 000（元）

应收账款的机会成本 = 180 000 × 10% = 18 000（元）

2. 管理成本

应收账款的管理成本是指企业对应收账款进行管理而发生的开支，主要包括对客户的资信调查费用、应收账款记录分析费用、催收账款费用等。在应收账款一定数额范围内，管理成本一般为固定成本。

3. 坏账成本

应收账款的坏账成本是指因应收账款无法收回而造成的坏账损失。企业可根据有关规定按应收账款余额的一定比例提取坏账准备。坏账成本一般与应收账款的数额大小和拖欠时间有关。

（三）信用政策

信用政策是企业为平衡销售增长和应收账款管理风险而制定的一系列策略。制定合理的信用政策是加强应收账款管理、提高应收账款投资效益的重要前提。信用政策包括信用标准、信用条件和收账政策三部分内容。

1. 信用标准

信用标准是客户获得企业商业信用所应具备的最低条件，通常以预期的坏账损失率表示。如果企业信用标准过高，将使许多客户因达不到所设的标准而不能获得商业信用，这虽然会减少坏账损失和收账费用，但同时也会影响企业销售收入的增加和竞争能力的提高。相反，若企业采取较低的信用标准，虽然有利于企业扩大销售，提高市场竞争力和占有率，但同时也会导致坏账损失风险和收账费用的增加。企业在制定信用标准时，要在提高的收入和增加的成本之间作出权衡，制定出对企业有利的信用标准。

2. 信用条件

信用条件是指企业接受客户信用订单时所提出的付款要求，主要包括信用期限、折扣期限及现金折扣等。信用条件的基本表示方式是"3/10、2/30、n/60"，意思是：若客户能在发票开出后 10 天内付款,可以享受货款金额 3% 的折扣;若 10～30 天内付款,可以享受货款金额 2% 的折扣;若 30～60 天内付款,必须全额支付货款。这里的 60 天为信用期,10 天、30 天为折扣期限,3%、2% 为现金折扣率。延长信用期限可以促进企业销售,但可能同时增加企业应收账款的机会成本和坏账损失;提高现金折扣则会促使客户尽快付款以缩短账期、回笼资金,但是可能会对利润造成一定损失。

3. 收账政策

收账政策是指当客户违反信用条件,拖欠甚至拒付账款时企业所采取的收账策略与措施。企业无论采用何种方式对拖欠款催收,都要付出一定的代价,即收账费用。一般来说,随着收账费用的增加,坏账损失会逐渐减少,但收账费用不是越多越好,因为收账费用增加到一定数额后,坏账损失不再减少,说明在市场经济条件下不可能避免坏账。坏账损失与收账费用的关系如图 8-8 所示。实务中需要投入多少收账费用为宜,要在权衡增加的收账费用和减少的坏账损失后作出决定。

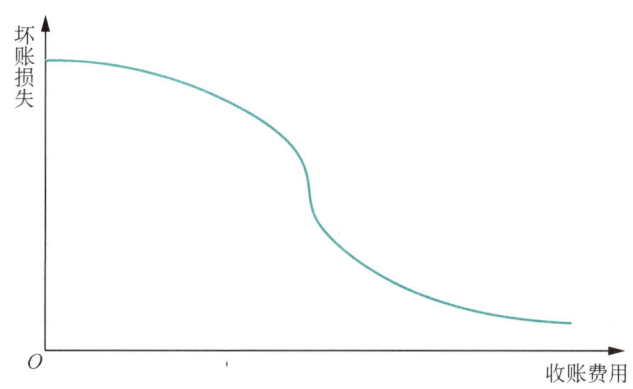

图 8-8 坏账损失与收账费用的关系

(四)应收账款日常管理

应收账款日常管理包括对客户的信用调查和信用评估、应收账款监控以及应收账款催收、建立坏账准备等。

1. 客户信用调查和信用评估

信用调查是指收集和整理反映客户信用状况有关资料的工作。信用调查是企业应收账款日常管理的基础,是正确评价客户信用的前提条件。企业对顾客进行信用调查主要通过以下两种方法:①直接调查是指调查人员通过与被调查单位进行直接接触,以当面采访、询问、观看等方式获取信用资料的一种方法。直接调查可以保证收集资料的准确性和及时性,但也有一定的局限性,其获得的往往是感性资料,同时,若不能得到被调查单位的配合,则会使调查工作难以开展。②间接调查是以被调查单位及其他单位保存的有关原始记录和核算资料为基础,通过加工整理获得被调查单位信用资料的一种方法。这些资料主要来自以下几个方面:财务报表、信用评级机构、银行和其他部门,如财税、工商等行政管理部门。

收集客户信用资料后,要对这些资料进行分析,并对客户信用状况进行评估。信用评估的方法有很多,常用的有 5C 评估法和信用评分法。5C 评估法是指重点分析影响信用的品质(character)、能力(capacity)、资本(capital)、抵押(collateral)和条件(condition)5 个方面的一种方法。信用评分法是通过对一系列财务比率指标和信用状况进行评分,算出顾客综合的信用分数,并据此进行信用评估的一种方法。

2. 应收账款监控

(1)应收账款周转天数。应收账款周转天数也称平均收账期。企业通过将当前应收账款周转天数和历史数据、行业水平及原设定的信用期限相比较,及时发现问题和不足。

(2)账龄分析表。账龄分析表将应收账款划分为未到信用期的应收账款和以 30 天为间隔的逾期应收款。这是衡量应收账款管理状况的另外一种方法。企业既可以按金额(应收账款总额)进行账龄分析,也可以按客户进行账龄分析,账龄分析如表 8-5 和表 8-6 所示。账龄分析法可以确定逾期应收账款。随着逾期时间的增加,应收账款收回的可能性变小。

表 8-5　账龄分析(按金额)　　　　金额单位:万元

账龄(天)	应收账款金额	占应收账款总额的百分比
0～30	1 400	70%
31～60	300	15%
61～90	200	10%
91 及以上	100	5%
合计	2 000	100%

表 8-6　账龄分析(按客户)　　　　金额单位:万元

客户编号	客户名称	信用天数(天)	应收总额	信用金额	30～60 天	61～90 天	>91 天
A001	××有限公司	30	80	4	76	0	0
A002	××贸易公司	30	1 800	0	900	900	0
B001	××食品企业公司	30	12 000	0	12 000	0	0
B002	××服装公司	30	1 000	500	400	100	0
	合计		14 880	504	13 376	1 000	

3. 应收账款催收

企业需先确定合理的收账程序,催收账款的程序一般有信函通知、电话催收、派员面谈、法律行动。根据客户的反馈,再确定合理的催收方法。客户拖欠货款的原因可能比较多,可概括为无力偿付和故意拖欠两大类。当客户无力偿付时,要进行具体分析:如果客户确实遇到暂时困难,经过努力可以东山再起,企业应帮助客户渡过难关,以便收回较多的账款;如果客户遇到严重困难,已达到破产界限,无法恢复,则应及时向法院起诉,以期在破产清算时得到债权的部分清偿。故意拖欠是指客户虽然有能力付款,但为了无偿使用或其他目的,想方设法不付款,这时则需要确定合理的催债方法,以达到收回货款的目的。常见的催债方法有讲理法、疲劳战术法、激将法、软硬兼施法等。

4. 建立坏账准备

无论企业采用如何严格的收账政策,只要存在商业信用,坏账损失就无法避免。一般来

说,确定坏账损失的标准如下:

(1)债务人破产或者死亡,以其财产或遗产清偿后,仍无法收回的应收账款。

(2)债务人逾期较长时间未履行偿债义务的,并有足够证据表明无法收回或收回可能性极小的应收账款。

企业应收账款只要符合上述标准的,就应该确认为坏账损失。因此,企业在运营发展过程中,要时刻遵循谨慎性原则,对坏账损失可能性进行预估,并建立坏账准备金制度,以增强企业抵御坏账风险的能力。

三、存货管理

(一)存货的概念与存货成本

存货是指企业在生产经营过程中为销售或耗用而储备的资产,包括原材料、在产品、产成品、库存商品等。

为开展正常的生产经营活动,企业必须储备一定数量的存货,储备存货会发生资金占用、储存保管费用等,这就构成了存货成本。

1. 购置成本

购置成本是指存货购买过程中发生的购置费用,它等于购货数量与单价的乘积,在一定时期单价稳定和进货总量既定的条件下,无论企业采购次数如何变动,存货的购置成本通常是不变的,因而属于决策无关成本。

2. 订货成本

订货成本是指企业为组织进货而开支的费用,如采购人员差旅费、邮寄费、电报电话费、运输费等支出。订货成本一般与订货数量无关,与订货次数有关。

3. 储存成本

储存成本是指存货在储存过程中发生的支出,一般包括仓储费、搬运费、保险费和占用资金支付的利息等。储存成本和存货量呈正向变动。

4. 缺货成本

缺货成本是因存货不足而给企业造成的损失,包括由材料供应中断造成的停工损失、成品供应中断,延误发货的信誉损失及丧失销售机会的损失等。缺货成本与存货数量呈反向变动关系,存货数量越多,缺货的风险越小,则缺货成本越低。

(二)经济订货批量

1. 基本模型

经济订货批量是指在不考虑缺货成本的前提下,能够使一定时期存货总成本达到最低的进货数量。经济订货批量模型是一种理想模式,它的运用包含以下假设:①订货提前期是常数。②货物是一次性入库。③单位货物成本为常数,无批量折扣。④不允许出现缺货情形。⑤存货总需求量是已知常数。在该假设下,经济订货批量的存货总成本仅包含储存成本和订货成本,经济订货批量下的存货总成本如图8-9所示。

经济订货批量下存货总成本公式如下:

$$存货总成本 = 储存成本 + 订货成本$$

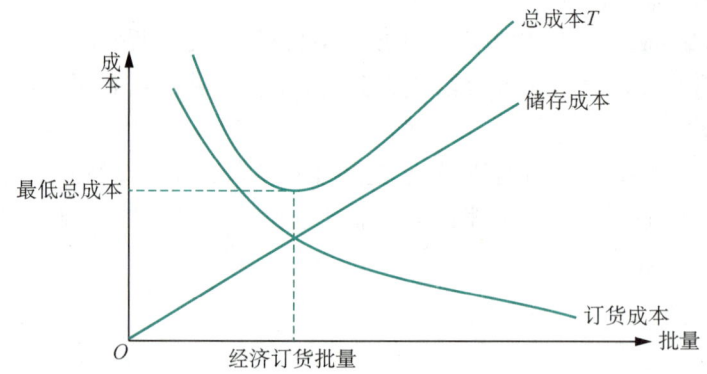

图 8-9　经济订货批量下的存货总成本

字母表示如下：

$$TC = \frac{Q}{2} \cdot H + \frac{T}{Q} \cdot F$$

式中，TC 为存货总成本；Q 为存货的经济订货批量；H 为单位年储存成本；F 为单次订货成本；T 为存货年总需求量。

通过对公式中的 Q 求导，令其为 0，得出经济订货批量 Q^* 公式如下：

$$Q^* = \sqrt{\frac{2FT}{H}}$$

将 Q^* 代入存货总成本公式，计算得到经济订货批量下最低总成本的简化公式如下：

$$TC = \sqrt{2FTH}$$

例 8-5　A 公司每年需要原材料总量为 400 000 吨，每次订货固定成本为 2 000 元，每吨材料年储存成本为 100 元。要求：计算 A 公司经济订货批量、最低存货成本和全年订货次数。

解析

$$Q^* = \sqrt{\frac{2FT}{H}} = \sqrt{\frac{2 \times 2\,000 \times 400\,000}{100}} = 4\,000（吨）$$

$$TC = \sqrt{2TFH} = \sqrt{2 \times 2\,000 \times 400\,000 \times 100} = 400\,000（元）$$

或者

$$TC = \frac{Q}{2} \cdot H + \frac{T}{Q} \cdot F = \frac{4\,000}{2} \times 100 + \frac{400\,000}{4\,000} \times 2\,000 = 400\,000（元）$$

$$N = \frac{TC}{Q^*} = \frac{400\,000}{4\,000} = 100（次）$$

2. 再订货点

再订货点是指企业为确保存货用完时所订的下一批货物刚好到达，再次发出订货通知时应保持的存货库存量。再订货点的存货量等于平均交货时间和每日平均存货消耗量的乘积，公式如下：

$$R = L \cdot d$$

式中，R 为再订货点；L 为平均交货时间；d 为日平均存货消耗量。

例 8-6　A 公司每天消耗原材料 1 400 吨，每次订货的在途时间为 5 天。要求：计算 A 公司的再订货点。

解析　$R = L \cdot d = 5 \times 1\,400 = 7\,000$（吨）

根据计算结果，当 A 公司原材料库存下降至 7 000 吨时，就需要发出订货指令，当材料用尽时，下一批存货刚好补充到位，保证了生产的连续性。

3. 安全储备

存货的安全储备也称保险储备，是指为避免企业由于缺货或供货中断而准备的额外库存储备。安全储备在正常情况下不动用，但由于企业生产经营过程中会面临诸多不确定情况，例如，运输过程意外导致在途时间变长，或者生产故障导致的废品率大增，加速了原料使用等。企业为保证生产连续性，往往会准备部分安全储备。安全储备示意图如图 8-10 所示。

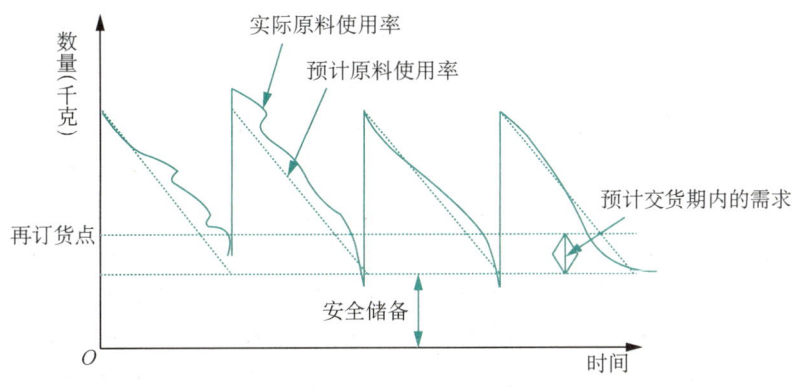

图 8-10　安全储备示意图

从图 8-10 可以看到，实际原材料使用率很可能高于预计原材料使用率，这种情况下如果按原来的再订货点订货，无疑会造成停产的损失，即产生缺货成本。因此，企业面临的不确定性越大，需要准备的安全储备量就越多。但是从另一个角度来看，安全储备量多会造成储存成本和资金占用的增加，因此企业决策者需权衡缺货成本和储存成本及资金占用产生的资金成本，确定合适的安全储备量。

（三）存货日常管理

存货日常管理的目标是在保证企业生产经营正常进行的前提下尽量减少库存，防止积压。常用的存货管理方法有存货 ABC 分类管理、存货及时控制（JIT）和存货分级归口控制等。

1. 存货 ABC 分类管理

存货 ABC 分类管理法就是按照一定的标准，将企业的存货划分为 A、B、C 三类，分别实行分品种重点管理、分类别一般控制和按总额灵活掌握的存货管理方法。A 类存货的特点是存货金额很大，但品种数量较少，对资产影响大，实行重点控制和严格管理；B 类存货金额一般，品种数量相对较多，实行一般控制为主；C 类存货一般品种数量繁多，但价值金额很少,可实行按总额灵活掌握的控制方式。判断存货的标准一般包括金额和品种数量两类。

2. 存货及时控制

存货及时控制系统又称零库存系统,是最早由丰田公司提出的存货控制方法。存货及时控制系统的基本原理是只有在使用之前才从供应商处进货,从而将原材料或配件的库存数量减到最小。只有在出现需求或接到订单时才开始生产,可以避免产成品的库存。及时生产的存货系统要求企业在生产经营的需要与材料物资的供应之间实现同步,使物资传送与作业加工速度处于同一节拍,最终将存货降到最低限度,甚至零库存。及时控制系统的优点是降低库存成本;减少从订货到交货的加工等待时间,提高生产效率;降低废品率等。但该系统能有效施行要求企业内外部全面协调和配合,一旦某一环节衔接不上,则会造成整条生产线停工的风险。

3. 存货分级归口控制

存货分级归口控制是指按照使用资金和管理资金相结合、物资管理和资金管理相结合的原则,将存货资金定额按照各职能部门所涉及的业务归口管理,各个职能部门再将资金定额计划层层分解到车间、班组乃至个人,实行分级管理控制的方法。

 思政小课堂

拼多多"农地云拼"——乡村振兴与零库存模式

拼多多(上海)网络科技有限公司(以下简称拼多多)的"农地云拼"项目主要是借助先进大数据技术来搜集分析和汇总全国范围内优质乡村农业信息,通过数据技术汇集优质农户信息,规避原来的经销环节,直接面向广大农户购买特色农产品,然后将其再直接输送或者投放到各个城市和地区市场当中,让更多的人了解和购买不同乡村的特色农产品。这类电商项目便高效利用起了电商平台的规模优势以及创新模式,将电商平台作为桥梁,两端分别连接的是农户和消费者,与此同时也展现出强大的助农意义,其不仅实现了农民增收的目标,而且也充分保证了特色农产品的品质,从而满足消费者对农产品品质的需求。

"农地云拼"项目主要采取"预售+产地直发"模式,将农产品订单集中后直接对接农户,实现接近零库存的销售。例如,2021年陕西苹果通过该模式销量增长300%,减少中间环节滞销风险,助力农民增收。另相关数据显示,仅在2023年第二季度,拼多多百亿补贴的农产品销售额就实现了同比大幅增长,增长率高达80%。除此之外,拼多多施行的是农产品零佣金政策,这就使得选择入驻到百亿补贴行列的涉农商家收入同比增长了约60%。

思政小贴士

拼多多通过科技赋能农业,一方面,充分利用大数据、云技术等手段整合农产品供应链,实现库存最大限度压缩,存货高速流转的同时缩小了城乡差距,推动乡村振兴。另一方面,从源头直连终端消费市场的模式也利于减少资源浪费,体现可持续发展理念。该商业模式最难能可贵之处不在于技术创新,而是通过技术创新以解决农民实际问题为导向,实现共同富裕目标的远大理想。

任务三　流动负债管理

应收账款质押

流动负债超 8 亿元！优迅医学亟待上市"救命"

2014 年 5 月，从事分子检测业务的优迅医学生物科技（以下简称优迅医学）再向港交所递交上市申请文件。计划募资将用于销售及营销、研发、检测设施扩张、投资及收购，以及用作补充营运资金等。

检测服务一度为优迅医学带来的巨额收入，在进入 2023 年后跌至"谷底"，并拖累公司全年营收下降 18 个百分点。与此同时，受到可转换可赎回优先股大幅增加影响，优迅医学流动负债总额逐年增加，目前已超过 8 亿元。

IPO 文件显示，若优迅医学无法及时完成上市，其优先股的股东，将可在 2024 年年底对股票行使赎回权，这些可转换可赎回优先股已增加至 9.92 亿元。然而，截至2024 年 2 月底，优迅医学账上现金及现金等价物余额仅有 6 659.7 万元。在此背景下，优迅医学流动比率及速动比率也在快速下降。

思考：流动负债过高会给企业带来哪些不利影响？

一、商业信用

（一）商业信用的概念

商业信用是指在商品交易中由于延期付款或预收货款所形成的企业间的借贷关系。商业信用的具体形式包括应付账款、应付票据、预收账款等，其中应付账款是商业信用的典型表现形式。商业信用一般是无息的。

（二）商业信用的形式

1. 应付账款

应付账款是供应商提供给企业的一种延期付款的优惠，形成了企业间的商业信用，也成为购货企业短期资金来源。信用条件包括信用期限、现金折扣和折扣期限，相关概念与任务二中的应收账款商业信用的理解是一致的，在此不再赘述。供应商之所以提供现金折扣，是希望买家能尽快付款。作为购买方的企业若放弃享受现金折扣而选择在信用期内付款，则会产生较高的放弃现金折扣的信用成本。放弃现金折扣的信用成本的计算公式如下：

$$放弃现金折扣的信用成本 = \frac{折扣率}{1-折扣率} \times \frac{360}{信用期-折扣期}$$

例 8-7　A 公司购入商品 200 万元，供应商给到的信用条件是"2/15，n/40"，计算放弃现金折扣的信用成本。

解析 放弃现金折扣的信用成本 $= \dfrac{折扣率}{1-折扣率} \times \dfrac{360}{信用期-折扣期}$

$$= \dfrac{2\%}{1-2\%} \times \dfrac{360}{40-15} = 29.39\%$$

从计算结果可知，A 公司放弃现金折扣的成本接近 30%，这是比较高的，一般情况不应放弃，除非资金困难暂时无法付款或者是有高于该信用成本的短期投资项目收益，才考虑在信用期（第 40 天）付款。

2. 应付票据

应付票据是指企业在商品购销活动中因采用商业汇票结算方式而发生的商业信用。它包括商业承兑汇票和银行承兑汇票。汇票本身不计利息，但是在汇票背书转让过程中会有贴现利率。

3. 预收账款

预收账款是指企业向购货方预收的购货订金或部分货款。企业提前收到款项，并未实际交付货物，因此形成了企业一项短期负债，也是买卖双方之间形成的商业信用。一般针对热销、紧俏、生产周期长、造价较高的商品采用预收货款的方式销货。

4. 应计未付款

应计未付款是指企业已经发生了费用或义务但尚未收到账单或发票，故而未以货币支付的款项，如应付职工薪酬、应交税费、应付股利、应付租金等。应计未付款通常是基于内部结算或是法律义务形成的待支付款项，一定时期内可以供企业免费使用，但是企业不能长时间拖欠该项费用，否则会引发拖欠工资、欠缴税款等违法风险。

注：尽管应计未付款和典型的商业信用（应付账款）有所区别，但其核心特征是企业因享受服务或资源而获得延期付款的权利，使其归属于商业信用的范畴。

（三）商业信用的优缺点

1. 商业信用的优点

（1）筹资便利，使用方便。商业信用是随着企业经营活动过程中自发形成的信用关系，它无须像银行贷款那样需要抵押物或者复杂的审批流程，因此在企业经营往来中被广泛应用。

（2）成本较低。商业信用一般不需要额外附加利息，在没有现金折扣的情况下或者不放弃现金折扣情况下成本较低。

（3）使用灵活，受限制少。企业可以根据需要灵活选择信用金额大小和期限，也可以和信用提供方协商请求延长付款时间。和银行借款相比，商业信用的限制条件也较少，部分达不到银行借款要求的客户也可以使用商业信用的方式短期融通资金。

2. 商业信用的缺点

（1）信用规模的局限性。由于商业信用无抵押的性质，商业信用金额相对有限，大额融资还需依赖银行借款或短期债券等方式。

（2）信用期限的局限性。商业信用期限短，还款压力大，对企业现金使用效率要求高，如果企业经常拖欠账款，会有损企业信誉。

（3）授信对象的局限性。商业信用的使用一般局限于企业之间。

（4）不稳定，受外部环境影响较大。商业信用筹资受外部环境影响较大。例如，当某个行业发生典型的信用违约的事件时，这种违约的担心会迅速传导至整个行业，行业会收紧和暂停商业信用，导致部分信用良好的客户也被波及而无法使用商业信用。

二、短期借款

短期借款是指企业根据生产经营的需要，从银行或其他金融机构借入的偿还期在 1 年以内的各种借款，包括生产周转借款、临时借款、结算借款等。

（一）短期借款的信用条件

1. 信用额度

信用额度是信用机构对借款企业规定的无抵押、无担保借款的最高限额，信用额度有效期通常为 1 年。借款企业在规定期限内，可以随时向贷款机构借入不高于信用额度的资金。但是贷款机构没有义务承担支付全部信用额度的资金数额，如果企业信誉恶化，即使在信用额度内，银行也可能不发放贷款。

2. 周转信贷协议

周转信贷协定是银行从法律上承诺向企业提供不超过某一最高限额的贷款协议。在协议有效期内，只要企业累计借款总额未超过最高限额，银行必须满足企业任何时候提出的借款要求。企业享有周转信贷协议，通常要对贷款限额的未使用部分付给银行一笔承诺费。承诺费率一般不超过 1％，承诺费计算方法为承诺费率乘以贷款限额中未使用部分。

3. 补偿性余额

补偿性余额是银行要求借款企业在银行中保持按贷款限额或实际借款额一定比例计算的最低存款余额，比例通常为 10％～20％。补偿性余额有助于降低银行贷款风险，补偿银行可能遭受的损失。例如，企业需要借入短期借款 90 万元用于仓库扩建，银行要求企业必须保留贷款额的 10％作为补偿性余额。此时，公司必须要借入 100 万元才能满足资金需求。如果银行短期借款利率为 9％，则对企业而言，实际负担的利率要高于名义利率 9％，实际负担的利率就是 10％。

4. 借款抵押

根据企业性质和银行借贷政策的不同，对于部分短期借款是要求提供借款抵押的，短期借款的抵押品通常是借款企业的存货、有价证券、应收账款等。

（二）短期借款成本

短期借款的成本主要有利息、手续费等。短期借款成本的高低主要与贷款利率、利息支付方式有关。例如，银行向信誉好、贷款风险低的企业提供较低的利率；反之，提供较高的利率。短期借款利息的支付方式有收款法、贴现法、加息法等。

1. 收款法

收款法是在借款到期时向银行支付利息的方法。通常，银行按单利计算收取短期借款利息，即单利计息。利息在借款到期日随本金一并支付，此时短期借款的实际利率就是名义利率。

2. 贴现法

贴现法又称折现法，是指银行在发放贷款时，先从本金中扣除贴现利息部分，以贷款面值与贴现利息的差额贷给企业,到期时借款企业偿还全部贷款本金的方法。贴现法下,借款企业可以使用的资金是贷款本金与贴现利息的差额。因此,企业贷款的实际利率要高于名义利率。

例 8-8 A 公司以贴现方式从银行取得借款 100 万元,期限为 1 年,年利率为 7%,实际拿到资金 93 万元,利息 7 万元,计算短期借款的实际利率。

解析 短期借款实际利率 $= \dfrac{利息}{借款金额-利息} = \dfrac{7}{100-7} \times 100\% = 7.53\%$

3. 加息法

加息法是银行发放分期等额偿还贷款时采用贷款总额和名义利率来计算收取利息的方法。加息法下,借款企业可以使用的借款逐期减少,但是利息仍按贷款总额计算,因而企业所负担的利息费用相对较高,实际利率便高于名义利率。

例 8-9 A 公司从银行取得借款 100 万元,年利率为 7%,分 12 个月等额偿还本息,求短期借款的实际利率。

解析 贷款本金分期均衡偿还,因而企业全年平均拥有的贷款额为 50 万元,即 $100 \div 2 = 50$ 万元。短期借款的实际利率相当于名义利率两倍。

$$短期借款实际利率 = \frac{利息}{贷款金额/2} = \frac{100 \times 7\%}{100 \div 2} = 14\%$$

(三)短期借款的优缺点

1. 短期借款优点

企业取得短期借款的条件和手续较简便,筹资快;借款数额和借款时间弹性大,企业可灵活安排在资金需要时借入,资金需求减少时还款;利息可以作为企业费用支出在税前扣除,起到利息抵税作用。

2. 短期借款缺点

短期借款的资金成本相对商业信用、短期融资券要高;向银行借款,企业受到的限制较多,如流动比率、负债比率等财务指标有一定的范围要求;筹资风险大,实际利率较高等。

三、短期融资券

(一)短期融资券的含义

短期融资券是指企业为筹集短期资金而依法发行并约定在一定期限内还本付息的有价证券,通常为企业发行的无担保短期本票,又称商业票据、短期债券。在我国,短期融资券是企业根据《银行间债券市场非金融企业债务融资工具管理办法》的条件和程序,在银行间债券市场发行和交易并约定在一定时间(1 年内)还本付息的有价证券。

(二)短期融资券的种类

(1)按发行人分类,短期融资券可分为金融企业的融资券和非金融企业的融资券。我国目前发行和交易的是非金融企业的融资券。

(2)按发行方式分类,短期融资券可分为经纪人承销的融资券和直接销售的融资券。非金融企业发行短期融资券一般采用间接承销的方式,金融企业发行短期融资券一般采用直接发行的方式。

(三)短期融资券的特点

短期融资券的期限较短;相比企业债券而言,短期融资券筹资成本较低;相比银行借款而言,短期融资券筹资数额较大;发行人信誉高,因而短期融资券市场流动性较强;短期融资券的发行条件比较严格,企业一般要具备一定的信用等级、实力较强等条件才能发行短期融资券。

模块小结

本模块主要讲述了营运资金的内涵和营运资金管理政策、流动资产管理、流动负债管理等内容,包含以下要点。

营运资金是企业维持日常经营活动正常进行所需的资金。广义的营运资金是指企业在流动资产上的总投资额;狭义的营运资金是指企业流动资产减去流动负债的差额。

营运资金管理政策包括营运资金持有政策和营运资金融资政策。营运资金持有政策有三种可能的持有策略:宽松政策、适中政策、紧缩政策。营运资金融资政策有三种可供选择:配合型融资政策、激进型融资政策、保守型融资政策。

现金常见持有动机有交易动机、补偿动机、预防动机、投资动机,持有现金的成本主要包括管理成本、机会成本和短缺成本。确定最佳现金持有量的方法主要有成本模型、存货模型和随机模型等。

应收账款的成本主要有机会成本、管理成本、坏账成本等;应收账款信用政策是指应收账款的管理政策,是企业为了对应收账款进行规划和控制的制度规范,包括信用标准、信用条件和收账政策。应收账款的日常管理包括对客户的信用调查和分析评价、应收账款的监控和催收工作等。

存货管理的成本具体包括购置成本、订货成本、储存成本、缺货成本。经济订货批量是指在不考虑缺货成本的情况下,能使企业在一定时期存货的总成本最低的进货数量。再订货点是指企业为确保存货用完时所订的货刚好到达,再次发出订货单时应保持的存货库存量。保险储备是企业为保持供需稳定,保证正常的生产经营,避免缺货而保留一定量的库存储备。存货控制方法常见的有存货归口分级控制、存货 ABC 分类管理和存货及时控制等。

商业信用是指企业在商品或劳务交易过程中,以延期付款或预收货款的方式进行购销活动而形成的企业间的借贷关系。其表现形式有应付账款、应付票据、预收账款等形式。

短期借款是指企业向银行或其他金融机构借入的期限在一年以内(含一年)的各种贷款。银行或其他金融机构向企业贷款时,一般会附加一定的信用条件,常见的有信用额度、周转授信协议、补偿性余额、借款抵押等。短期借款的成本主要有利息、手续费等。短期借款利息的支付方式主要有收款法、贴现法和加息法。

短期融资券是指企业为筹集短期资金而依法发行的无担保短期本票,又称商业票据、短期债券。

《《 模块习题 》》

一、单项选择题

1. 下列各项中,属于短期资产的特点的是( )。
   A. 占用时间长、周转快、易变现
   B. 占用时间短、周转快、易变现
   C. 占用时间短、周转慢、易变现
   D. 占用时间长、周转快、不易变现

2. 下列关于现金的说法中,不正确的是( )。
   A. 现金是流动资产中流动性最强的资产,可直接支用,也可立即投入流通
   B. 现金是指可以立即用来购买物品、支付各项费用或用来偿还债务的交换媒介或支付手段
   C. 现金主要包括库存现金和银行活期及定期存款
   D. 拥有现金较多的企业具有较强的偿债能力和承担风险的能力

3. 紧缩的营运资金持有政策要求企业在一定的销售水平上保持( )的流动资产,这种政策的特点是( )。
   A. 较少;报酬高,风险大
   B. 较多;报酬高,风险大
   C. 较多;报酬低,风险小
   D. 较少;报酬低,风险小

4. 下列关于信用期限的描述中,正确的是( )。
   A. 信用期限越短,企业坏账风险越大
   B. 缩短信用期限,有利于销售收入的扩大
   C. 用期限越长,表明客户享受的信用条件越优越
   D. 信用期限越短,应收账款的机会成本越高

5. 下列各项中,属于应收账款机会成本的是( )。
   A. 应收账款占用资金的应计利息
   B. 坏账损失
   C. 收账费用
   D. 对客户信用进行调查的费用

6. 信用条件"2/10,n/30"表示( )。
   A. 如果在 10 天内付款,可享受 2% 的现金折扣
   B. 信用期限为 10 天,折扣期限为 30 天
   C. 如果在开票后 10~30 天内付款可享受 2% 的折扣
   D. 信用期限为 30 天,现金折扣为 20%

7. 下列关于信用标准的说法中,不正确的是( )。
   A. 信用标准主要是规定企业只能对信用很好、坏账损失率很低的顾客给予赊销
   B. 信用标准是企业同意向顾客提供商业信用而提出的基本要求
   C. 如果企业的信用标准较严,则会减少坏账损失,减少应收账款的机会成本
   D. 如果信用标准较宽,虽然会增加销售,但会相应增加坏账损失和应收账款的机会成本

8. A 企业向银行借入 200 万元 1 年期贷款,约定年借款利率为 6%,银行采用贴现法方式发放贷款,即企业实际拿到的资金只有 188 万元。该短期借款的实际利率为( )。

A. 5% 　　　　　 B. 5.38% 　　　　　 C. 6.38% 　　　　　 D. 12%

9. 下列各项中,属于经济批量的是( )。

    A. 储存成本最低的采购批量 　　　　　 B. 采购成本最低的采购批量

    C. 货成本最低的采购批量 　　　　　 D. 存货总成本最低的采购批量

10. 在对存货采用 ABC 法进行控制时,应当重点控制的是( )。

    A. 品种多的存货 　　　　　 B. 数量较大的存货

    C. 占用资金较多的存货 　　　　　 D. 价格昂贵的存货

11. 某公司每天正常耗用甲零件 10 件,送货时间为 10 天,则该公司的再订货点为( )件。

    A. 150 　　　　　 B. 100 　　　　　 C. 150 　　　　　 D. 200

12. 某公司购入货物时,供应商提供的商业信用条件为"3/10,N/50",该公司放弃现金折扣的信用成本为( )。

    A. 20% 　　　　　 B. 27.83% 　　　　　 C. 30% 　　　　　 D. 33.76%

13. 净营运资本是指( )。

    A. 所有资产和负债之间的差额 　　　　　 B. 企业的流动资产

    C. 短期现金流量现值 　　　　　 D. 流动资产与流动负债的差额

14. 下列各项中,属于现金来源的是( )。

    A. 应付账款增加 　　　　　 B. 应收账款增加

    C. 固定资产增加 　　　　　 D. 支付现金股利

15. 某公司在营运资金管理中,为了降低流动资产的持有成本、提高资产的收益性,决定保持一个低水平的流动资产与销售收入比率,据此判断,该公司采取的流动资产投资策略是( )。

    A. 紧缩的流动资产投资策略 　　　　　 B. 宽松的流动资产投资策略

    C. 匹配的流动资产投资策略 　　　　　 D. 稳健的流动资产投资策略

二、多项选择题

1. 企业进行营运资本管理,应该遵循的原则有( )。

    A. 认真分析生产经营状况,合理确定营运资本的需要数量

    B. 在保证生产经营需要的前提下,节约使用资金

    C. 加速营运资本周转,提高资金的利用效率

    D. 合理安排短期资产与短期负债的比例关系,保证企业有足够的短期偿债

2. 为了提高现金的使用效率,企业应尽量加速收款,必须满足的要求有( )。

    A. 减少顾客付款的邮寄时间

    B. 减少企业收到顾客开来支票与支票兑现之间的时间

    C. 加快资金存入自己往来银行的过程

    D. 尽量使顾客早付款

3. 下列各项中,属于短期借款缺点的有( )。

    A. 借款手续复杂

    B. 资金成本相对商业信用、融资融券要高

C. 银行借款限制条件较多

D. 实际利率较高

4. 评估顾客信用的5C评估法中的"5C"包括(　　)。

A. 品质　　　　　B. 能力　　　　　C. 资本　　　　　D. 利润

5. 应收账款的管理成本主要包括(　　)。

A. 应收账款的坏账损失　　　　　　B. 收集各种信息的费用

C. 账簿的记录费用　　　　　　　　D. 收账费用

6. 信用条件是指企业要求顾客支付赊销款项的条件,包括(　　)。

A. 信用期限　　　B. 机会成本　　　C. 折扣期限　　　D. 现金折扣

7. 下列关于收账费用与坏账损失关系的说法中,正确的有(　　)。

A. 收账费用支出越多,坏账损失越少,但两者不一定存在线性关系

B. 在一定范围内,坏账损失随着收账费用的增加而明显减少,但当收款费用增加到一定限度后,坏账损失的减少就不再明显了

C. 在制定信用政策时,要权衡增加收款费用和减少坏账损失之间的得失

D. 收账费用支出越多,坏账损失越少,两者成反比例的线性关系,为了减少坏账损失,可以不断增加收账费用

8. 确定再订货点,需要考虑的因素有(　　)。

A. 平均每天的正常耗用量　　　　　B. 预计每天的最大耗用量

C. 预计最长收货时间　　　　　　　D. 保险储备

9. 流动负债中商业信用的形式包括(　　)。

A. 应付账款　　　B. 应付票据　　　C. 应收账款　　　D. 预收账款

10. 短期借款成本中,实际利率高于名义利率的有(　　)。

A. 加息法　　　　B. 贴现法　　　　C. 收款法　　　　D. 分期法

三、判断题

1. 营运资本具有流动性强的特点,但是流动性越强的资产其收益性就越差。　　　　　　(　　)

2. 拥有大量现金的企业具有较强的偿债能力和承担风险的能力,因此,企业单位应该尽量多地拥有现金。　　　　　　(　　)

3. 企业持有现金的动机包括交易动机、补偿动机、预防动机、投资动机。一笔现金余额只能服务于一个动机。　　　　　　(　　)

4. 在资产总额和筹资组合都保持不变的情况下,如果长期资产减少而短期资产增加,就会减少企业的风险,但也会减少企业的盈利。　　　　　　(　　)

5. 在存货模型中,使现金持有成本和现金转换成本之和最小的现金余额即为最佳现金余额。　　　　　　(　　)

6. 赊销是扩大销售的有力手段之一,企业应尽可能放宽信用条件,增加赊销量。　　　(　　)

7. 收账费用支出越多,坏账损失越少,两者是线性关系。　　　　　　(　　)

8. 要制定最优的信用政策,应把信用标准、信用条件、收账政策结合起来,考虑其综合变化对销售额、应收账款机会成本、坏账成本和收账成本的影响。　　　　　　(　　)

9. 订货成本的高低取决于订货的数量。   （   ）

10. 9 月 1 日，一家公司授予的信贷期限为"2/10,n/45"。那么，债权人在 9 月 1 日票据生效后 10 天内付款,可享受 2% 的现金折扣。   （   ）

四、计算分析题

1. 某公司持有有价证券的平均年利率为 4%,公司的现金最低持有量为 2 000 元,现金余额的回归线为 9 000 元。

   要求:如果该公司现有现金 22 000 元,根据现金持有量随机模型,计算应当投资于有价证券的金额。

2. 乙公司预测的年度赊销收入净额为 4 500 万元,应收账款收账期为 30 天,变动成本率为 50%,资本成本为 10%,一年按 360 天计算。

   要求:计算应收账款的机会成本。

3. 某企业取得 2024 年为期一年的周转信贷额度为 1 000 万元,承诺费率为 0.5%。2024 年 1 月 1 日从银行借入 600 万元,9 月 1 日又借入 300 万元,年利率为 7%。

   要求:计算该企业 2024 年度末向银行支付的利息和承诺费。

4. 某公司预计全年(按 360 天计算)现金需要量为 360 000 元,现金与有价证券的转换成本为每次 600 元,有价证券年利率为 12%。

   要求:

   (1) 运用存货模型计算最佳现金持有量。

   (2) 运用存货模型计算最佳现金持有量下的全年现金持有总成本和转换次数。

5. 某企业每年需耗用 A 材料 60 000 件,单位材料年变动存储成本为 30 元,平均每次进货费用为 90 元,A 材料全年平均单价为 150 元。假定不存在数量折扣,不会出现陆续到货和缺货的现象。

要求：

（1）计算 A 材料的经济订货批量。

（2）计算 A 材料年度最佳订货次数。

（3）计算 A 材料的存货总成本。

（4）计算 A 材料经济订货批量平均占用资金。

五、案例思考题

假设 B 公司每年需外购零件 36 000 千克，该零件单位价格为 12 元，单位年储存变动成本为 20 元，一次订货成本为 25 元，单位缺货成本为 120 元，B 公司目前建立的保险储备量是 30 千克。建立保险储备时，最小增量为 10 件。在交货期内的需要量及其概率如表 8-7 所示。

表 8-7 交货期内零件需用量及概率

需要量（千克）	概率	需要量（千克）	概率
50	0.10	80	0.20
60	0.20	90	0.10
70	0.40		

要求：

（1）计算经济订货量以及年最优订货次数。

（2）按企业目前的保险储备标准，计算存货水平为多少时应补充订货。

（3）说明企业目前的保险储备标准是否恰当。

（4）按合理保险储备标准，计算企业的再订货点。

模块九
财务分析

模块导言

　　本模块从财务报告的概念入手,介绍了财务分析的基本方法,详细阐述了如何运用财务指标分析企业的偿债能力、营运能力、盈利能力和发展能力,最后介绍了财务报表分析的具体应用——杜邦分析法。

学习目标

1. 知识目标

(1) 了解财务分析的概念,掌握财务分析的方法。

(2) 掌握偿债能力、营运能力、盈利能力、发展能力指标的计算与分析方法。

(3) 掌握杜邦分析法相关指标的计算及分析。

2. 技能目标

(1) 能熟练运用财务分析的方法,结合财务指标对企业进行全面分析。

(2) 能对企业的财务状况作出全面的判断和评价。

3. 素养目标

(1) 学会与不同的报表使用者进行沟通协调,培养良好的团队合作意识。

(2) 培养诚实守信、廉洁自律、遵纪守法、严谨认真的职业态度。

(3) 培养学生系统论思想,建立系统的整体观念,善于用整体观念分析企业财务问题,关注局部变化给整体带来的作用和影响。

思维导图

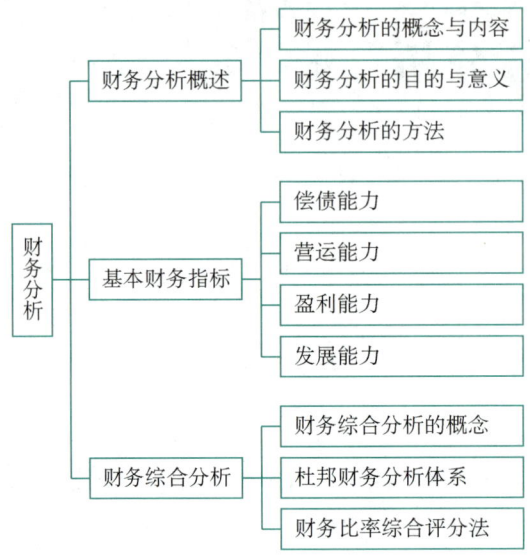

```
                    ┌─ 财务分析概述 ─┬─ 财务分析的概念与内容
                    │                ├─ 财务分析的目的与意义
                    │                └─ 财务分析的方法
                    │
        财务分析 ───┼─ 基本财务指标 ─┬─ 偿债能力
                    │                ├─ 营运能力
                    │                ├─ 盈利能力
                    │                └─ 发展能力
                    │
                    └─ 财务综合分析 ─┬─ 财务综合分析的概念
                                     ├─ 杜邦财务分析体系
                                     └─ 财务比率综合评分法
```

任务一　财务分析概述

.

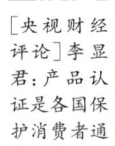

[央视财经评论]李显君:产品认证是各国保护消费者通行做法

案例导入

拼多多 2025 年第一季度财务报告分析

拼多多作为大家熟悉的新电商巨头,在 2025 年第一季度交出了一份亮眼的财务答卷,引发市场广泛关注。

从营业收入来看,拼多多 2025 年第一季度总营业收入达 630.07 亿元,较 2024 年同期同比增长 28%。其中,在线营销技术服务和交易服务收入增长显著,这表明拼多多在吸引更多商家入驻和促进交易方面取得了积极成效,平台的商业生态不断繁荣。

利润方面表现更为出色,该季度净利润为 218.85 亿元,同比增长 40%,经调整净利润为 273.37 亿元,同比增长 38%。这反映出拼多多在营收增长的同时,成本控制和运营效率得到了进一步优化。精细化通过运营和技术创新,平台在提升用户体验的同时降低了运营成本,实现了盈利能力的持续增强。

截至 2025 年 3 月 31 日,拼多多过去 12 个月的活跃买家数达到 10.45 亿人次,较 2024 年同期净增 4 320 万元。这显示出拼多多在拓展用户规模上依然具有强劲动力,其在下沉市场及新用户群体中的吸引力持续加大,为未来业务发展奠定了坚实的用户基础。

在营业销售投入方面,2025 年第一季度营业销售费用为 480.02 亿元,同比增长 22%。

拼多多通过持续的营销活动提升了品牌知名度和用户黏性,但营销费用的增长也引发了市场对其投入产出效率的进一步关注。

拼多多在2025年第一季度实现了用户规模和盈利能力的双增长,但在营业销售费用上也投入巨大。那么,拼多多如何在保持用户增长和市场竞争优势的同时,进一步提高营销投入产出比,实现营销费用增长与盈利能力提升的平衡?此外,面对日益激烈的电商竞争环境,拼多多将如何利用其现有的用户基础和商业模式,拓展新的业务增长点,保持长期稳定的可持续发展?

一、财务分析的概念与内容

(一)财务分析的概念

财务分析是以财务报表为主要依据,采用科学的分析技术方法,通过对企业过去和现在有关筹资活动、投资活动、经营活动的偿债能力、盈利能力和营运能力等进行分析与评价,从而使经营者以及企业的利益相关者能够了解企业过去、评价企业现在、预测企业未来,作出正确决策,提高决策水平。

(二)财务分析的内容

不同主体出于不同的利益考虑,对财务分析的内容和侧重点也不一样。概括起来,财务分析的内容主要包括以下几个方面。

1. 偿债能力分析

偿债能力分析是指企业通过资产负债率、流动比率、速动比率等指标,评价企业举债的合理程度及清偿债务的实际能力等,为公司经营者、股东和债权人提供偿债能力的信息的分析。

2. 营运能力分析

营运能力分析是分析企业资产的周转情况,通过存货周转率、应收账款周转率、流动资产周转率和总资产周转率等指标来评价企业资产的利用效率,为公司的经营管理水平提供依据。

3. 盈利能力分析

盈利能力分析是分析企业利润的实现情况,通过销售净利率、总资产收益率、净资产收益率等指标,揭示企业的盈利情况。

4. 发展能力分析

发展能力分析是分析不同时点指标的结构挖掘企业的发展潜力,评价企业的发展趋势,为公司经营者和股东决策提供依据。

5. 综合财务分析

综合财务分析将偿债能力、营运能力、盈利能力、发展能力纳入有机整体中,通过相互关联的分析,对企业财务状况和经营成果作出全面的评价。

二、财务分析的目的与意义

(一)财务分析的目的

财务分析信息的需求主体主要包括企业所有者、企业债权人、企业经营者和政府等。不同主体出于不同的利益考虑,对财务分析信息有着不同的需求。

1. 投资者的分析目的

投资者的分析目的包括:①分析评价企业的盈利能力,预测企业未来收益。②分析企业经营业绩,评价受托经营者管理水平,合理进行薪酬与人事决策。③分析企业的偿债能力,判断企业财务状况的好坏及资金取得的渠道。

2. 债权人的分析目的

债权人的分析目的包括:①分析企业的偿债能力,关注债权的安全性。②分析企业的盈利能力,评价企业还本付息的保障程度。

3. 经营管理者的分析目的

经营管理者的分析目的包括:①考核企业经营计划和财务计划完成情况,评价经营责任的履行效果。②分析评价企业财务状况,提高财务管理水平。③分析评价企业资源利用效率,增强企业市场竞争力。

4. 政府机构及其他组织的分析目的

政府机构及其他组织的分析目的包括:①监督、检查党和国家的各项经济政策、法规、制度在企业单位的执行情况。②保证企业财务会计信息和财务分析报告的真实性、准确性,为宏观决策提供可靠信息。

思政小贴士

社会上存在着粉饰财务报表、通过财务报表侵吞公司财产、偷税漏税等违法行为,这些行为不仅给投资者、企业、国家造成损失,严重时还会影响到社会的稳定。因此,作为财务工作人员,我们应树立正确的价值理念,提供真实、可靠的财务信息,遵循国家的法律法规,不得侵害他人的合法权。我们要坚决抵制财务造假等违法行为。

(二) 财务分析的意义

1. 评估企业过去的经营成果

评估企业过去的经营成果包括了解企业营业收入的来源和营业支出的去向、分析净利润的多少及其构成、评价投资报酬率高低和市场占有率的变化等。通过分析企业过去的经营成果,并与同行业相互比较,可以了解企业过去经营活动的成败得失。

2. 衡量企业现在的财务状况

衡量企业现在的财务状况包括了解企业资产、负债、所有者权益的构成,分析企业资产结构和资本结构是否合理,评价企业的财务实力和财务弹性等。财务状况反映了企业资产、资本存量以及企业的产权关系,通过分析企业现在的财务状况,并与历年数据和同行业相互比较,可以了解企业财务状况的真实情况,并据此预测企业未来发展的潜力。

3. 预测企业未来发展的趋势

预测企业未来发展的趋势是根据企业过去的经营业绩,结合现在的财务状况,预测企业未来创造收入和利润的能力,对企业未来的发展趋势进行判断。

4. 评价企业的发展趋势

评价企业的发展趋势是通过各种财务分析,判断企业的发展趋势,预测其生产经营的前景及偿债能力,从而为企业领导进行生产经营决策、投资者进行投资决策以及债权人进行信贷决策提供重要的依据,避免因决策错误而发生重大的损失。

三、财务分析的方法

(一)比较分析法

1. 比较分析法的概念

比较分析法是对两个有关的项目或指标数值进行对比,揭示差异和矛盾的一种分析方法。比较分析法有绝对数比较和相对数比较两种形式。绝对数比较是将主要报表项目的绝对数与比较对象的绝对数进行比较,以揭示数量差异,从而了解金额变动情况。相对数比较是利用报表中有相关关系的数据的相对数进行比较,以揭示数量差异,从而了解变动程度。

2. 比较分析法的形式

(1)将本期的实际数据与前期的实际数据进行比较,可以了解企业财务状况及发展趋势。

(2)将本期的实际数据与计划数据相比较,考核企业管理层受托责任的完成情况,分析达成长期目标的可能性。

(3)将本期的实际数据与同行业同类数据相比较,便于找出企业与行业标杆企业的差距,制定新的目标,增强企业的竞争力。

3. 采用比较分析法应注意的问题

①对比的指标计算口径必须保持一致。②应剔除偶发性项目的影响。③对某项有显著变动的指标作出重点分析。

(二)比率分析法

1. 比率分析法的概念

比率分析法是指利用财务报表中两项相关数值的比率揭示企业财务状况和经营成果的一种分析方法。

2. 比率分析法的形式

比率指标的类型主要有构成比率、效率比率和相关比率三大类。

1)构成比率

构成比率又称为结构比率,它是某项财务指标的各组成部分数值占总体数值的百分比,反映部分与总体的关系,其基本公式如下:

$$构成比率 = \frac{某个组成部分数值}{总体数值} \times 100\%$$

例如,企业资产中流动资产、固定资产和无形资产占资产总额的百分比(资产构成比率),企业负债中流动负债和长期负债占负债总额的百分比(负债构成比率)等,利用构成比率,可以考察总体中某个部分的形成和安排是否合理,以便协调各项财务活动。

2)效率比率

效率比率是某项财务活动中所费与所得的比率,反映投入与产出的关系。利用效率比率指标,可以进行得失比较,考察经营成果,评价经济效益,如成本利润率、销售利润率、资本金利润率。

3)相关比率

相关比率是以某个项目和与其有关但又不同的项目加以对比所得的比率,反映有关经济活动的相互关系。利用相关比率指标,可以考察企业相互关联的业务安排得是否合理,以保障经营活动顺畅进行,如资产负债率、存货周转率、流动比率。

3. 采用比率分析法时应注意的问题

采用比较分析法时应注意以下问题:①对比项目的相关性。②对比口径的一致性。③衡量标准的科学性。

(三)因素分析法

1. 因素分析法的概念

因素分析法是根据分析指标与其影响因素之间的关系,按照一定的程序和方法,从数量上确定各因素对指标差异影响程度的一种方法。

思政小贴士

世界上事情是复杂多变的,由各方面因素来影响决定。看问题要从各方面去思考,不能片面。影响因素是决定事物成败的原因或条件,学习先进经验是提高生产的重要因素之一。

2. 因素分析法的形式

因素分析法的形式有两种:一是连环替代法;二是差额分析法。连环替代法是将分析指标分解为各个可以计量的因素,并根据各个因素之间的依存关系,依次用各因素的比较值(通常是实际值)替代基准值(通常是标准值或计划值),据以测定各因素对分析指标的影响。差额分析法是连环替代法的一种简化形式,它利用各个因素的比较值与基准值之间的差额,来计算对分析指标的影响。

知识拓展

连环替代法

假设某一财务指标 Y 是由相互联系的 A、B、C 三个因素组成,标准指标和实际指标的计算公式如下:

标准指标:$Y_0 = A_0 \times B_0 \times C_0$ (1)

实际指标:$Y_1 = A_1 \times B_1 \times C_1$

分析对象为实际指标与标准指标的差异:$Y_1 - Y_0 = M$

第一次替换:$Y_2 = A_1 \times B_0 \times C_0$ (2)

第二次替换:$Y_3 = A_1 \times B_1 \times C_0$ (3)

第三次替换:$Y_4 = Y_1 = A_1 \times B_1 \times C_1$ (4)

据此测定的结果为:

式(2)-(1)为 A 因素变动对差异的影响。

式(3)-(2)为 B 因素变动对差异的影响。

式(4)-(3)为 C 因素变动对差异的影响。

三个因素对总差异的影响结果相加:

$(Y_2 - Y_0) + (Y_3 - Y_2) + (Y_1 - Y_3) = Y_1 - Y_0$

3. 采用因素分析法时应注意的问题

采用因素分析法时应注意以下问题:①因素分解的关联性。②因素替代的顺序性。③顺序替代的连环性。④计算结果的假定性。

(四)趋势分析法

趋势分析法以某年或某期为基期,通过各期财务数据与基期财务数据的比较,发现企业财务状况和经营成果的变化趋势,并通过对历史趋势的研究与观察,确定企业未来的发展方向。

趋势分析法主要有两种形式:一种是定基分析,即以某一时期为基期,将其他各期的财务数据转换成基期数据的百分比;另一种是环比分析,即各期数据分别以前一期为基期,转换成前一期财务数据的百分比。在财务管理实务中,通常采用定基分析法。

任务二　基本财务指标

案例导入

打击证券违法犯罪 新闻链接:ST新亿连续财务造假被退市 实控人获刑

以新质生产力激发企业活力

2023 中国企业家博鳌论坛在海南博鳌举办。在 12 月 4 日举行的主论坛上,中国企业改革与发展研究会候任会长、国资委原党委委员、秘书长彭华岗表示,新质生产力起点是新,关键在于质,落脚于生产力。聚焦新质生产力,增强发展新动能,广大企业大有可为,也必将大有作为。

第一,要以科技创新为牵引,不断增强科技竞争力。科技自立自强不仅是发展问题,更是生存问题。企业要生存必须培育并形成自身的核心竞争力,培育核心竞争力的关键是创新。企业要发挥科技创新主题作用,不断完善创新体系,增强创新能力,激发创新活力,提升原创技术需求牵引,源头供给、资源配置、转换应用能力。通过科技创新不断提高企业的核心竞争力,支撑国家科技创新体系的建设。

第二,要以建设现代产业体系为重点,不断增强核心功能。要坚定不移推进传统产业转型升级,在高端化、智能化、绿色化发展上下功夫,不断向产业链、价值链高端攀升。要大力发展战略性新兴产业和未来产业,打造具有国际竞争力的战略性新兴产业集群和产业领军企业。要更好地促进产业链协同,有条件的大企业要争当链主链长,中小企业要在产业链条当中找准定位成为完整产业链当中不可或缺的一环。

第三,要以打造中国特色现代企业为目标不断激发企业活力。要始终坚持党的领导,把企业党组织放在公司治理结构当中,充分发挥党建引领作用。进一步健全市场化经营机制,优化激励约束,兼顾效率公平,充分激发企业和员工的活力。要大力推进管理体系和管理能力现代化,低碳发展为底色,不断走实可持续发展之路。要将绿色低碳理念融入公司发展战略,实施绿色低碳管理运营模式,大力推进节能减排加强绿色低碳

技术创新和应用推广,积极发展和应用清洁能源。

企业需要不断提高核心竞争力,增强发展能力,走可持续发展之路。什么是企业的发展能力,衡量发展能力的指标主要有哪些?

一、偿债能力

偿债能力是指企业偿还自身所欠债务的能力。偿债能力的高低直接表明企业财务风险的大小。企业偿债能力低不仅说明企业资金紧张,难以支付日常经营支出,而且说明企业资金周转不灵,难以偿还到期债务,甚至面临破产危险。可以按照时间将其分为短期偿债能力和长期偿债能力。

为便于说明,本任务以甲公司为例,进行各项财务指标的计算。甲公司的资产负债表、利润表分别如表 9-1 和表 9-2 所示。

表 9-1 资产负债表(简表)

编制单位:甲公司 　　　　　2024 年 12 月 31 日 　　　　　金额单位:万元

资产	期末余额	上年年末余额	负债和所有者权益	期末余额	上年年末余额
流动资产:			流动负债:		
货币资金	900.00	800.00	短期借款	2 300.00	2 000.00
交易性金融资产	500.00	1 000.00	应付款项	1 200.00	1 000.00
应收款项	1 300.00	1 200.00	预收账款	400.00	300.00
预付账款	70.00	—	其他应付款	100.00	100.00
存货	5 200.00	4 000.00	流动负债合计	4 000.00	3 400.00
其他流动资产	30.00		非流动负债:		
流动资产合计	8 000.00	7 000.00	长期借款	2 500.00	2 000.00
非流动资产:			负债合计	6 500.00	5 400.00
长期股权投资	400.00	400.00	所有者权益:		
固定资产	14 000.00	12 000.00	实收资本	12 000.00	12 000.00
无形资产	600.00	600.00	盈余公积	1 600.00	1 600.00
非流动资产合计	15 000.00	13 000.00	未分配利润	2 900.00	1 000.00
			所有者权益合计	16 500.00	14 600.00
资产总计	23 000.00	20 000.00	负债和所有者权益总计	23 000.00	20 000.00

表 9-2 利润表

编制单位:甲公司　　　　　　2024 年 12 月　　　　　　金额单位:万元

项目	本期金额	上期余额
一、营业收入	22 000.00	19 000.00
二、营业总成本	17 600.00	14 800.00
其中:营业成本	13 200.00	11 100.00
税金及附加	1 200.00	1 080.00
销售费用	1 900.00	1 620.00
管理费用	1 000.00	800.00
* 财务费用	300.00	200.00
加:投资收益	300.00	300.00
三、营业利润	4 700.00	4 500.00
加:营业外收入	150.00	100.00
减:营业外支出	650.00	600.00
四、利润总额	4 200.00	4 000.00
减:所得税费用	1 050.00	1 000.00
五、净利润	3 150.00	3 000.00

(一) 短期偿债能力

短期偿债能力是指企业流动资产对流动负债及时足够偿还的保证程度,它是衡量企业当前产生现金的能力。通常流动负债需以流动资产来偿付,因此通过分析企业近期转化为现金的流动资产与流动负债之间的关系可以判断企业短期偿债能力,反映企业短期偿债能力的指标主要有流动比率、速动比率、现金比率等。

1. 流动比率

流动比率是企业流动资产除以流动负债的比值,它反映企业每一元流动负债有多少流动资产作为偿还的保证,其计算公式如下:

$$流动比率 = \frac{流动资产}{流动负债}$$

一般认为,流动比率越高,反映企业短期偿还能力越强,债权人的权益越有保障,根据西方企业的长期经验,生产型企业合理的流动比率在 2 左右。这主要是因为在流动资产中为满足企业日常的生产经营的存货金额比重较大,且变现能力较差,因此要有流动性较强的流动资产来满足到期短期债务的偿付。

小贴士

流动比率并不是越大越好。因为流动比率过高,意味着流动资产占用的资金过多,未能有效利用,会削弱企业的获利能力。具体比率需要根据企业自身的特点和其现金流量的可预测程度来确定。

例 9-1　根据表 9-1 的数据，甲公司的流动比率计算如表 9-3 所示，分析甲公司的短期偿债能力。

表 9-3　流动比率计算表　　　　　　　　　　　　　金额单位：万元

项目	年初	年末
流动资产	7 000.00	8 000.00
流动负债	3 400.00	4 000.00
流动比率	2.06	2.00

解析　根据表 9-3 可知，甲公司年初和年末流动比率均不低于公认标准。表明甲公司短期偿债能力较强，债权人的短期债权有保证。

2. 速动比率

速动比率又称酸性测试比率，是企业速动资产与流动负债的比率，其计算公式如下：

$$速动资产 = 流动资产 - 存货 - 预付账款 - 待摊费用$$
$$= 货币资金 + 交易性金融资产 + 应收账款 + 应收票据$$

$$速动比率 = \frac{速动资产}{流动负债}$$

计算速动比率时，流动资产中应扣除存货，是因为存货在流动资产中变现速度较慢，有些存货可能滞销，无法变现。至于预付账款和待摊费用根本不具有变现能力，只是减少企业未来的现金流出量，因此理论上也应加以剔除，但是在实务中，由于它们在流动资产中所占的比重较小，计算速动资产时也可以不扣除。

传统经验认为，速动比率维持在 1 较为正常，表明企业的每 1 元流动负债就有 1 元易于变现的流动资产来抵偿，短期偿债能力有可靠的保证。

速动比率过低，企业的短期偿债风险较大；速动比率过高，企业在速动资产上占用资金过多，会增加企业投资的机会成本。但是以上评判标准并不是绝对的。

例 9-2　根据表 9-1 的数据，甲公司的速动比率计算如表 9-4 所示，分析甲公司短期偿债能力。

表 9-4　速动比率计算表　　　　　　　　　　　　　金额单位：万元

项目	年初	年末
速动资产	3 000.00	2 700.00
流动负债	3 400.00	4 000.00
速动比率	0.88	0.68

解析　根据表 9-4 可知，甲公司年末速动比率比年初有所下降，虽然甲公司流动比率超过一般公认标准，但流动资产中存货所占比重过大，导致速动比率低于公认标准，甲公司的实际短期偿债能力并不理想，需采取措施。

3. 现金比率

现金比率是指一定时期内企业的现金以及现金等价物与流动负债的比率。现金指企业的货币资金,现金等价物一般为交易性金融资产。它代表了企业随时可以偿债的能力或对流动负债的随时支付程度,其计算公式如下:

$$现金比率 = \frac{现金类资产}{流动负债}$$

速动比率已将变现能力较差的流动资产,如存货等予以剔除,但速动资产中的应收账款等有时也会因客户倒闭、抵押等情况使变现能力受影响,甚至出现坏账,最终减弱企业的短期偿债能力。尤其在企业一度面临财务危机时,即使有较高的流动比率和速动比率,也无法满足债权人的要求。因此现金比率是比流动比率和速动比率更加保守的反映企业短期偿债能力的指标,一般认为 0.2 以上为好。

小贴士

正常情况下,过高的现金比率也不应该是公司的追求。因为,现金比率过高,可能意味着公司没有充分利用现金资源。当然,如果公司已经有了现金使用计划(如厂房扩建等),一定时点上的现金比率偏高属于正常。因此,在分析该指标时,要注意公司在分析时点前后的重大融资和投资活动。

例 9-3　据表 9-1 的数据,甲公司的现金比率计算如表 9-5 所示,分析甲公司短期偿债能力。

表 9-5　现金比率计算表　　　　　　　　　　　　　　　　　金额单位:万元

项目	年初	年末
现金类资产	1 800.00	1 400.00
流动负债	3 400.00	4 000.00
现金比率	0.53	0.35

解析　计算结果表明甲公司短期偿债能力较好。

(二)长期偿债能力

长期偿债能力是企业在较长期间偿还债务的能力。长期偿债能力的提高与企业的获利能力、资本结构有十分密切的关系,通过下列指标进行分析。

1. 资产负债率

资产负债率是从整体角度反映公司债务状况及偿债能力的财务指标,是公司当期负债与资产总额之比,其计算公式如下:

$$资产负债率 = \frac{负债总额}{资产总额}$$

该指标以时点数作为计算依据,反映了总资产对总负债的偿还保证程度。资产负债率越高,表明公司资产源于借债的比率越高,公司面临的偿债压力越大、财务风险越大,反之则财务风险越低。

 小贴士

经验上,资产负债率的上限是 0.7。事实上,资产负债率存在显著的行业差异,分析时应注重与行业平均值比较,不能跨行业比较。此外,该比率会受资产计价特征的影响,因此在比较时需要对可比资产进行必要调整,才具有可比性。

例 9-4 据表 9-1 的数据,甲公司的资产负债率计算如表 9-6 所示,分析甲公司的长期偿债能力。

表 9-6 资产负债率计算表 金额单位:万元

项目	年初	年末
负债	5 400.00	6 500.00
资产	20 000.00	23 000.00
资产负债率	0.27	0.28

解析 计算结果表明,甲公司年初和年末的资产负债率均不高,说明甲公司长期偿债能力较强,这有助于增强债权人对公司借出资金的信心。

2. 产权比率

产权比率是指负债总额与所有者权益的比率,是企业财务结构稳健与否的重要标志,也称资本负债率。它反映企业所有者权益对负债人权益的保障程度,其计算公式如下:

$$产权比率 = \frac{负债总额}{所有者权益总额}$$

一般来说,这一比率越低,表明企业长期偿债能力越强,债权人权益保障程度越高,承担的风险越小,一般认为这一比率为 1。

例 9-5 据表 9-1 的数据,甲公司的产权比率计算如表 9-7 所示,分析甲公司的长期偿债能力。

表 9-7 产权比率计算表 金额单位:万元

项目	年初	年末
负债	5 400.00	6 500.00
所有者权益总额	14 600.00	16 500.00
产权比率	0.37	0.39

解析 计算结果表明,甲公司年末和年初的产权比率都不高,说明甲公司长期偿债能力较强,债权人的保障程度提高。

股东权益比率与权益乘数

股东权益比率是指公司股东权益与资产总额的比率。该比率越高,说明股东投入的资金在企业全部资金中所占的比例越大,则企业的偿债能力越强,财务风险越小,其计算公式为:

$$股东权益比率 = \frac{股东权益总额}{资产总额} = \frac{资产总额 - 负债总额}{资产总额} = 1 - 资产负债率$$

权益乘数是股东权益比率的倒数,是公司资产总额与股东权益总额的比率。该比率越大,说明所有者投入的资本在资产总额中所占比重越小,对负债经营利用得越充分,财务杠杆越高,财务风险也就越大,企业的偿债能力也就越弱,反之。其计算公式为:

$$权益乘数 = \frac{资产总额}{股东权益总额} = \frac{1}{股东权益比率} = \frac{1}{1 - 资产负债率}$$

3. 利息保障倍数

利息保障倍数又称已获利息倍数,是企业息税前利润与利息费用的比率,是衡量企业偿付负债利息能力的指标,其计算公式如下:

$$利息保障倍数 = \frac{息税前利润}{利息费用} = \frac{净利润 + 所得税费用 + 利息费用}{利息费用}$$

式中,利息费用是指本期发生的全部应付利息,包括流动负债的利息费用、长期负债中计入损益的利息费用以及计入固定资产原价中的资本化利息。

利息保障倍数越高,说明企业支付利息费用的能力越强;利息保障倍数越低,说明企业难以保证用经营所得来及时足额地支付负债利息。因此,利息保障倍数是企业是否举债经营和衡量企业偿债能力强弱的主要指标。

若要合理地确定企业的利息保障倍数,需将该指标与其他企业,特别是同行业平均水平进行比较。根据稳健原则,应以指标最低年份的数据作为参照物。财务管理实务中,利息保障倍数达到 3 倍或以上较为适宜。

例 9-6　假如甲公司利润表中的财务费用全部为利息支出,则根据表 9-2,利息保障倍数计算如表 9-8 所示,分析甲公司长期偿债能力。

表 9-8　利息保障倍数计算表　　　　　　　　金额单位:万元

项目	2023 年	2024 年
息税前利润	3 000＋1 000＋200＝4 200	3 150＋1 050＋300＝4 500
利息支出	200.00	300.00
利息保障倍数	21	15

解析　从表 9-8 可以看出,甲公司 2023 年和 2024 年的利息保障倍数都很高,远高于国际公认水平,甲公司有较强的偿付债务及利息的能力。进一步的分析还需结合公司往年的情况和行业特点进行判断。

 **思政小课堂**

万科企业化解偿债风险

1984年,万科企业股份有限公司(以下简称万科)是一家大型综合性房地产开发企业,业务涵盖住宅开发、商业地产、物流仓储等多个领域。

根据2025年第一季度财报,万科采取了一系列有效措施来化解偿债风险。优化债务结构,降低短期偿债压力,将短期债务比例从2024年同期的28%降低至25%,减少了3个百分点。同时,公司积极拓展长期融资渠道,2025年第一季度发行了50亿元的长期公司债券,期限为5~7年,进一步优化了债务期限结构。加速销售回款是万科化解偿债风险的关键举措之一。2025年第一季度,万科实现合同销售金额1 500亿元,同比增长12%;合同销售面积为900万平方米,同比增长10%。通过加速销售回款,万科经营活动现金流量净额达到280亿元,同比增长18%,有效改善了现金流状况,为偿还债务提供了有力保障。

万科还通过处置部分非核心资产来化解偿债风险。2025年第一季度,万科通过处置部分商业地产项目和闲置土地,回笼资金约80亿元。这些资金用于偿还即将到期的债务,降低了偿债风险。此外,万科在2025年第一季度通过严格控制成本,运营成本较2024年同期降低了10%,进一步释放了现金流。同时,万科优化了项目开发流程,提高了资金使用效率,减少了资金占用。2025年第一季度,万科实现营业收入1 400亿元,同比增长13%;净利润为120亿元,同比增长15%。住宅开发业务保持稳定增长,同时,物流仓储等新业务板块贡献了新的利润增长点,增强了万科的整体盈利能力。

思政小贴士

万科在面临偿债压力时,积极采取措施化解风险,体现了企业对股东、债权人和社会的责任担当。这启示我们,无论个人还是企业,在困难面前都要勇于担当,积极寻找解决问题的方法,为社会的稳定和发展作出贡献。万科在化解偿债风险过程中,始终保持良好的信用记录,按时、足额偿还债务,维护了企业的信誉。这体现了诚信是企业立足之本,是企业长远发展的基石。我们要认识到诚信的重要性,树立正确的价值观。

万科通过优化债务结构、加速销售回款、加强成本控制等稳健的财务管理策略,实现了可持续发展。这启示我们,在经济活动中要树立稳健发展的理念,注重风险防范,避免盲目扩张和冒险行为,确保个人和企业的健康发展。

万科在传统住宅开发业务的基础上,积极拓展物流仓储等新业务领域,适应市场变化,寻找新的增长点。这体现了企业要不断创新,适应外部环境的变化,才能在激烈的市场竞争中立于不败之地。

二、营运能力

营运能力主要是指资产运用、循环的效率高低。一般而言,资产周转速度快,说明企业的资金管理水平高,资金利用效果好,企业可以以较少的投入获得较多的收益。因此,营运能力主要通过投入与产出之间的关系来反映。具体衡量指标包括以下:

1. 总资产周转率

总资产周转率是指企业在一定时期营业收入与平均资产总额的比值。它综合反映了企业全部资产的经营质量和利用效率,体现了企业经营期间全部资产从投入到产出周而复始的流转速度,其计算公式如下:

$$总资产周转率(周转次数) = \frac{营业收入}{平均资产总额}$$

总资产周转速度也可以用总资产周转天数表示,其计算公式如下:

$$总资产周转期(周转天数) = \frac{360}{周转次数} = \frac{平均资产总额 \times 360}{营业收入}$$

一般来说,总资产周转率越高,总资产周转天数越少,表明企业总资产的周转速度越快,总资产的利用效率越高。

例 9-7　据表 9-1、表 9-2 的数据,甲公司的总资产周转率计算如表 9-9 所示,分析甲公司营运能力。

表 9-9　总资产周转率计算表　　　　　　　　　　　金额单位:万元

项目	2022 年	2023 年	2024 年
营业收入		19 000.00	22 000.00
总资产年末余额	18 000.00	20 000.00	23 000.00
平均资产总额		19 000.00	21 500.00
总资产周转率(次)		1.00	1.02
总资产周转期(天)		360.00	351.82

解析　计算结果表明,甲公司在 2024 年每一天的资产可产生 1.02 万元的营业收入,按当前的销售规模,需要 351.82 天可将公司资金周转一次。至于这意味着公司资产管理效果是好是坏,则要结合该指标的变动情况,或与同行业平均水平比较才能作出判断。

2. 应收账款周转率

应收账款周转率是赊销收入净额与会计期内平均应收账款之间的比值。用一年的总天数 360 天除以应收账款周转率为应收账款周转天数,即平均收现期。应收账款周转率的有关计算公式如下:

$$应收账款周转率 = \frac{赊销收入净额}{平均应收账款}$$

$$赊销收入净额 = 赊销销售收入 - 销售折扣与折让$$

$$平均应收账款 = \frac{期初应收账款 + 期末应收账款}{2}$$

$$平均收现期 = \frac{360}{应收账款周转率}$$

在计算应收账款周转率时,分子采用的赊销收入净额,是赊销收入总额减去赊销部分销售折扣与折让后的余额,赊销收入是企业当期的销售收入扣除现金销售以后的部分,营业收入可以从利润表中直接获取,现金销售部分来源于现金流量表。由于企业外部报表使用者不能直接从现金流量表中找到该项数据,在实务中,对于外部的报表使用者来说只能采用营业收入指标计算应收账款周转率,公式中的应收账款是未扣除坏账准备前的收账款金额。

在计算平均收现期时,季度按 90 天计算,月度按 30 天计算。

小贴士

应收账款周转率反映公司应收账款的周转速度。该比率越大,表示应收账款周转速度越快,流动性风险越小。需要注意的是,如果应收账款存在显著的季节波动特征,平均应收账款取应收账款的年初数和年末数的平均值就略显粗糙了,若能按 4 个季度的季末数或 12 个月度的月末数计算平均值,则效果更好。

例 9-8 根据表 9-1、表 9-2 的数据,甲公司的应收账款周转率计算如表 9-10 所示,分析甲公司营运能力。

表 9-10 应收账款周转率计算表   金额单位:万元

项目	2022 年	2023 年	2024 年
营业收入		19 000.00	22 000.00
应收账款年末余额	900.00	1 200.00	1 300.00
平均应收账款年末总额		1 050.00	1 250.00
应收账款周转率(次)		18.10	17.60
应收账款周转期(天)		19.89	20.45

解析 计算结果表明,甲公司 2024 年的应收账款在一年内可周转 17.6 次。按当前的资金回笼速度,需要 20.45 天就可以将应收账款周转一次,与 2023 年相比,应收账款的回笼速度变慢,应查明原因。

3. 存货周转率

存货周转率是一定时期企业的营业成本或销售成本与存货平均资金占用额的比率,也称为存货周转次数,是反映存货周转速度的指标,其计算公式如下:

$$存货周转率(周转次数) = \frac{营业成本}{平均存货总额}$$

$$存货平均余额 = \frac{期初存货 + 期末存货}{2}$$

$$存货周转期(天数) = \frac{360}{存货周转率} = \frac{360 \times 存货平均余额}{营业成本}$$

通常,存货周转率越高,表明存货转化为应收账款和现金的速度就越快;反之亦然。这并不意味着存货周转率总是越高越好。例如,当公司通过减少原材料储备以提高存货周转率时,有可能面临因缺货而导致营业中断风险;当公司存货处于不断升值时,囤积部分存货可能也不完全是坏事。

小贴士

存货周转率与公司采购与供应链管理、营销模式、生产工艺及流程等多种因素直接相关。例如,供应链管理效率越高,材料采购资金占有越少,存货周转率则越高;采用订单式生产经营模式,其产成品占有额较低,存货周转率就越高;在产品储存时间越长(如白酒行业因工艺要求必须储存一定年限),其存货占用额越大,存货周转效率就越低。同时还应看到,存货周转率还与存货计价模式、存货结转方法等方法相关。

例 9-9　据表 9-1、表 9-2 的数据,甲公司的存货周转率计算如表 9-11 所示,分析甲公司营运能力。

表 9-11　存货周转率计算表

金额单位:万元

项目	2022 年	2023 年	2024 年
营业成本		11 100.00	13 200.00
存货年末余额	3 200.00	4 000.00	5 200.00
平均存货年末总额		3 600.00	4 600.00
存货周转率(次)		3.08	2.87
存货周转期(天)		116.76	125.45

解析　计算结果表明,甲公司 2024 年存货周转率与 2023 年存货周转率相比,周转速度稍微变慢,可能与 2024 年存货大幅提高有关。

4. 固定资产周转率

固定资产周转率是指企业一定时期营业收入与固定资产平均净值的比率,相关计算公式如下:

$$固定资产周转率(周转次数) = \frac{营业收入}{固定资产平均净值}$$

$$固定资产平均净值 = \frac{期初固定资产净值 + 期末固定资产净值}{2}$$

$$固定资产净值 = 固定资产原值 - 累计折旧$$

需要注意的是,计算时使用的是固定资产净值,即固定资产原价扣除已计提的累计折旧后的金额,而不是固定资产原价或固定资产净额(固定资产原值-累计折旧-已计提的减值准备)。

固定资产周转率是反映企业固定资产周转情况,衡量企业固定资产利用效率的指标。一般情况下,固定资产周转率越高,表明企业固定资产利用充分,结构合理,能够充分发挥效率。反之,如果固定资产周转率不高,则表明固定资产使用效率较低,企业的营运能力不强,可能会影响企业的盈利能力。

固定资产周转情况也可用固定资产周转期（周转天数）来反映，其计算公式如下：

$$固定资产周转期(周转天数) = \frac{360}{固定资产周转率} = \frac{平均固定资产占用额 \times 360}{营业收入}$$

例 9-10 据表 9-1、表 9-2 的数据，甲公司的应收账款周转率计算如表 9-12 所示，分析甲公司营运能力。

表 9-12 固定资产周转率计算表 金额单位：万元

项目	2022 年	2023 年	2024 年
营业收入		19 000.00	22 000.00
固定资产年末净额	10 000.00	12 000.00	14 000.00
平均固定资产净额		11 000.00	13 000.00
固定资产周转率（次）		1.73	1.69
固定资产周转期（天）		208.42	212.73

解析 计算结果表明，甲公司 2024 年固定资产周转率与 2023 年固定资产周转率相比，周转速度稍微变慢，主要原因是固定资产增加幅度高于营业收入增长幅度。

三、盈利能力

盈利能力是指企业获得利润、实现资本金增值的能力。公司盈利能力的大小直接影响公司的偿债能力及未来发展能力，也反映了公司营运能力的强弱。因此，公司股东、债权人、投资者、经营者都日益重视公司的盈利能力。

1. 净资产收益率

净资产收益率也称为所有者（股东）权益报酬率、股本报酬率、净值报酬率，是企业一定时期内净利润与平均净资产（所有者权益）之比，该指标反映了投资者投入资本的获利能力，其计算公式如下：

$$净资产收益率 = \frac{净利润}{平均所有者权益} \times 100\%$$

一般来说，净资产收益率越高，股东和债权人的利益保障程度越高。但是，该指标不是越高越好。只有当企业的净资产收益率上升，但财务风险没有明显加大时，才能说明企业财务状况良好。

例 9-11 利用表 9-1、表 9-2 中的资料，计算 2024 年公司的净资产收益率。

$$净资产收益率 = \frac{净利润}{平均所有者权益} \times 100\% = \frac{3\,150}{(14\,600 + 16\,500) \div 2} \times 100\% = 20.26\%$$

判定资产占用额对总资产报酬率的影响时，不仅应注意尽可能降低资产占用额，提高资产运用效率，还应重视资产结构的影响，合理安排资产构成，优化资产结构。

2. 营业利润率

营业利润率反映的是利润与营业收入的比值,反映了每元营业收入中利润所占的比重。在实务中营业利润率有三种表现形式,包括营业净利率、营业毛利率、营业息税前利润率。相关计算公式如下:

$$营业净利率 = \frac{净利润}{营业收入总额} \times 100\%$$

$$营业毛利率 = \frac{毛利}{营业收入总额} \times 100\% = \frac{营业收入 - 营业成本}{营业收入总额} \times 100\%$$

$$营业息税前利润率 = \frac{息税前利润}{营业收入总额} \times 100\%$$

一般来说,营业净利率反映了企业以较低的成本或较高的价格提供产品和劳务的能力。企业在增加收入的同时,必须获得更多的净利润。要获得较多的净利润,企业只有在增加收入和降低成本两方面做好管理工作。

营业毛利率反映了每元营业收入中毛利所占的比重。该指标在商业零售和批发企业中 具有重要的作用。能否获得较高的毛利,直接关系到企业当期利润的多少。这里的毛利是企业当期的商品进销差价。在利润表上为当期的营业收入与当期的营业成本之差。

营业息税前利润率反映的是息税前利润占营业收入的比重。

例 9-12 据表 9-1、表 9-2 的数据,甲公司的营业利润率计算如表 9-13 所示,分析甲公司盈利能力。

表 9-13 营业利润率计算表 全额单位:万元

项目	2023 年	2024 年
营业收入	19 000.00	22 000.00
营业成本	11 100.00	13 200.00
营业利润	12 000.00	14 000.00
息税前利润	4 200.00	4 500.00
净利润	3 000.00	3 150.00
营业净利率	15.79%	14.32%
营业毛利率	41.58%	40.00%
营业息税前利润率	22.11%	20.45%

解析 以上结果表明,甲公司的营业利润率总变动趋势是下降的,这意味着甲公司的营业业务获利水平的下降。特别是作为公司获利能力稳定性和持久性的重要指标的营业净利率的下降,甲公司的总获利能力已出现下降趋势。

3. 总资产报酬率

总资产报酬率是企业在一定时期内获得的报酬总额与企业平均资产总额的比值。它是

反映企业资产综合利用效果的指标,也是衡量企业利用债权人和所有者权益总额获得盈利的重要指标,其计算公式如下:

$$总资产报酬率 = \frac{息税前利润总额}{平均资产总额} \times 100\%$$

一般情况下,该指标越高,表明企业的资产利用效果越好,整个企业获利能力越强,经营管理水平越高。

例 9-13　假如甲公司利润表中的财务费用全部为利息支出,2022 年年末资产总额为 18 000 万元,则总资产报酬率计算如表 9-14 所示,分析甲公司盈利能力。

表 9-14　总资产报酬率计算表　　　　　　　　　　　　　　　金额单位:万元

项目	2023 年	2024 年
营业息税前利润	4 200.00	4 500.00
平均资产总额	19 000.00	21 500.00
总资产报酬率	22.11%	20.93%

解析　计算结果表明,甲公司 2024 年资产利用效率比 2023 年下降 1.18%,需分析资产的使用情况,以便改进管理,提高效益。

4. 每股收益

每股收益也称每股利润或每股盈余,是反映企业普通股股东持有每一股份所能享有的企业利润或承担的企业亏损,是衡量上市公司盈利能力时最常用的财务分析指标。每股收益越高,说明公司的盈利能力越强。

每股收益的计算包括基本每股收益和稀释收益。

企业应当按照归属于普通股股东的当期净利润,除以发行在外普通股的加权平均数计算基本每股收益。基本每股收益的计算公式如下:

$$基本每股收益 = \frac{归属于普通股股东的当期净利润}{当期发行在外普通股加权平均数}$$

$$当期发行在外普通股加权平均数 = 期初发行在外普通股股数 + 当期新发普通股股数 \times$$

$$\frac{已发行时间}{报告期时间} - 当前回购普通股股数 \times \frac{已回购时间}{报告期时间}$$

稀释每股收益是假设所有可能稀释每股收益的潜在普通股均已转换为普通股的情况下计算的每股收益。潜在普通股主要包括可转换公司债券、认股权证和股票期权等。计算稀释每股收益的目的是更谨慎地反映企业潜在的最大股本规模下的盈利能力,让投资者了解在极端情况下每股收益会被稀释到的程度。稀释每股收益计算公式如下:

$$稀释每股收益 = \frac{归属于普通股股东的当期净利润}{当期发行在外普通股加权平均数 + 增发股份数量}$$

其中,增发股份数量指的是潜在的新增股份数量,如股票期权、认股权证等兑换成股票后所增加的数量。

5. 市盈率

市盈率是股票每股市价与每股收益的比率,其计算公式如下:

$$市盈率 = \frac{每股股价}{每股收益}$$

一方面,市盈率越高,意味着企业未来成长的潜力越大,即投资者对该股票的评价越高。反之,投资者对该股票评价越低。另一方面,市盈率越高,说明投资于该股票的风险越大,市盈率越低,说明投资于该股票的风险越小。

思政小课堂

阿里巴巴的财务透明与责任担当

根据阿里巴巴 2025 年第一季度财报,公司实现了稳健的财务增长,展现了其在数字经济领域的强大活力。

2025 年第一季度,阿里巴巴总营业收入达到 2 643.64 亿元,较 2024 年同期同比增长 12%。其中,中国商业板块营收为 1 515.47 亿元,同比增长 8%;国际商业板块营收为 229.84 亿元,同比增长 18%;云计算业务营收为 256.35 亿元,同比增长 15%。这些数据表明阿里巴巴在多个业务领域均取得了显著增长,尤其是在国际商业和云计算业务方面,增长势头强劲。

该季度净利润为 704.28 亿元,同比增长 14%。经调整净利润为 765.00 亿元,同比增长 12%。这反映出阿里巴巴在保持营收增长的同时,也实现了盈利能力的稳步提升,体现了良好的运营效率和成本控制能力。

截至 2025 年 3 月 31 日,阿里巴巴年度活跃消费者达到 10.53 亿人次,较 2024 年同期净增 2 400 万元。这显示出阿里巴巴在拓展用户规模和提升用户黏性方面依然具有强劲动力,特别是在全球市场中的影响力不断扩大。

思政小贴士

阿里巴巴始终坚持诚信经营的理念,建立了完善的财务管理和信息披露机制,确保财务数据的真实性和透明度。这不仅赢得了投资者和市场的信任,也为企业的长期稳定发展奠定了坚实基础。在思政教育中,我们要引导学生认识到诚信是个人和企业发展的根本,无论在何种情境下都要坚守诚信原则。

阿里巴巴通过其平台优势,积极推动数字经济发展,助力中小企业的成长,并在扶贫、环保等社会公益领域积极作为。这体现了企业在追求经济利益的同时,也肩负着重要的社会责任。

阿里巴巴在云计算、人工智能等前沿技术领域的持续投入和创新,使其在激烈的市场竞争中保持领先地位。这启示我们在个人成长和职业发展中,要不断追求知识和技能的更新,培养创新思维和能力,以适应社会的快速变化和发展需求。

四、发展能力

公司价值取决于公司未来成长预期及可持续性。因此分析公司财务状况与经营成果，还应从可持续增长角度来透视公司发展潜能与增长趋势。

1. 营业收入增长率

营业收入增长率是本期营业收入增加额与上期营业收入的比率，其计算公式如下：

$$营业收入增长率 = \frac{本期营业收入 - 上期营业收入}{上期营业收入} \times 100\%$$

营业收入增长率可以反映企业营业收入的增长速度，营业收入增长速度越快，则企业在一定时期内发展的潜力也越大。但是也不能盲目追求快速增长，因为这种增长如果超出企业资源和能力所及，则可能埋下隐患。

例 9-14 根据表 9-2 的数据，甲公司营业收入增长率计算如表 9-15 所示，分析甲公司发展能力。

表 9-15 营业收入增长率计算表　　　　　　　　　金额单位：万元

项目	2023 年	2024 年	增长额	增长率
营业收入	22 000	19 000	3 000	15.79%

解析 计算结果表明，2024 年甲公司营业收入增长率为 15.79%，这个指标很高，说明公司的营业收入增长较快，公司产品的市场前景较好。

2. 总资产增长率

总资产增长率是指企业一定时期资产净值增加额与期初资产总额的比率。它可以反映企业一定时期内资产规模扩大的情况，但在实际分析时应考虑资产规模扩张时"质"和"量"的关系，其计算公式如下：

$$总资产增长率 = \frac{期末资产总额 - 期初资产总额}{期初资产总额} \times 100\%$$

3. 资本保值增值率

资本保值增值率是企业扣除客观因素后的本年末所有者权益总额与年初所有者权益总额的比率，反映企业当年资本在企业自身努力下的实际增减变动情况，其计算公式如下：

$$资本保值增值率 = \frac{扣除客观因素后的年末所有者权益总额}{年初所有者权益总额} \times 100\%$$

一般认为，资本保值增值率越高，表明企业的资本保全状况越好，所有者权益增长越快，债权人的债务越有保障。该指标通常大于 100%。

思政小贴士

习近平总书记指出，发展是实现人民幸福的关键。这说明了发展对于一个国家的重要性。同样，企业要谋发展才能不被淘汰，才能创造更多的收益，才能更好地承担起社会责任。那么，个人也应该谋求发展，不能固步自封，否则终将被社会淘汰。

任务三　财务综合分析

案例导入

新闻链接：獐子岛企业原负责人采用倒算成本方式财务造假

主动选择低利润的美团

美团作为美好生活小帮手影响着很多人的生活。虽然美团给人的印象是劳动密集型业务，但财务中隐藏着多元型业务支撑其未来盈利空间。以下是其简要财务综合分析内容：

（1）美团的资产负债结构均衡，拥有充足的现金流支撑新业务拓展。其类现金资产占比超过 60%，且有息负债占现金类资产的 47%，显示出公司具备稳健的财务状况和强大的融资能力。

（2）虽然美团整体利润受到新业务拖累，但核心业务真实利润已达 110 亿元/季度，利润率超过 20%，具备较高的盈利能力。随着行业竞争走弱，新业务的亏损将进一步收窄，释放更多整体利润。

（3）美团在投资领域表现出色，尤其是对理想汽车的投资，获得 4～5 倍的收益。这表明公司在投资方面的战略眼光独到，有助于提升整体利润水平。

（4）虽然美团的毛利率和净利润多年低于 30%，但这更多是复杂业务形态的结果。从业务划分角度看，美团具备较强的盈利能力。例如，餐饮外卖业务毛利率在 30% 左右，酒店旅游业务毛利率达 89%，且新业务亏损逐步收窄。随着业务结构的优化，未来美团盈利能力有望进一步提升。

任务二介绍的财务指标仅仅是反映公司财务活动某一方面的情况，而财务分析需要了解公司整体的财务状况和经营成果。因此，我们必须将孤立的财务指标相互联系起来进行综合分析与评价。

一、财务综合分析的概念

财务综合分析就是将反映企业的偿债能力、营运能力、盈利能力等诸方面的财务指标纳入一个有机的整体中，系统、全面、综合地对企业财务状况、经营成果和财务状况的变动进行剖析、解释和评价，从而对企业经营绩效的优劣作出准确的评判。

与基本财务比率分析或单项财务指标分析相比，财务综合分析具有以下特点：

（1）分析方法不同。基本财务比率分析采用由一般到个别，把企业财务活动的总体分解为每个具体部分，然后逐一考查分析；而综合分析则是通过归纳综合，从个别财务现象分析入手，再从财务活动的总体上作出总结评价。

（2）财务分析性质不同。基本财务比率分析具有实务性和实证性；而综合分析则具有高度的抽象性和概括性，着重从整体上概括财务状况的本质特征。

（3）财务分析的重点和比较基准不同。单项财务指标分析的重点和比较基准是财务计划、财务理论标准,而综合分析的重点和基准是企业整体发展趋势。

（4）财务指标在分析中的地位不同。单项财务分析把每个分析的指标视为同等重要地位来处理,忽视了各种指标之间的相互关系;而财务综合分析则强调各种指标有主辅之分,并且特别注意主辅指标之间的本质联系和层次关系。

思政小贴士

我们看待问题不能以点带面,以偏概全,不能凭自己主观的片面了解就作出判断,应该了解事物的全貌。事实上,很多时候我们每个人因角度或立场不同,都只能看到事物的某一个或某几个方面。因此,在对事物作出判断时,我们应强调团队的重要性,让团队每位成员发表自己的意见,进而作出更客观的判断。

二、杜邦财务分析体系

杜邦分析法是利用各主要财务比率之间的内在联系,对企业财务状况和经营成果进行综合系统评价的方法。它是由美国杜邦公司在 20 世纪 20 年代率先采用的一种财务分析方法,故称杜邦财务分析体系。杜邦分析法是一种用来评价企业盈利能力和股东权益回报水平,从财务角度评价企业绩效的一种经典方法。其基本思想是将企业净资产收益率逐级分解为多项财务比率的乘积,这样有助于深入分析比较企业的经营业绩。在杜邦分析法下,净资产收益率可以分解为:

$$净资产收益率＝总资产净利率×权益乘数$$
$$＝销售净利率×总资产周转率×权益乘数$$

以净资产收益率作为杜邦分析的核心和起点,是因为净资产收益率是一个综合性极强、具有代表性的财务比率。公司财务管理的一个重要目标就是使股东财富最大化,净资产收益率正是反映了所有者投入资本的能力,因此,这一比率可以反映出公司筹资、投资等各种经营活动的效率。杜邦分析体系的基本框架如图 9-1 所示。

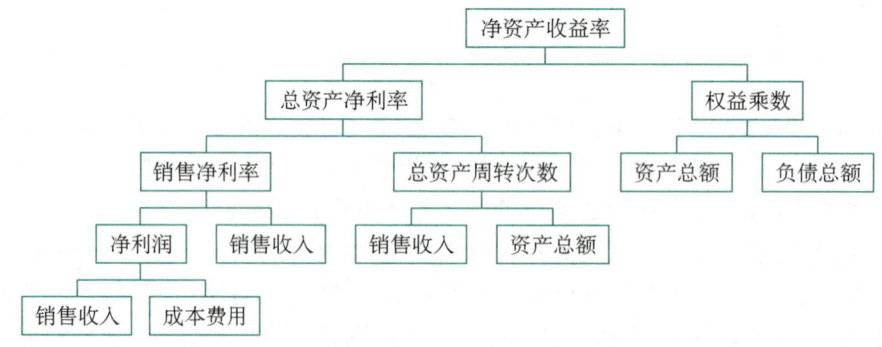

图 9-1　杜邦分析体系的基本框架

从杜邦分析体系框架图我们可以发现提高净资产收益率的三种途径:

（1）使销售收入增长幅度高于成本和费用的增加幅度。

（2）增加销售收入或减少公司资产。

（3）在不危及公司财务安全的前提下，增加债务规模，提高负债比率。

三、财务比率综合评分法

财务比率综合评分法也称沃尔评分法。该方法运用具有代表性的财务比率，通过分配各项指标在总得分的权重，对比各项指标的数值和标准值的比值来确定指标的具体得分，最终根据指标的得分和权重计算出企业的综合分数，以此来确定企业的信用评级。

例 9-15 根据例 9-1 至例 9-14 甲公司各项财务比率，使用财务比率综合评分法进行分析。甲公司财务指标如表 9-16 所示。

表 9-16 甲公司财务指标

年末财务比率	比重	标准比率	实际比率	相对比率	得分
流动比率	10%	1	2.00	2.00	20.00
速动比率	10%	1	0.68	0.69	6.90
资产负债率	14%	2	0.28	0.14	1.96
存货周转率	12%	4	2.87	0.72	8.64
应收账款周转率	12%	10	17.60	1.76	21.12
总资产周转率	14%	3	1.02	0.34	4.76
营业净利率	13%	0.3	0.14	0.48	6.24
总资产报酬率	15%	0.5	0.21	0.42	6.30
合计	100%				75.92

解析 甲公司综合得分是 75.92 分，可见甲公司财务状况一般。

《《《 **模块小结** 》》》

财务分析是根据企业财务报表等信息资料，采用专门方法，系统分析和评价企业财务状况、经营成果以及未来发展趋势的过程。本模块主要内容包括财务分析的内容、企业偿债能力、营运能力、盈利能力和发展能力分析与评价，以及财务综合分析。财务分析的方法主要包括比较分析法、比率分析法和因素分析法。

财务指标包括偿债能力、营运能力、盈利能力和发展能力。偿债能力包括短期偿债能力和长期偿债能力，短期偿债能力的常用指标有流动比率、速动比率、现金流动和负债比率；长期偿债能力分析的指标有资产负债率、产权比率和利息保障倍数。营运能力分析的指标主要有总资产周转率、固定资产周转率、流动资产周转率、应收账款周转率和存货周转率。盈利能力分析的常见指标包括营业利润率、销售净利率、总资产报酬率和净资产报酬率。发展能力分析常用的指标包括营业收入增长率、总资产增长率、资本保值增值率。上市公司基本财务分析特殊分析指标包括基本每股收益、市盈率。企业综合绩效分析方法有很多,传统方法主要有杜邦分析法和财务比率综合评分法。

<<< 模块习题 >>>

一、单项选择题

1. 下列各项中,可用于衡量企业短期偿债能力的指标是(　　)。
   A. 资产负债率　　　　B. 存货周转率　　　　C. 流动比率　　　　D. 净资产收益率

2. 下列各项财务分析主体中,必须对企业营运能力、盈利能力、偿债能力、发展能力全部信息进行了解和掌握的是(　　)。
   A. 短期投资者　　　　B. 企业债权人　　　　C. 企业经营者　　　　D. 税务机关

3. 下列各项经济业务中,不会影响流动比率的是(　　)。
   A. 赊购原材料　　　　　　　　　　　B. 用现金购买短期债券
   C. 用存货对外进行长期投资　　　　　D. 向银行借款

4. 企业应收账款周转率高,说明企业(　　)。
   A. 信用政策比较宽松　　　　　　　　B. 盈利能力较强
   C. 应收账款周转速度较快　　　　　　D. 坏账损失较多

5. 企业增加速动资产,可能导致的结果是(　　)。
   A. 减少资金的机会成本　　　　　　　B. 增加资金的机会成本
   C. 增加财务风险　　　　　　　　　　D. 提高流动资产的收益率

二、多项选择题

1. 下列财务比率中,能够反映企业营运能力的有(　　)。
   A. 存货周转率　　　　　　　　　　　B. 固定资产周转率
   C. 总资产周转率　　　　　　　　　　D. 市盈率

2. 企业财务分析的基本内容包括(　　)。
   A. 偿债能力分析　　B. 营运能力分析　　C. 盈利能力分析　　D. 发展能力分析

3. 当企业资产负债率低时,对其正确的评价有(　　)。
   A. 说明企业财务风险大　　　　　　　B. 可能没有充分发挥财务杠杆作用
   C. 说明企业财务风险小　　　　　　　D. 企业债务负担重

4. 下列各项中,可能直接影响企业净资产收益率指标的措施有(　　)。
   A. 提高销售净利率　　　　　　　　　B. 提高资产负债率
   C. 提高总资产周转率　　　　　　　　D. 提高流动比率

三、判断题

1. 权益乘数的高低取决于企业的资金结构,资产负债率越高,权益乘数越高,企业财务风险越大。　　　　　　　　　　　　　　　　　　　　　　　　　　(　　)

2. 产权比率就是所有者权益总额与资产总额之比。　　　　　　　　　　　(　　)

3. 企业资产的流动性越强,则收益性越高。　　　　　　　　　　　　　　（　　）

4. 一般来说,在销售规模一定的情况下,存货周转速度越快,存货的占用水平越低。

（　　）

5. 一个企业的资产负债率越低越好。　　　　　　　　　　　　　　　　　（　　）

四、计算分析题

某企业 2024 年年末财务报表简表如表 9-17 所示。

表 9-17　财务报表简表

2024 年 12 月 31 日　　　　　　　　　　　　　　　　　　　金额单位:万元

资产负债表项目	年初数	年末数
资产	8 000	10 000
负债	4 500	6 000
所有者权益	35 000	4 000
利润表项目	上年数	本年数
主营业务收入	/	20 000
净利润	/	500

要求:请分别计算出该公司的净资产收益率、销售净利率、总资产周转率和权益乘数,并验证杜邦公式。

附录1　复利终值系数表

期数	1%	2%	3%	4%	5%	6%	7%	8%	9%	10%
1	1.010 0	1.020 0	1.030 0	1.040 0	1.050 0	1.060 0	1.070 0	1.080 0	1.090 0	1.100 0
2	1.020 1	1.040 4	1.060 9	1.081 6	1.102 5	1.123 6	1.144 9	1.166 4	1.188 1	1.210 0
3	1.030 3	1.061 2	1.092 7	1.124 9	1.157 6	1.191 0	1.225 0	1.259 7	1.295 0	1.331 0
4	1.040 6	1.082 4	1.125 5	1.169 9	1.215 5	1.262 5	1.310 8	1.360 5	1.411 6	1.464 1
5	1.051 0	1.104 1	1.159 3	1.216 7	1.276 3	1.338 2	1.402 6	1.469 3	1.538 6	1.610 5
6	1.061 5	1.126 2	1.194 1	1.265 3	1.340 1	1.418 5	1.500 7	1.586 9	1.677 1	1.771 6
7	1.072 1	1.148 7	1.229 9	1.315 9	1.407 1	1.503 6	1.605 8	1.713 8	1.828 0	1.948 7
8	1.082 9	1.171 7	1.266 8	1.368 6	1.477 5	1.593 8	1.718 2	1.850 9	1.992 6	2.143 6
9	1.093 7	1.195 1	1.304 8	1.423 3	1.551 3	1.689 5	1.838 5	1.999 0	2.171 9	2.357 9
10	1.104 6	1.219 0	1.343 9	1.480 2	1.628 9	1.790 8	1.967 2	2.158 9	2.367 4	2.593 7
11	1.115 7	1.243 4	1.384 2	1.539 5	1.710 3	1.898 3	2.104 9	2.331 6	2.580 4	2.853 1
12	1.126 8	1.268 2	1.425 8	1.601 0	1.795 9	2.012 2	2.252 2	2.518 2	2.812 7	3.138 4
13	1.138 1	1.293 6	1.468 5	1.665 1	1.885 6	2.132 9	2.409 8	2.719 6	3.065 8	3.452 3
14	1.149 5	1.319 5	1.512 6	1.731 7	1.979 9	2.260 9	2.578 5	2.937 2	3.341 7	3.797 5
15	1.161 0	1.345 9	1.558 0	1.800 9	2.078 9	2.396 6	2.759 0	3.172 2	3.642 5	4.177 2
16	1.172 6	1.372 8	1.604 7	1.873 0	2.182 9	2.540 4	2.952 2	3.425 9	3.970 3	4.595 0
17	1.184 3	1.400 2	1.652 8	1.947 9	2.292 0	2.692 8	3.158 8	3.700 0	4.327 6	5.054 5
18	1.196 1	1.428 2	1.702 4	2.025 8	2.406 6	2.854 3	3.379 9	3.996 0	4.717 1	5.559 9
19	1.208 1	1.456 8	1.753 5	2.106 8	2.527 0	3.025 6	3.616 5	4.315 7	5.141 7	6.115 9
20	1.220 2	1.485 9	1.806 1	2.191 1	2.653 3	3.207 1	3.869 7	4.661 0	5.604 4	6.727 5
21	1.232 4	1.515 7	1.860 3	2.278 8	2.786 0	3.399 6	4.140 6	5.033 8	6.108 8	7.400 2
22	1.244 7	1.546 0	1.916 1	2.369 9	2.925 3	3.603 5	4.430 4	5.436 5	6.658 6	8.140 3
23	1.257 2	1.576 9	1.973 6	2.464 7	3.071 5	3.819 7	4.740 5	5.871 5	7.257 9	8.954 3
24	1.269 7	1.608 4	2.032 8	2.563 3	3.225 1	4.048 9	5.072 4	6.341 2	7.911 1	9.849 7
25	1.282 4	1.640 6	2.093 8	2.665 8	3.386 4	4.291 9	5.427 4	6.848 5	8.623 1	10.834 7
26	1.295 3	1.673 4	2.156 6	2.772 5	3.555 7	4.549 4	5.807 4	7.396 4	9.399 2	11.918
27	1.308 2	1.706 9	2.221 3	2.883 4	3.733 5	4.822 3	6.213 9	7.988 1	10.245	13.110
28	1.321 3	1.741 0	2.287 9	2.998 7	3.920 1	5.111 7	6.648 8	8.627 1	11.167	14.421
29	1.334 5	1.775 8	2.356 6	3.118 7	4.116 1	5.418 4	7.114 3	9.317 3	12.172	15.863
30	1.347 8	1.811 4	2.427 3	3.243 4	4.321 9	5.743 5	7.612 3	10.063	13.268	17.449
40	1.488 9	2.208 0	3.262 0	4.801 0	7.040 0	10.286	14.974	21.725	31.409	45.259
50	1.644 6	2.691 6	4.383 9	7.106 7	11.467	18.420	29.457	46.902	74.358	117.39
60	1.816 7	3.281 0	5.891 6	10.520	18.679	32.988	57.946	101.26	176.03	304.48

（续表）

期数	12%	14%	15%	16%	18%	20%	24%	28%	32%	36%
1	1.120 0	1.140 0	1.150 0	1.160 0	1.180 0	1.200 0	1.240 0	1.280 0	1.320 0	1.360 0
2	1.254 4	1.299 6	1.322 5	1.345 6	1.392 4	1.440 0	1.537 6	1.638 4	1.742 4	1.849 6
3	1.404 9	1.481 5	1.520 9	1.560 9	1.643 0	1.728 0	1.906 6	2.097 2	2.300 0	2.515 5
4	1.573 5	1.689 0	1.749 0	1.810 6	1.938 8	2.073 6	2.364 2	2.684 4	3.036 0	3.421 0
5	1.762 3	1.925 4	2.011 4	2.100 3	2.287 8	2.488 3	2.931 6	3.436 0	4.007 5	4.652 6
6	1.973 8	2.195 0	2.313 1	2.436 4	2.699 6	2.986 0	3.635 2	4.398 0	5.289 9	6.327 5
7	2.210 7	2.502 3	2.660 0	2.826 2	3.185 5	3.583 2	4.507 7	5.629 5	6.982 6	8.605 4
8	2.476 0	2.852 6	3.059 0	3.278 4	3.758 9	4.299 8	5.589 5	7.205 8	9.217 0	11.703
9	2.773 1	3.251 9	3.517 9	3.803 0	4.435 5	5.159 8	6.931 0	9.223 4	12.166	15.917
10	3.105 8	3.707 2	4.045 6	4.411 4	5.233 8	6.191 7	8.594 4	11.806	16.060	21.647
11	3.478 5	4.226 2	4.652 4	5.117 3	6.175 9	7.430 1	10.657	15.112	21.199	29.439
12	3.896 0	4.817 9	5.350 3	5.936 0	7.287 6	8.916 1	13.215	19.343	27.983	40.037
13	4.363 5	5.492 4	6.152 8	6.885 8	8.599 4	10.699	16.386	24.759	36.937	54.451
14	4.887 1	6.261 3	7.075 7	7.987 5	10.147	12.839	20.319	31.691	48.757	74.053
15	5.473 6	7.137 9	8.137 1	9.265 5	11.974	15.407	25.196	40.565	64.359	100.71
16	6.130 4	8.137 2	9.357 6	10.748	14.129	18.488	31.243	51.923	84.954	136.97
17	6.866 0	9.276 5	10.761	12.468	16.672	22.186	38.741	66.461	112.14	186.28
18	7.690 0	10.575	12.375	14.463	19.673	26.623	48.039	85.071	148.02	253.34
19	8.612 8	12.056	14.232	16.777	23.214	31.948	59.568	108.89	195.39	344.54
20	9.646 3	13.743	16.367	19.461	27.393	38.338	73.864	139.38	257.92	468.57
21	10.804	15.668	18.822	22.574	32.324	46.005	91.592	178.41	340.45	637.26
22	12.100	17.861	21.645	26.186	38.142	55.206	113.57	228.36	449.39	866.67
23	13.552	20.362	24.891	30.376	45.008	66.247	140.83	292.30	593.20	1 178.7
24	15.179	23.212	28.625	35.236	53.109	79.497	174.63	374.14	783.02	1 603.0
25	17.000	26.462	32.919	40.874	62.669	95.396	216.54	478.90	1 033.6	2 180.1
26	19.040	30.167	37.857	47.414	73.949	114.48	268.51	613.00	1 364.3	2 964.9
27	21.325	34.390	43.535	55.000	87.260	137.37	332.95	784.64	1 800.9	4 032.3
28	23.884	39.204	50.066	63.800	102.97	164.84	412.86	1 004.3	2 377.2	5 483.9
29	26.750	44.693	57.575	74.009	121.50	197.81	511.95	1 285.6	3 137.9	7 458.1
30	29.960	50.950	66.212	85.850	143.37	237.38	634.82	1 645.5	4 142.1	10 143
40	93.051	188.88	267.86	378.72	750.38	1469.8	5 455.9	19 427	66 521	*
50	289.00	700.23	1 083.66	1 670.70	3 927.4	9 100.4	46 890	*	*	*
60	897.60	2 595.92	4 384.00	7 370.20	20 555	56 348	*	*	*	*
	*＞99 999									

附录 2 复利现值系数表

期数	1%	2%	3%	4%	5%	6%	7%	8%	9%	10%
1	0.990 1	0.980 4	0.970 9	0.961 5	0.952 4	0.943 4	0.934 6	0.925 9	0.917 4	0.909 1
2	0.980 3	0.961 2	0.942 6	0.924 6	0.907 0	0.890 0	0.873 4	0.857 3	0.841 7	0.826 4
3	0.970 6	0.942 3	0.915 1	0.889 0	0.863 8	0.839 6	0.816 3	0.793 8	0.772 2	0.751 3
4	0.961 0	0.923 8	0.888 5	0.854 8	0.822 7	0.792 1	0.762 9	0.735 0	0.708 4	0.682 7
5	0.951 5	0.905 7	0.862 6	0.821 9	0.783 5	0.747 3	0.713 0	0.680 6	0.649 9	0.620 9
6	0.942 0	0.888 0	0.837 5	0.790 3	0.746 2	0.705 0	0.666 3	0.630 2	0.596 3	0.564 5
7	0.932 7	0.870 6	0.813 1	0.759 9	0.710 7	0.665 1	0.622 7	0.583 5	0.547 0	0.513 2
8	0.923 5	0.853 5	0.789 4	0.730 7	0.676 8	0.627 4	0.582 0	0.540 3	0.501 9	0.466 5
9	0.914 3	0.836 8	0.766 4	0.702 6	0.644 6	0.591 9	0.543 9	0.500 2	0.460 4	0.424 1
10	0.905 3	0.820 3	0.744 1	0.675 6	0.613 9	0.558 4	0.508 3	0.463 2	0.422 4	0.385 5
11	0.896 3	0.804 3	0.722 4	0.649 6	0.584 7	0.526 8	0.475 1	0.428 9	0.387 5	0.350 5
12	0.887 4	0.788 5	0.701 4	0.624 6	0.556 8	0.497 0	0.444 0	0.397 1	0.355 5	0.318 6
13	0.878 7	0.773 0	0.681 0	0.600 6	0.530 3	0.468 8	0.415 0	0.367 7	0.326 2	0.289 7
14	0.870 0	0.757 9	0.661 1	0.577 5	0.505 1	0.442 3	0.387 8	0.340 5	0.299 2	0.263 3
15	0.861 3	0.743 0	0.641 9	0.555 3	0.481 0	0.417 3	0.362 4	0.315 2	0.274 5	0.239 4
16	0.852 8	0.728 4	0.623 2	0.533 9	0.458 1	0.393 6	0.338 7	0.291 9	0.251 9	0.217 6
17	0.844 4	0.714 2	0.605 0	0.513 4	0.436 3	0.371 4	0.316 6	0.270 3	0.231 1	0.197 8
18	0.836 0	0.700 2	0.587 4	0.493 6	0.415 5	0.350 3	0.295 9	0.250 2	0.212 0	0.179 9
19	0.827 7	0.686 4	0.570 3	0.474 6	0.395 7	0.330 5	0.276 5	0.231 7	0.194 5	0.163 5
20	0.819 5	0.673 0	0.553 7	0.456 4	0.376 9	0.311 8	0.258 4	0.214 5	0.178 4	0.148 6
21	0.811 4	0.659 8	0.537 5	0.438 8	0.358 9	0.294 2	0.241 5	0.198 7	0.163 7	0.135 1
22	0.803 4	0.646 8	0.521 9	0.422 0	0.341 8	0.277 5	0.225 7	0.183 9	0.150 2	0.122 8
23	0.795 4	0.634 2	0.506 7	0.405 7	0.325 6	0.261 8	0.210 9	0.170 3	0.137 8	0.111 7
24	0.787 6	0.621 7	0.491 9	0.390 1	0.310 1	0.247 0	0.197 1	0.157 7	0.126 4	0.101 5
25	0.779 8	0.609 5	0.477 6	0.375 1	0.295 3	0.233 0	0.184 2	0.146 0	0.116 0	0.092 3
26	0.772 0	0.597 6	0.463 7	0.360 7	0.281 2	0.219 8	0.172 2	0.135 2	0.106 4	0.083 9
27	0.764 4	0.585 9	0.450 2	0.346 8	0.267 8	0.207 4	0.160 9	0.125 2	0.097 6	0.076 3
28	0.756 8	0.574 4	0.437 1	0.333 5	0.255 1	0.195 6	0.150 4	0.115 9	0.089 5	0.069 3
29	0.749 3	0.563 1	0.424 3	0.320 7	0.242 9	0.184 6	0.140 6	0.107 3	0.082 2	0.063 0
30	0.741 9	0.552 1	0.412 0	0.308 3	0.231 4	0.174 1	0.131 4	0.099 4	0.075 4	0.057 3
40	0.671 7	0.452 9	0.306 6	0.208 3	0.142 0	0.097 2	0.066 8	0.046 0	0.031 8	0.022 1
50	0.608 0	0.371 5	0.228 1	0.140 7	0.087 2	0.054 3	0.033 9	0.021 3	0.013 4	0.008 5
55	0.578 5	0.336 5	0.196 8	0.115 7	0.068 3	0.040 6	0.024 2	0.014 5	0.008 7	0.005 3

期数	12%	14%	15%	16%	18%	20%	24%	28%	32%	36%
1	0.892 9	0.877 2	0.869 6	0.862 1	0.847 5	0.833 3	0.806 5	0.781 3	0.757 6	0.735 3
2	0.797 2	0.769 5	0.756 1	0.743 2	0.718 2	0.694 4	0.650 4	0.610 4	0.573 9	0.540 7
3	0.711 8	0.675 0	0.657 5	0.640 7	0.608 6	0.578 7	0.524 5	0.476 8	0.434 8	0.397 5
4	0.635 5	0.592 1	0.571 8	0.552 3	0.515 8	0.482 3	0.423 0	0.372 5	0.329 4	0.292 3
5	0.567 4	0.519 4	0.497 2	0.476 1	0.437 1	0.401 9	0.341 1	0.291 0	0.249 5	0.214 9
6	0.506 6	0.455 6	0.432 3	0.410 4	0.370 4	0.334 9	0.275 1	0.227 4	0.189 0	0.158 0
7	0.452 3	0.399 6	0.375 9	0.353 8	0.313 9	0.279 1	0.221 8	0.177 6	0.143 2	0.116 2
8	0.403 9	0.350 6	0.326 9	0.305 0	0.266 0	0.232 6	0.178 9	0.138 8	0.108 5	0.085 4
9	0.360 6	0.307 5	0.284 3	0.263 0	0.225 5	0.193 8	0.144 3	0.108 4	0.082 2	0.062 8
10	0.322 0	0.269 7	0.247 2	0.226 7	0.191 1	0.161 5	0.116 4	0.084 7	0.062 3	0.046 2
11	0.287 5	0.236 6	0.214 9	0.195 4	0.161 9	0.134 6	0.093 8	0.066 2	0.047 2	0.034 0
12	0.256 7	0.207 6	0.186 9	0.168 5	0.137 2	0.112 2	0.075 7	0.051 7	0.035 7	0.025 0
13	0.229 2	0.182 1	0.162 5	0.145 2	0.116 3	0.093 5	0.061 0	0.040 4	0.027 1	0.018 4
14	0.204 6	0.159 7	0.141 3	0.125 2	0.098 5	0.077 9	0.049 2	0.031 6	0.020 5	0.013 5
15	0.182 7	0.140 1	0.122 9	0.107 9	0.083 5	0.064 9	0.039 7	0.024 7	0.015 5	0.009 9
16	0.163 1	0.122 9	0.106 9	0.093 0	0.070 8	0.054 1	0.032 0	0.019 3	0.011 8	0.007 3
17	0.145 6	0.107 8	0.092 9	0.080 2	0.060 0	0.045 1	0.025 8	0.015 0	0.008 9	0.005 4
18	0.130 0	0.094 6	0.080 8	0.069 1	0.050 8	0.037 6	0.020 8	0.011 8	0.006 8	0.003 9
19	0.116 1	0.082 9	0.070 3	0.059 6	0.043 1	0.031 3	0.016 8	0.009 2	0.005 1	0.002 9
20	0.103 7	0.072 8	0.061 1	0.051 4	0.036 5	0.026 1	0.013 5	0.007 2	0.003 9	0.002 1
21	0.092 6	0.063 8	0.053 1	0.044 3	0.030 9	0.021 7	0.010 9	0.005 6	0.002 9	0.001 6
22	0.082 6	0.056 0	0.046 2	0.038 2	0.026 2	0.018 1	0.008 8	0.004 4	0.002 2	0.001 2
23	0.073 8	0.049 1	0.040 2	0.032 9	0.022 2	0.015 1	0.007 1	0.003 4	0.001 7	0.000 8
24	0.065 9	0.043 1	0.034 9	0.028 4	0.018 8	0.012 6	0.005 7	0.002 7	0.001 3	0.000 6
25	0.058 8	0.037 8	0.030 4	0.024 5	0.016 0	0.010 5	0.004 6	0.002 1	0.001 0	0.000 5
26	0.052 5	0.033 1	0.026 4	0.021 1	0.013 5	0.008 7	0.003 7	0.001 6	0.000 7	0.000 3
27	0.046 9	0.029 1	0.023 0	0.018 2	0.011 5	0.007 3	0.003 0	0.001 3	0.000 6	0.000 2
28	0.041 9	0.025 5	0.020 0	0.015 7	0.009 7	0.006 1	0.002 4	0.001 0	0.000 4	0.000 2
29	0.037 4	0.022 4	0.017 4	0.013 5	0.008 2	0.005 1	0.002 0	0.000 8	0.000 3	0.000 1
30	0.033 4	0.019 6	0.015 1	0.011 6	0.007 0	0.004 2	0.001 6	0.000 6	0.000 2	0.000 1
35	0.018 9	0.010 2	0.007 5	0.005 5	0.003 0	0.001 7	0.000 5	0.000 2	0.000 1	*
40	0.010 7	0.005 3	0.003 7	0.002 6	0.001 3	0.000 7	0.000 2	0.000 1	*	*
45	0.006 1	0.002 7	0.001 9	0.001 3	0.000 6	0.000 3	0.000 1	*	*	*
50	0.003 5	0.001 4	0.000 9	0.000 6	0.000 3	0.000 1	*	*	*	*
55	0.002 0	0.000 7	0.000 5	0.000 3	0.000 1	*	*	*	*	*
	* <0.000 1									

附录 3 年金终值系数表

期数	1%	2%	3%	4%	5%	6%	7%	8%	9%	10%
1	1.000 0	1.000 0	1.000 0	1.000 0	1.000 0	1.000 0	1.000 0	1.000 0	1.000 0	1.000 0
2	2.010 0	2.020 0	2.030 0	2.040 0	2.050 0	2.060 0	2.070 0	2.080 0	2.090 0	2.100 0
3	3.030 1	3.060 4	3.090 9	3.121 6	3.152 5	3.183 6	3.214 9	3.246 4	3.278 1	3.310 0
4	4.060 4	4.121 6	4.183 6	4.246 5	4.310 1	4.374 6	4.439 9	4.506 1	4.573 1	4.641 0
5	5.101 0	5.204 0	5.309 1	5.416 3	5.525 6	5.637 1	5.750 7	5.866 6	5.984 7	6.105 1
6	6.152 0	6.308 1	6.468 4	6.633 0	6.801 9	6.975 3	7.153 3	7.335 9	7.523 3	7.715 6
7	7.213 5	7.434 3	7.662 5	7.898 3	8.142 0	8.393 8	8.654 0	8.922 8	9.200 4	9.487 2
8	8.285 7	8.583 0	8.892 3	9.214 2	9.549 1	9.897 5	10.260	10.637	11.028	11.436
9	9.368 5	9.754 6	10.159	10.583	11.027	11.491	11.978	12.488	13.021	13.579
10	10.462	10.950	11.464	12.006	12.578	13.181	13.816	14.487	15.193	15.937
11	11.567	12.169	12.808	13.486	14.207	14.972	15.784	16.645	17.560	18.531
12	12.683	13.412	14.192	15.026	15.917	16.870	17.888	18.977	20.141	21.384
13	13.809	14.680	15.618	16.627	17.713	18.882	20.141	21.495	22.953	24.523
14	14.947	15.974	17.086	18.292	19.599	21.015	22.550	24.215	26.019	27.975
15	16.097	17.293	18.599	20.024	21.579	23.276	25.129	27.152	29.361	31.772
16	17.258	18.639	20.157	21.825	23.657	25.673	27.888	30.324	33.003	35.950
17	18.430	20.012	21.762	23.698	25.840	28.213	30.840	33.750	36.974	40.545
18	19.615	21.412	23.414	25.645	28.132	30.906	33.999	37.450	41.301	45.599
19	20.811	22.841	25.117	27.671	30.539	33.760	37.379	41.446	46.018	51.159
20	22.019	24.297	26.870	29.778	33.066	36.786	40.995	45.762	51.160	57.275
21	23.239	25.783	28.676	31.969	35.719	39.993	44.865	50.423	56.765	64.002
22	24.472	27.299	30.537	34.248	38.505	43.392	49.006	55.457	62.873	71.403
23	25.716	28.845	32.453	36.618	41.430	46.996	53.436	60.893	69.532	79.543
24	26.973	30.422	34.426	39.083	44.502	50.816	58.177	66.765	76.790	88.497
25	28.243	32.030	36.459	41.646	47.727	54.865	63.249	73.106	84.701	98.347
26	29.526	33.671	38.553	44.312	51.113	59.156	68.676	79.954	93.324	109.18
27	30.821	35.344	40.710	47.084	54.669	63.706	74.484	87.351	102.72	121.10
28	32.129	37.051	42.931	49.968	58.403	68.528	80.698	95.339	112.97	134.21
29	33.450	38.792	45.219	52.966	62.323	73.640	87.347	103.97	124.14	148.63
30	34.785	40.568	47.575	56.085	66.439	79.058	94.461	113.28	136.31	164.49
40	48.886	60.402	75.401	95.026	120.80	154.76	199.64	259.06	337.88	442.59
50	64.463	84.579	112.80	152.67	209.35	290.34	406.53	573.77	815.08	1 163.9
60	81.670	114.05	163.05	237.99	353.58	533.13	813.52	1 253.2	1 944.8	3 034.8

（续表）

期数	12%	14%	15%	16%	18%	20%	24%	28%	32%	36%
1	1.000 0	1.000 0	1.000 0	1.000 0	1.000 0	1.000 0	1.000 0	1.000 0	1.000 0	1.000 0
2	2.120 0	2.140 0	2.150 0	2.160 0	2.180 0	2.200 0	2.240 0	2.280 0	2.320 0	2.360 0
3	3.374 4	3.439 6	3.472 5	3.505 6	3.572 4	3.640 0	3.777 6	3.918 4	4.062 4	4.209 6
4	4.779 3	4.921 1	4.993 4	5.066 5	5.215 4	5.368 0	5.684 2	6.015 6	6.362 4	6.725 1
5	6.352 8	6.610 1	6.742 4	6.877 1	7.154 2	7.441 6	8.048 4	8.699 9	9.398 3	10.146 1
6	8.115 2	8.535 5	8.753 7	8.977 5	9.442 0	9.929 9	10.980	12.136	13.406	14.799
7	10.089	10.730	11.067	11.414	12.142	12.916	14.615	16.534	18.696	21.126
8	12.300	13.233	13.727	14.240	15.327	16.499	19.123	22.163	25.678	29.732
9	14.776	16.085	16.786	17.519	19.086	20.799	24.712	29.369	34.895	41.435
10	17.549	19.337	20.304	21.321	23.521	25.959	31.643	38.593	47.062	57.352
11	20.655	23.045	24.349	25.733	28.755	32.150	40.238	50.398	63.122	78.998
12	24.133	27.271	29.002	30.850	34.931	39.581	50.895	65.510	84.320	108.44
13	28.029	32.089	34.352	36.786	42.219	48.497	64.110	84.853	112.30	148.47
14	32.393	37.581	40.505	43.672	50.818	59.196	80.496	109.61	149.24	202.93
15	37.280	43.842	47.580	51.660	60.965	72.035	100.82	141.30	198.00	276.98
16	42.753	50.980	55.717	60.925	72.939	87.442	126.01	181.87	262.36	377.69
17	48.884	59.118	65.075	71.673	87.068	105.93	157.25	233.79	347.31	514.66
18	55.750	68.394	75.836	84.141	103.740	128.12	195.99	300.25	459.45	700.94
19	63.440	78.969	88.212	98.603	123.41	154.74	244.03	385.32	607.47	954.28
20	72.052	91.025	102.44	115.38	146.63	186.69	303.60	494.21	802.86	1 298.8
21	81.699	104.768	118.81	134.84	174.02	225.03	377.46	633.59	1 060.8	1 767.4
22	92.503	120.436	137.63	157.41	206.34	271.03	469.06	812.00	1 401.2	2 404.7
23	104.60	138.297	159.28	183.60	244.49	326.24	582.63	1 040.4	1 850.6	3 271.3
24	118.16	158.659	184.17	213.98	289.49	392.48	723.46	1 332.7	2 443.8	4 450.0
25	133.33	181.871	212.79	249.21	342.60	471.98	898.09	1 706.8	3 226.8	6 053.0
26	150.33	208.333	245.71	290.09	405.27	567.38	1 114.6	2 185.7	4 260.4	8 233.1
27	169.37	238.499	283.57	337.50	479.22	681.85	1 383.1	2 798.7	5 624.8	11 198.0
28	190.70	272.889	327.10	392.50	566.48	819.22	1 716.1	3 583.3	7 425.7	15 230.3
29	214.58	312.094	377.17	456.30	669.45	984.07	2 129.0	4 587.7	9 802.9	20 714.2
30	241.33	356.787	434.75	530.31	790.95	1181.9	2 640.9	5 873.2	12 941	28 172.3
40	767.09	1 342.0	1 779.1	2 360.8	4 163.2	7 343.9	22 729	69 377	*	*
50	2 400.0	4 994.5	7 217.7	10 436	21 813	45 497	*	*	*	*
60	7 471.6	18 535	29 220	46 058	*	*	*	*	*	*
	*＞99 999									

附录4 年金现值系数表

期数	1%	2%	3%	4%	5%	6%	7%	8%	9%	10%
1	0.990 1	0.980 4	0.970 9	0.961 5	0.952 4	0.943 4	0.934 6	0.925 9	0.917 4	0.909 1
2	1.970 4	1.941 6	1.913 5	1.886 1	1.859 4	1.833 4	1.808 0	1.783 3	1.759 1	1.735 5
3	2.941 0	2.883 9	2.828 6	2.775 1	2.723 2	2.673 0	2.624 3	2.577 1	2.531 3	2.486 9
4	3.902 0	3.807 7	3.717 1	3.629 9	3.546 0	3.465 1	3.387 2	3.312 1	3.239 7	3.169 9
5	4.853 4	4.713 5	4.579 7	4.451 8	4.329 5	4.212 4	4.100 2	3.992 7	3.889 7	3.790 8
6	5.795 5	5.601 4	5.417 2	5.242 1	5.075 7	4.917 3	4.766 5	4.622 9	4.485 9	4.355 3
7	6.728 2	6.472 0	6.230 3	6.002 1	5.786 4	5.582 4	5.389 3	5.206 4	5.033 0	4.868 4
8	7.651 7	7.325 5	7.019 7	6.732 7	6.463 2	6.209 8	5.971 3	5.746 6	5.534 8	5.334 9
9	8.566 0	8.162 2	7.786 1	7.435 3	7.107 8	6.801 7	6.515 2	6.246 9	5.995 2	5.759 0
10	9.471 3	8.982 6	8.530 2	8.110 9	7.721 7	7.360 1	7.023 6	6.710 1	6.417 7	6.144 6
11	10.367 6	9.786 8	9.252 6	8.760 5	8.306 4	7.886 9	7.498 7	7.139 0	6.805 2	6.495 1
12	11.255 1	10.575 3	9.954 0	9.385 1	8.863 3	8.383 8	7.942 7	7.536 1	7.160 7	6.813 7
13	12.133 7	11.348 4	10.635 0	9.985 6	9.393 6	8.852 7	8.357 7	7.903 8	7.486 9	7.103 4
14	13.003 7	12.106 2	11.296 1	10.563 1	9.898 6	9.295 0	8.745 5	8.244 2	7.786 2	7.366 7
15	13.865 1	12.849 3	11.937 9	11.118 4	10.379 7	9.712 2	9.107 9	8.559 5	8.060 7	7.606 1
16	14.717 9	13.577 7	12.561 1	11.652 3	10.837 8	10.105 9	9.446 6	8.851 4	8.312 6	7.823 7
17	15.562 3	14.291 9	13.166 1	12.165 7	11.274 1	10.477 3	9.763 2	9.121 6	8.543 6	8.021 6
18	16.398 3	14.992 0	13.753 5	12.659 3	11.689 6	10.827 6	10.059 1	9.371 9	8.755 6	8.201 4
19	17.226 0	15.678 5	14.323 8	13.133 9	12.085 3	11.158 1	10.335 6	9.603 6	8.950 1	8.364 9
20	18.045 6	16.351 4	14.877 5	13.590 3	12.462 2	11.469 9	10.594 0	9.818 1	9.128 5	8.513 6
21	18.857 0	17.011 2	15.415 0	14.029 2	12.821 2	11.764 1	10.835 5	10.016 8	9.292 2	8.648 7
22	19.660 4	17.658 0	15.936 9	14.451 1	13.163 0	12.041 6	11.061 2	10.200 7	9.442 4	8.771 5
23	20.455 8	18.292 2	16.443 6	14.856 8	13.488 6	12.303 4	11.272 2	10.371 1	9.580 2	8.883 2
24	21.243 4	18.913 9	16.935 5	15.247 0	13.798 6	12.550 4	11.469 3	10.528 8	9.706 6	8.984 7
25	22.023 2	19.523 5	17.413 1	15.622 1	14.093 9	12.783 4	11.653 6	10.674 8	9.822 6	9.077 0
26	22.795 2	20.121 0	17.876 8	15.982 8	14.375 2	13.003 2	11.825 8	10.810 0	9.929 0	9.160 9
27	23.559 6	20.706 9	18.327 0	16.329 6	14.643 0	13.210 5	11.986 7	10.935 2	10.026 6	9.237 2
28	24.316 4	21.281 3	18.764 1	16.663 1	14.898 1	13.406 2	12.137 1	11.051 1	10.116 1	9.306 6
29	25.065 8	21.844 4	19.188 5	16.983 7	15.141 1	13.590 7	12.277 7	11.158 4	10.198 3	9.369 6
30	25.807 7	22.396 5	19.600 4	17.292 0	15.372 5	13.764 8	12.409 0	11.257 8	10.273 7	9.426 9
35	29.408 6	24.998 6	21.487 2	18.664 6	16.374 2	14.498 2	12.947 7	11.654 6	10.566 8	9.644 2
40	32.834 7	27.355 5	23.114 8	19.792 8	17.159 1	15.046 3	13.331 7	11.924 6	10.757 4	9.779 1
45	36.094 5	29.490 2	24.518 7	20.720 0	17.774 1	15.455 8	13.605 5	12.108 4	10.881 2	9.862 8
50	39.196 1	31.423 6	25.729 8	21.482 2	18.255 9	15.761 9	13.800 7	12.233 5	10.961 7	9.914 8
55	42.147 2	33.174 8	26.774 4	22.108 6	18.633 5	15.990 5	13.939 9	12.318 6	11.014 0	9.947 1

（续表）

期数	12%	14%	15%	16%	18%	20%	24%	28%	32%	36%
1	0.892 9	0.877 2	0.869 6	0.862 1	0.847 5	0.833 3	0.806 5	0.781 3	0.757 6	0.735 3
2	1.690 1	1.646 7	1.625 7	1.605 2	1.565 6	1.527 8	1.456 8	1.391 6	1.331 5	1.276 0
3	2.401 8	2.321 6	2.283 2	2.245 9	2.174 3	2.106 5	1.981 3	1.868 4	1.766 3	1.673 5
4	3.037 3	2.913 7	2.855 0	2.798 2	2.690 1	2.588 7	2.404 3	2.241 0	2.095 7	1.965 8
5	3.604 8	3.433 1	3.352 2	3.274 3	3.127 2	2.990 6	2.745 4	2.532 0	2.345 2	2.180 7
6	4.111 4	3.888 7	3.784 5	3.684 7	3.497 6	3.325 5	3.020 5	2.759 4	2.534 2	2.338 8
7	4.563 8	4.288 3	4.160 4	4.038 6	3.811 5	3.604 6	3.242 3	2.937 0	2.677 5	2.455 0
8	4.967 6	4.638 9	4.487 3	4.343 6	4.077 6	3.837 2	3.421 2	3.075 8	2.786 0	2.540 4
9	5.328 2	4.946 4	4.771 6	4.606 5	4.303 0	4.031 0	3.565 5	3.184 2	2.868 1	2.603 3
10	5.650 2	5.216 1	5.018 8	4.833 2	4.494 1	4.192 5	3.681 9	3.268 9	2.930 4	2.649 5
11	5.937 7	5.452 7	5.233 7	5.028 6	4.656 0	4.327 1	3.775 7	3.335 1	2.977 6	2.683 4
12	6.194 4	5.660 3	5.420 6	5.197 1	4.793 2	4.439 2	3.851 4	3.386 8	3.013 3	2.708 4
13	6.423 5	5.842 4	5.583 1	5.342 3	4.909 5	4.532 7	3.912 4	3.427 2	3.040 4	2.726 8
14	6.628 2	6.002 1	5.724 5	5.467 5	5.008 1	4.610 6	3.961 6	3.458 7	3.060 9	2.740 3
15	6.810 9	6.142 2	5.847 4	5.575 5	5.091 6	4.675 5	4.001 3	3.483 4	3.076 4	2.750 2
16	6.974 0	6.265 1	5.954 2	5.668 5	5.162 4	4.729 6	4.033 3	3.502 6	3.088 2	2.757 5
17	7.119 6	6.372 9	6.047 2	5.748 7	5.222 3	4.774 6	4.059 1	3.517 7	3.097 1	2.762 9
18	7.249 7	6.467 4	6.128 0	5.817 8	5.273 2	4.812 2	4.079 9	3.529 4	3.103 9	2.766 8
19	7.365 8	6.550 4	6.198 2	5.877 5	5.316 2	4.843 5	4.096 7	3.538 6	3.109 0	2.769 7
20	7.469 4	6.623 1	6.259 3	5.928 8	5.352 7	4.869 6	4.110 3	3.545 8	3.112 9	2.771 8
21	7.562 0	6.687 0	6.312 5	5.973 1	5.383 7	4.891 3	4.121 2	3.551 4	3.115 8	2.773 4
22	7.644 6	6.742 9	6.358 7	6.011 3	5.409 9	4.909 4	4.130 0	3.555 8	3.118 0	2.774 6
23	7.718 4	6.792 1	6.398 8	6.044 2	5.432 1	4.924 5	4.137 1	3.559 2	3.119 7	2.775 4
24	7.784 3	6.835 1	6.433 8	6.072 6	5.450 9	4.937 1	4.142 8	3.561 9	3.121 0	2.776 0
25	7.843 1	6.872 9	6.464 1	6.097 1	5.466 9	4.947 6	4.147 4	3.564 0	3.122 0	2.776 5
26	7.895 7	6.906 1	6.490 6	6.118 2	5.480 4	4.956 3	4.151 1	3.565 6	3.122 7	2.776 8
27	7.942 6	6.935 2	6.513 5	6.136 4	5.491 9	4.963 6	4.154 2	3.566 9	3.123 3	2.777 1
28	7.984 4	6.960 7	6.533 5	6.152 0	5.501 6	4.969 7	4.156 6	3.567 9	3.123 7	2.777 3
29	8.021 8	6.983 0	6.550 9	6.165 6	5.509 8	4.974 7	4.158 5	3.568 7	3.124 0	2.777 4
30	8.055 2	7.002 7	6.566 0	6.177 2	5.516 8	4.978 9	4.160 1	3.569 3	3.124 2	2.777 5
35	8.175 5	7.070 0	6.616 6	6.215 3	5.538 6	4.991 5	4.164 4	3.570 8	3.124 8	2.777 7
40	8.243 8	7.105 0	6.641 8	6.233 5	5.548 2	4.996 6	4.165 9	3.571 2	3.125 0	2.777 8
45	8.282 5	7.123 2	6.654 3	6.242 1	5.552 3	4.998 6	4.166 4	3.571 4	3.125 0	2.777 8
50	8.304 5	7.132 7	6.660 5	6.246 3	5.554 1	4.999 5	4.166 6	3.571 4	3.125 0	2.777 8
55	8.317 0	7.137 6	6.663 6	6.248 2	5.554 9	4.999 8	4.166 6	3.571 4	3.125 0	2.777 8